高等职业教育铁道工程专业校企合作系列教材
高等职业教育“十三五”规划教材——轨道交通类

轨道维修实训指导书

（第2版）

主　编　甄相国　何成波　李　波
主　审　李建平　晋　杰

西南交通大学出版社
·成　都·

图书在版编目（CIP）数据

轨道维修实训指导书 / 甄相国，何成波，李波主编
. — 2版. —成都：西南交通大学出版社，2018.8
高等职业教育铁道工程专业校企合作系列教材 高等职业教育“十三五”规划教材. 轨道交通类
ISBN 978-7-5643-6346-8

Ⅰ. ①轨… Ⅱ. ①甄… ②何… ③李… Ⅲ. ①轨道（铁路）– 维修 – 高等职业教育 – 教材 Ⅳ. ①U216.42

中国版本图书馆 CIP 数据核字（2018）第 189982 号

高等职业教育铁道工程专业校企合作系列教材
高等职业教育“十三五”规划教材——轨道交通类

轨道维修实训指导书（第 2 版）

主　编 / 甄相国　何成波　李　波

责任编辑 / 姜锡伟
助理编辑 / 何明飞
封面设计 / 严春艳

西南交通大学出版社出版发行
（四川省成都市二环路北一段 111 号西南交通大学创新大厦 21 楼　610031）
发行部电话：028-87600564　028-87600533
网址：http://www.xnjdcbs.com
印刷：四川森林印务有限责任公司

成品尺寸　185 mm×260 mm
印张　17　　字数　421 千
版次　2018 年 8 月第 2 版　　印次　2018 年 8 月第 4 次

书号　ISBN 978-7-5643-6346-8
定价　49.00 元

课件咨询电话：028-87600533
图书如有印装质量问题　本社负责退换

第 2 版前言

铁路建设现代化的推进，特别是高速铁路、快速铁路及重载铁路的发展，对从事铁路线路施工和养护维修的工程技术人员提出了更高的要求。为适应铁路建设和管理的需要，培养适合铁路现代化发展需要的专业人才，我们组织修订了《轨道维修实训指导书》，在原书的基础上根据《铁路线路修理规则》《普速铁路工务安全规则》《高速铁路工务安全规则（试行）》做了部分修订并增加了常用的普速铁路线路修理实训项目及部分高速铁路线路修理的实训项目。

本书是铁路线路维修职业技能操作专业教材，主要介绍了普速铁路线路和部分高速铁路线路修理的实训项目，包括铁路线路病害检查、基本单项作业及工务安全防护等内容。书中详细介绍了每个实训项目的作业目的、作业条件、作业程序、作业质量及安全要求，给出了实训报告模板，便于读者在实训结束后进行实训报告的编写。本书附录还编入了铁路线路维修中常用的记录表格和中级线路工理论考试复习资料方便读者在实训过程中使用，以及进行中级线路工技能鉴定的理论复习。

本书在编写过程中，遵循学生职业能力培养的基本规律，以真实的工作任务及工作过程为依据，贯彻高职教育“以学生为主体，教师为引导”的现代职教理念，坚持与现场实践相结合，以培养学生职业能力为目标，在项目设计上用任务来训练学生的职业岗位能力。在实训过程中可采取铁路线路病害整治方案讨论、教师示范、学生互助学习、职业情景设计等方法对学生进行综合训练。使学生在本书的指导下，能边做边学，边学边做，在学习中充分发挥自己的潜能。

本书共编写实训项目 39 个，实训项目一至实训项目六由甄相国编写，实训项目七至实训项目十由秦立朝编写，实训项目十一至实训项目十四由赵长波编写，实训项目十五至实训项目十八由陈花林编写，实训项目十九至实训项目二十二由李波编写，实训项目二十三至实训项目二十六由金能龙编写，实训项目二十七至实训项目三十由郭丽丹编写，实训项目三十一至实训项目三十五由何成波编写，实训项目三十六至实训项目三十八由曾锟编写，实训项目三十九由刘焕明编写。全书由何成波统稿。

本书由湖南高速铁路职业技术学院甄相国、何成波、李波担任主编，湖南高速铁路职业技术学院李建平、中国铁道科学院集团有限公司国家铁道试验中心晋杰担任主审，另外，本书在编写过程中还得到了广州铁路（局）集团衡阳工务段技术科、衡阳线路车间、永州工务段高铁技术科等现场技术人员的大力支持，参考了广州铁路（局）集团现场维修常用记录表格，在此表示衷心感谢。

本书内容丰富、实用性强，可作为铁路高职院校与中等职业学校铁路线路维修专业教材，也可作为各铁路局职工的岗位培训教材，还可作为相关工程技术人员的学习参考书。

由于编者学术水平、教学经验和写作能力有限，书中难免存在不足之处，敬请读者批评指正。

编　者

2018 年 5 月

第 1 版前言

本书是铁路线路维修职业技能操作专业教材，主要介绍了普速铁路线路修理的主要实训项目，包括铁路线路病害检查、基本单项作业及工务安全防护等内容，详细介绍了每个实训项目的作业目的、作业程序、质量及安全要求，编写了实训报告模板，便于读者在实训结束后进行实训报告的书写。在本书附录中，编入了铁路线路维修中常用的记录表格，方便读者在实训过程中使用。

本书在编写过程中，遵循学生职业能力培养的基本规律，以真实的工作任务及其工作过程为依据，贯彻高职教育“以学生为主体，教师为引导”的现代职教理念，坚持与现场实践相结合，以培养学生职业能力为目标，在项目设计上用任务来训练学生的职业岗位能力，每个项目都设计有作业目的、作业条件、作业程序、作业质量及注意事项，使学生在该书的指导下，能边做边学，边学边做，在学习中充分发挥自己的学习潜能。在实训过程中可采取铁路线路病害整治方案讨论、教师示范、学生互助学习、职业情景设计等方法对学生进行综合训练。

本书共编写实训项目三十项，实训项目一至实训项目六由甄相国编写，实训项目七至实训项目十由秦立朝编写，实训项目十一至实训项目十四由赵长波编写，实训项目十五至实训项目十八由陈花林编写，实训项目十九至实训项目二十二由李波编写，实训项目二十三至实训项目二十六由金能龙编写，实训项目二十七至实训项目三十由郭丽丹编写。本书由李建平主审。另外，本书在编写过程中还得到了衡阳工务段技术科、衡阳线路车间、永州线路车间等现场技术人员的大力支持，在此表示衷心感谢。

本书主要介绍实践操作技能，内容丰富、实用性强，是铁路高职院校与中等职业学校铁路线路维修专业教材，且本书包含了铁路线路工初级工、中级工、高级工及技师应掌握的大部分职业技能，也可作为各铁路局职工的岗位培训教材，还可作为相关工程技术人员的学习参考书。

编　者

2015 年 1 月

目　录

实训项目一

线路检查（静态）

一、作业目的

掌握线路状态及变化规律，及时发现线路病害并有计划地安排修理工作。

二、作业条件

（1）按线路静态检查周期要求进行线路检查。

（2）线路静态检查可与“维修天窗”“施工天窗”时间共用，利用列车间隔时间检查时，必须避开动车组通过时段。

（3）设驻站联络员、工地现场防护员，对讲机防护联络，移动停车手信号防护。防护设好后方可进行检查。

三、作业程序

1. 作业准备

（1）工具：轨道几何形位检查工具（道尺、方尺、弦线等）；轨道零部件检查工具（1 m 平直尺、小钢尺、塞尺、轨缝尺、检查锤等）；其他工具（线路检查记录本、石笔等）。

（2）校对量具：工量具必须定期由计量部门进行检定，保持工量具准确。

（3）驻站联络员与工地防护员通过对讲机联络，工地设置移动停车手信号防护。防护设好后方可进行检查。

2. 检查线路

（1）检查轨向和高低：直线地段，检查人跨站在线路一侧距检查点不少于 20 m 处钢轨上目测线路轨向（钢轨工作边），配合人员在前方钢轨上指划病害位置，确定病害大概位置后，再用 10 m 弦绳测量线路轨向偏差最大值；俯身于钢轨上看轨头下颚（钢轨非工作边）纵向水平延长线上的凸凹，目测线路高低，配合人员在前方钢轨上指划病害位置，确定病害大概位置后，再用 10 m 弦绳测量线路高低偏差最大值，并在《线路检查记录本》上“轨向、高低及其他”栏内的轨号对应位置做好记录。按上述方法检查另一侧钢轨轨向和高低。

（2）在检查过程中，随时注意检查其他项目（轨枕、接头、钢轨伤损、联结零件、空吊板、浮离道钉、线路外观等）的病害情况，如有超限和其他危及行车安全的处所，填写在“轨向、高低及其他”栏内。

（3）检查轨距和水平：在规定的检查点上按“先轨距，后水平”的顺序检查并记录在“轨距、水平、三角坑”栏内，随即用石笔或油漆写在相应的钢轨内侧轨底面上。对伤损钢轨应按《铁道部铁路线路修理规则》（简称《修规》）标准，在相应的钢轨内侧轨底面上做好轻伤、轻伤有发展、重伤标记。一般 25 m 钢轨检查8处，12.5 m 钢轨检查4处，无缝线路按 25 m 钢轨轨号依次向后检查。

（4）曲线地段检查时，要对照曲线的几何要素，将道尺放在曲线各点进行检查，并将曲线的主点桩位用“△”标记，并用汉语拼音大写字母YH、HY、ZH、HZ如实填写在“轨向、高低及其他”栏内的对应位置，曲线半径、超高及顺坡率填写在记录本右上方。

3. 撤除防护

线路检查完毕，人员、料具撤出限界以外后，撤除防护。

4. 分析

将检查数据，对照表 1-1 进行分析，超过经常保养标准的在相应数据上打"√"，超过临时补修标准的在相应数据上打“×”，三角坑用折线“∨∨”连接。

表 1-1　线路轨道静态几何尺寸容许偏差管理值

项目		v_{max}＞160 km/h 正线			160 km/h≥v_{max}＞120 km/h 正线			v_{max}≤120 km/h 正线及到发线			其他站线		
		作业验收	经常保养	临时补修	作业验收	经常保养	临时补修	作业验收	经常保养	临时补修	作业验收	经常保养	临时补修
轨距/mm		+2 −2	+4 −2	+6 −4	+4 −2	+6 −4	+8 −4	+6 −2	+7 −4	+9 −4	+6 −2	+9 −4	+10 −4
水平/mm		3	5	8	4	6	8	4	6	10	5	8	11
高低/mm		3	5	8	4	6	8	4	6	10	5	8	11
轨向（直线）/mm		3	4	7	4	6	8	4	6	10	5	8	11
三角坑（扭曲）/mm	缓和曲线	3	4	6	4	5	6	4	5	7	5	7	8
	直线和圆曲线	3	4	6	4	6	8	4	6	9	5	8	10

四、作业质量

（1）检查水平时，直线地段单线以里程前进方向、双线以列车运行方向的左股为标准股，标准股高为“+”，标准股低为“-”。曲线地段水平以下股为标准股，曲线地段轨向以上股为标准股。

（2）轨距、水平数字及病害描述记录清晰，无黑斑。

（3）分析时对照标准无差错、无漏项、判断正确。

（4）记录的线别、里程、检查日期、钢轨编号、曲线要素齐全清晰。

（5）正确使用工量具，严禁损坏。

线路检查记录簿

正线___km 至____km　站线____股道　曲线半径_____m　超高____mm　顺坡率_____%

检查日期	检查项目	钢轨编号															
		接头		中间		接头		中间		接头		中间		接头		中间	
	轨距																
	水平、三角坑																
	轨向、高低及其他																
	临时补修日期及内容																
	检查项目	钢轨编号															
		接头		中间		接头		中间		接头		中间		接头		中间	
	轨距																
	水平、三角坑																
	轨向、高低及其他																
	临时补修日期及内容																

实训报告一

<table>
<tr><td>时　　间</td><td colspan="2"></td><td>天气情况</td><td></td></tr>
<tr><td>作业项目</td><td colspan="4"></td></tr>
<tr><td>作业目的</td><td colspan="4"></td></tr>
<tr><td>作业条件</td><td colspan="4"></td></tr>
<tr><td rowspan="3">作业准备</td><td>作业
负责人</td><td colspan="3"></td></tr>
<tr><td>防护办法
（画防护图）</td><td colspan="3"></td></tr>
<tr><td>工具
准备</td><td colspan="3"></td></tr>
<tr><td>作业程序</td><td colspan="4"></td></tr>
</table>

续表

检查结果分析	（根据验收标准对检查结果进行分析）
作业小结	（对作业中遇到的问题进行小结，如安全、质量、作业标准、作业效率等）

实训项目二

曲线方向检查

一、作业目的

在曲线维修养护中，及时发现曲线方向病害，有计划地调整曲线方向，提高曲线维修养护质量。

二、作业条件

（1）按曲线正矢检查周期要求进行检查。

（2）曲线正矢检查可与“维修天窗”“施工天窗”时间共用，利用列车行驶间隔时间检查时，必须避开动车组通过时段。车站设驻站联络员、工地设现场防护员，通过对讲机防护联络，设置移动停车手信号防护，在设好防护后方可进行检查。

三、作业程序

1. 作业准备

（1）工具：弦线、小钢尺、30 m 绝缘钢尺、石笔、红白油漆、毛笔、曲线正矢检查记录本。

（2）校对量具：对弦线、小钢尺进行检查核对；弦线长度应大于 20 m，应有 20 m 和 10 m 中央点标记。

（3）驻站联络员与工地防护员、工地防护员与作业负责人通过对讲机联络，工地设置移动停车手信号防护，设好防护后方可作业。

2. 检查曲线正矢

（1）调查准备：若曲线两端直线方向不直、曲线头尾有反弯或“鹅头”现象应先进行拨正。目视曲线方向明显不良时，应进行粗拨道，由曲线头尾往圆曲线挑压，达到目视基本平顺。

核定曲线正矢点的位置。如果测点不清或难以辨认，应进行现场正矢测点布设，对称布点时，用钢尺从曲线中央点沿外股钢轨，按 10 m 一个测点丈量或校核，若曲线方向不易保持的可按 5 m 间隔设置。若测点不落在曲线头尾上，应按实设测点位置量取和计算正矢。

（2）量取现场正矢：拉 20 m 弦线在中部用小钢尺测量钢轨顶面下 16 mm 处各测点的现场正矢，测量 3 次取平均值，3 次测量值两两之间差值不大于 3 mm。

3. 撤除防护

线路检查完毕，人员、料具撤出限界以外后，撤除防护。

4. 分析

将检查数据，对照表 2-1 进行分析，判定曲线方向是否圆顺，超过经常保养标准的在相应数据上打“√”。

表 2-1　曲线正矢经常保养容许偏差

曲线半径 *R* /m	缓和曲线的正矢与计算正矢差/mm		圆曲线正矢连续差/mm		圆曲线正矢最大最小值差/mm	
	正线及到发线	其他站线	正线及到发线	其他站线	正线及到发线	其他站线
R≤250	7	8	14	16	21	24
250＜*R*≤350	6	7	12	14	18	21
350＜*R*≤450	5	6	10	12	15	18
450＜*R*≤800	4	5	8	10	12	15
R＞800	3	4	6	8	9	12

注：专用线按其他站线办理。

5. 处理

若曲线正矢偏差超出限值，应对曲线进行方向整正。用计划正矢和测得的现场正矢进行拨量计算，算出各测点的拨道量，报告实习指导老师。

四、作业质量

（1）检查曲线正矢时，弦线必须绷紧，弦线两端位置和量尺位置要正确，测点在轨顶下 16 mm 处，并且尺在下，弦在上，尺不要顶弦也不要离开。

如图 2-1 所示，读数时，视线、弦线、量尺三者应保持垂直，读取弦线靠钢轨一侧的数。

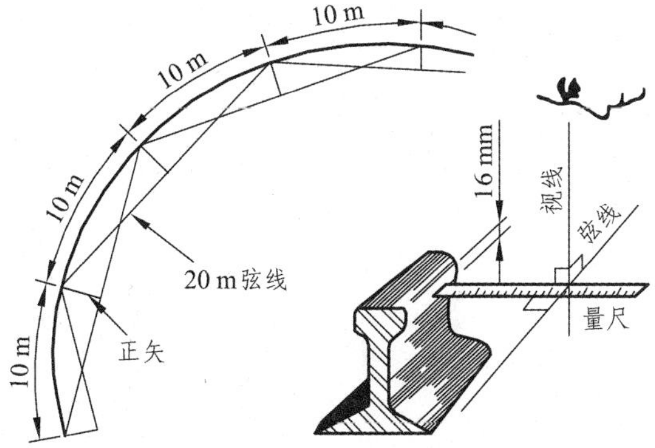

图 2-1　曲线正矢测量读数示意图

（2）数字记录清晰，无黑斑。

（3）分析时对照标准无差错，判断正确。

（4）记录的曲线要素齐全清晰。

（5）测量现场正矢时，应选择晴天无风时进行。

曲线正矢检查记录簿

曲线位置____km+____～____km+____　曲线半径____m　直缓点位置：____号测点+____m

缓和曲线长____m　曲线全长____m　缓直点位置：____号测点+____m

测点号	计算正矢	年　月　日			年　月　日			年　月　日			测点号	计算正矢	年　月　日			年　月　日			记事
		现场正矢	拨道量	拨后正矢	现场正矢	拨道量	拨后正矢	现场正矢	拨道量	拨后正矢			现场正矢	拨道量	拨后正矢	现场正矢	拨道量	拨后正矢	
1											22								
2											23								
3											24								
4											25								
5											26								
6											27								
7											28								
8											29								
9											30								
10											31								
11											32								
12											33								
13											34								
14											35								
15											36								
16											37								
17											38								
18											39								
19											40								
20											41								
21											42								

实训报告二

<table>
<tr><td>时　间</td><td colspan="2"></td><td>天气情况</td><td></td></tr>
<tr><td>作业项目</td><td colspan="4"></td></tr>
<tr><td>作业目的</td><td colspan="4"></td></tr>
<tr><td>作业条件</td><td colspan="4"></td></tr>
<tr><td rowspan="3">作业准备</td><td>作业
负责人</td><td colspan="3"></td></tr>
<tr><td>防护办法
（画防护图）</td><td colspan="3"></td></tr>
<tr><td>工具
准备</td><td colspan="3"></td></tr>
<tr><td>作业程序</td><td colspan="4"></td></tr>
</table>

续表

检查结果分析	（根据验收标准对检查结果进行分析）
作业小结	（对作业中遇到的问题进行小结，如安全、质量、作业标准、作业效率等）

实训项目三

单开道岔检查（静态）

一、作业目的

掌握道岔状态及变化规律，及时发现道岔病害，研究其形成的原因和有计划地安排修理工作。

二、作业条件

（1）按线路静态检查周期要求进行线路检查。

（2）线路静态检查可与“维修天窗”“施工天窗”时间共用，利用列车间隔时间检查时，必须避开动车组通过时段。车站设驻站联络员、工地设现场防护员，通过对讲机防护联络，设置移动停车手信号防护，在设好防护后方可进行检查。

三、作业程序

1. 作业准备

（1）工具：轨道几何形位检查（道尺、支距尺、方尺、卷尺、弦线等）；轨道零部件检查（1 m 平直尺、小钢尺、塞尺、轨缝尺、检查锤等）；其他（道岔检查记录本、石笔等）。

（2）校对工量具：工量具必须定期由计量部门进行检定，保持工量具准确。

（3）驻站联络员与工地防护员、工地防护员与作业负责人通过对讲机联络，工地设置移动停车手信号防护，防护设好后方可作业。

2. 检查道岔

（1）检查轨向和高低：先确认道岔与前后线路衔接平顺，再检查道岔轨向和高低，检查时检查人跨站在距道岔直外股20～50 m 一侧线路钢轨上，目测道岔方向，若有轨向不良处所，再用弦线测量道岔轨向。俯身于钢轨上看钢轨非工作边轨头下颚纵向水平延长线上的凸凹，目测线路高低，若有高低不良处所，再用弦线测量道岔高低并在《道岔检查记录本》上“轨向、高低及其他”栏内的相应位置做好记录。

（2）过程中随时检查其他项目（轨枕、接头、钢轨伤损、联结零件、空吊板、浮离道钉、线路外观等）的病害情况，如有超限或其他危急行车安全的处所，填写在“轨向、高低及其他”栏内。

（3）检查轨距和水平：在规定的检查点上按“先轨距，后水平”的顺序逐点检查并记录在“轨距、水平、三角坑”栏内，随即用石笔或油漆写在相应的钢轨内侧轨底面上。对伤损钢轨在相应的钢轨内侧轨底面上做好轻伤、轻伤有发展、重伤标记。检查尖轨、可动心轨处时，不得将手脚伸入其中，可动心轨转动时应及时将道尺拿出。

（4）检查查照间隔和护背距离：在检查轨距和水平到辙叉中时，应同时检查查照间隔和护背距离（固定辙叉有查照间隔与护背距离，可动心辙叉只在侧向有护背距离），记录在“查照间隔、护背距离”栏内，查照间隔不能小于 1 391 mm，护背距离不能大于 1 348 mm。

（5）检查支距：轨距、水平检查完后，随即用支距尺在规定的检查点上逐点检查支距。正确使用支距尺，使支距尺卡勾所在边对准支距检查点，支距尺与直外股密贴垂直，卡勾与导曲线外股密贴，读取测量值。用测量值减去理论支距，偏差值填写在记录本右侧的支距栏里。

（6）检查其他间隔尺寸：用小钢尺检查护轨平直部分、辙叉心轨轮缘槽宽度及尖轨动程和尖轨密贴情况，用卷尺检查道岔框架尺寸。

3. 撤除防护

线路检查完毕，人员、料具撤出限界以外后，撤除防护。

4. 分析

将检查数据，对照表 3-1 进行分析，超过经常保养标准的在相应数据上打“√”，超过临时补修标准的在相应数据上打“×”，三角坑用折线“∨∨”连接。

表 3-1　道岔轨道静态几何尺寸容许偏差管理值

项目		v_{max}＞160 km/h 正线			160 km/h≥v_{max}＞120 km/h 正线			v_{max}≤120 km/h 正线及到发线			其他站线		
		作业验收	经常保养	临时补修	作业验收	经常保养	临时补修	作业验收	经常保养	临时补修	作业验收	经常保养	临时补修
轨距/mm		+2 −2	+4 −2	+5 −2	+3 −2	+4 −2	+6 −2	+3 −2	+5 −3	+6 −3	+3 −2	+5 −3	+6 −3
水平/mm		3	5	7	4	5	8	4	6	9	6	8	10
高低/mm		3	5	7	4	5	8	4	6	9	6	8	10
轨向/mm	直线	3	4	6	4	5	8	4	6	9	6	8	10
	支距	2	3	4	2	3	4	2	3	4	2	3	4
三角坑（扭曲）/mm		3	4	6	4	6	8	4	6	9	5	8	10

注：① 支距偏差为现场支距与计算支距之差；
② 导曲线下股高于上股的限值：作业验收为 0，经常保养为 2 mm，临时补修为 3 mm；
③ 三角坑偏差不含曲线超高顺坡造成的扭曲量，检查三角坑时基长为 6.25 m，但在延长 18 m 的距离内无超过表列的三角坑；
④ 尖轨尖处轨距的作业验收的容许偏差管理值为±1 mm；
⑤ 专用线道岔按其他站线道岔办理。

四、作业质量

（1）轨距检查顺序一般由岔头到岔尾，逐处进行检查并填写记录，如图 3-1、表 3-2 所示。

（2）检查水平时，以导曲线上股及外侧直股为标准股，标准股高为“+”，标准股低为“-”。

（3）轨距、水平数字记录清晰，无黑斑。

（4）分析时对照标准无差错、无漏项、判断正确。

（5）记录的站名、编号和型号齐全清晰。

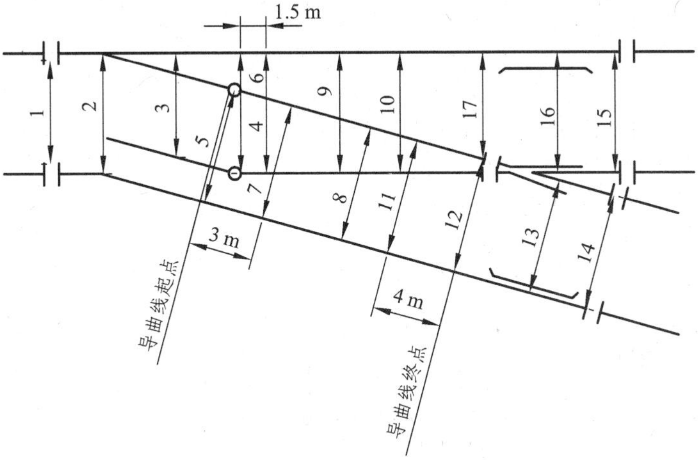

图 3-1　道岔轨距检查点位置

表 3-2　单开道岔各部分的轨距及检查部位　　单位：mm

编号	检查地点	道岔号数		说　明
		9	12	
1	尖轨前顺坡终点	1 435	1 435	
2	尖轨尖端	1 450	1 445	
3	尖轨中部（直股）	1 444	1 442	按小于等于 6‰递减
4	尖轨跟端直股	1 439	1 439	
5	尖轨跟端曲股	1 439	1 439	导曲线始点处
6	导曲线前（直股 1.5 m）	1 435	1 435	距尖轨跟端 1.5 m
7	导曲线前（曲股前 3.0 m）	1 450	1 445	距导曲线始点 3 m
8	导曲线中（曲股）	1 450	1 445	
9	导曲线中（直股）	1 435	1 435	
10	导曲线后（直股）	1 435	1 435	距导曲线终点 4 m
11	导曲线后（曲股后 4.0 m）	1 450	1 445	距导曲线终点 4 m
12	辙叉前（曲股）	1 435	1 435	
13	辙叉中（曲股）（91 和 48）	1 435	1 435	在辙叉尖顶面宽 30～50 mm 断面处同时量查照间隔 91 和护背距离 48
14	辙叉后（曲股）	1 435	1 435	
15	辙叉后（直股）	1 435	1 435	
16	辙叉中（直股）（91 和 48）	1 435	1 435	在辙叉尖顶面宽 30～50 mm 断面处同时量查照间隔 91 和护背距离 48
17	辙叉前（直股）	1 435	1 435	

注：其他类型道岔按规定要求检查。

固定型道岔检查记录簿

站名________　　　　　道岔编号________　　　　　型号________

检查日期	检查项目	转辙部分					连接部分						辙叉部分										支距	记事
		前顺坡终点	尖轨尖端处	尖轨中	尖轨跟端		直线			导曲线			叉心前		叉心中		叉心后		查照间隔		护背距离			
					直	曲	前	中	后	前	中	后	直	曲	直	曲	直	曲	直	曲	直	曲		
	轨　距																							
	水　平			×											×	×			×	×	×	×		
	轨向、高低及其他																							
	临时补修日期及内容																							
	轨　距																							
	水　平			×											×	×			×	×	×	×		
	轨向、高低及其他																							
	临时补修日期及内容																							

实训报告三

<table>
<tr><td>时　　间</td><td colspan="2"></td><td>天气情况</td><td></td></tr>
<tr><td>作业项目</td><td colspan="4"></td></tr>
<tr><td>作业目的</td><td colspan="4"></td></tr>
<tr><td>作业条件</td><td colspan="4"></td></tr>
<tr><td rowspan="3">作业准备</td><td>作业
负责人</td><td colspan="3"></td></tr>
<tr><td>防护办法
（画防护图）</td><td colspan="3"></td></tr>
<tr><td>工具
准备</td><td colspan="3"></td></tr>
<tr><td>作业程序</td><td colspan="4"></td></tr>
</table>

续表

检查结果分析	（根据验收标准对检查结果进行分析）
作业小结	（对作业中遇到的问题进行小结，如安全、质量、作业标准、作业效率等）

实训项目四

手工捣固作业

一、作业目的

（1）整治线路水平、三角坑及高低超限。
（2）整治线路暗坑、吊板和低接头等病害。

二、作业条件

（1）防护设置：利用天窗时间作业，必须在车站《行车设备施工登记簿》上登记，设置移动停车信号防护。

（2）利用行车间隔进行起道作业时，应认真执行《普速铁路工务安全规则》放行列车条件的规定。

（3）无缝线路作业应按《普速铁路修理规则》规定的作业轨温条件进行。

三、作业程序

1. 作业准备

（1）工具材料：捣镐、四齿耙、扳手、道尺、弦线、石笔和轨温计等。
（2）线路检查：检测轨温，检查量具，调查划撬，确认工作量。

2. 扒开道床

（1）如图 4-1 所示，按照先扒左股内侧后扒右股内侧，然后再扒右股外侧后扒左股外侧的顺序扒开道床。

（2）扒砟长度：自钢轨中心向两侧各扒 400 ~ 450 mm。

（3）扒砟深度：不起道时，至轨枕底面下 10 ~ 20 mm；起道量不超过 10 mm 时，与枕底平齐；起道量超过 10 mm 时，预留道砟量为起道量的 2 倍。

（4）扒砟宽度：宽度距轨枕侧面不小于 100 mm，如图 4-2 所示。

3. 捣固作业

（1）捣固姿势：前脚放在轨枕上，距钢轨底边约 400 mm，脚尖不得伸出轨枕边缘，后脚站在轨枕盒内，距钢轨底边 50 ~ 100 mm，脚尖不得伸入轨底，捣固站脚如图 4-3 所示。举镐高度：打镐时镐头应偏向头部一侧约 30 mm，落镐后两手约距 100 mm。

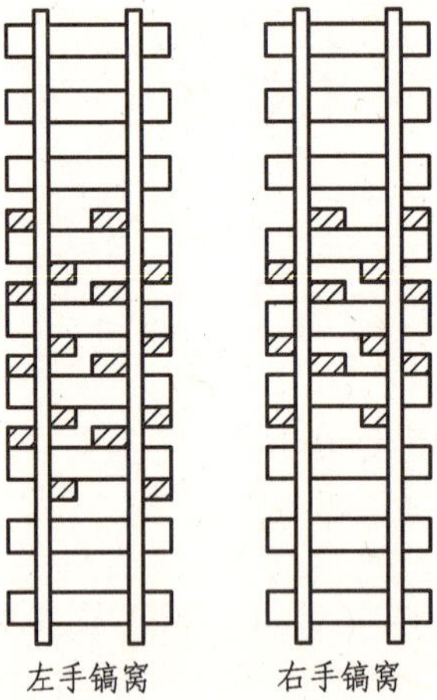

图 4-1　扒镐窝示意图

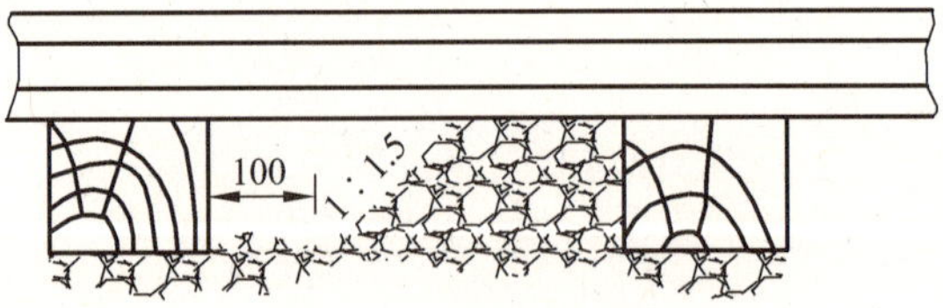

图 4-2　扒砟示意图

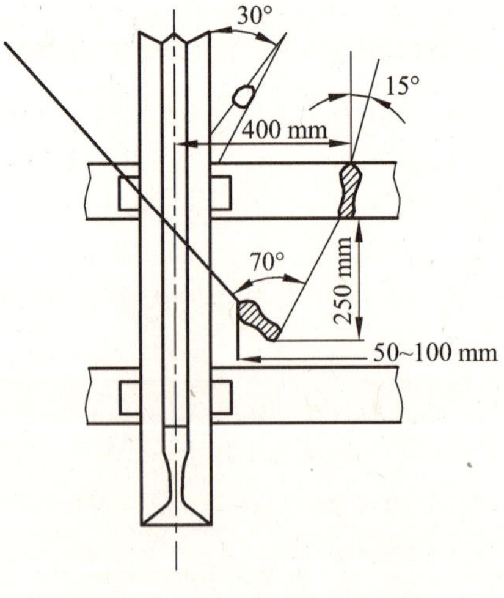

图 4-3　捣固站脚示意图

（2）排镐顺序：捣固先由轨底向外排镐，再由外排向轨底。第一排落在距枕底边 10 ~ 20 mm 处，第二排落在距枕边 20 ~ 30 mm 处，捣固自钢轨中心至两侧距离 400 ~ 450 mm。

（3）打镐数量。

① 木枕：起道量在 5 mm 以下或不起道打 16 镐，接头打 20 镐；起道量在 6 ~ 14 mm 时打 18 镐，接头打 20 镐；起道量在 15 ~ 20 mm 时打 20 镐，接头打 22 镐；起道量超过 20 mm 时打 22 镐；

② 混凝土轨枕：不起道钢轨外侧打 18 镐，内侧打 21 镐；起道时钢轨外侧打 24 镐，内侧打 28 镐。打镐姿势如图 4-4 所示。

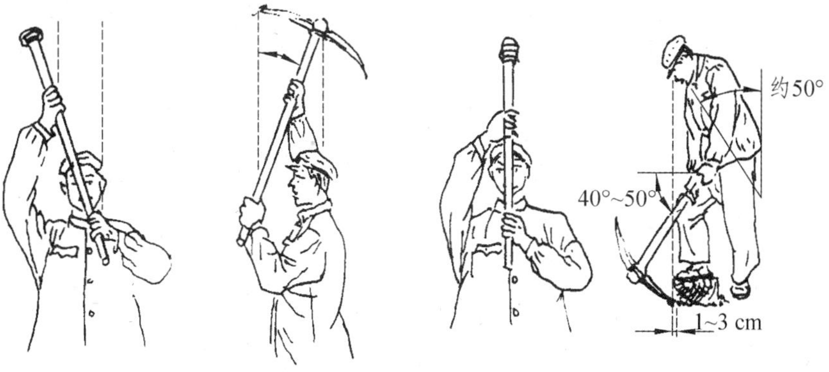

图 4-4　打镐姿势图

4. 回填道砟

先道心、后枕头无缝线路应堆高砟肩 150 mm，填满枕盒内道砟，轨底处道床顶面应低于轨枕顶面 20 ~ 30 mm；Ⅰ型混凝土枕中部道床应掏空，其顶面低于枕底不得小于 20 mm，长度应为 200 ~ 400 mm；Ⅱ型和Ⅲ型混凝土枕中部道床可不掏空，但应保持疏松。

5. 回检线路

检查道床回填外观质量，对不符合要求的进行整改。

四、作业质量

（1）手工捣固扒砟要做到“三够一清”，即长度够、宽度够、 深度够，钢轨底部石砟要扒清。

（2）手工捣固要做到“五够”，即捣固长度够，一根轨枕捣够八面镐，捣固举镐高度够，落镐力度够，规定的镐数要够。

（3）道床捣固应均匀密实，各轨枕间强度均匀，捣固后高低、水平符合《普速铁路修理规则》要求。

（4）道床回填平整、整齐，边坡一致，无缝线路砟肩堆高 150 mm。

实训报告四

时　　间		天气情况	
作业项目			
作业目的			
作业条件			
作业准备	作业负责人		
	防护办法（画防护图）		
	工具准备		
作业程序			

续表

质量验收	作业前	（作业前线路检查情况：文字描述及原始检查数据）
	验收标准	
	作业后	（作业后线路回检情况：文字描述及检查数据） 验收人签字：
作业小结		（对作业中遇到的问题进行小结，如安全、质量、作业标准、作业效率等）

实训项目五

线路起道作业

一、作业目的

（1）整正线路水平、三角坑及高低超限。

（2）整正线路坑洼，增加道床厚度，调整线路纵断面。

二、作业条件

（1）防护设置：利用天窗时间作业，必须在车站《行车设备施工登记簿》上登记，按规定设置移动停车信号防护，同时按规定指定专人担任作业负责人。

（2）利用行车间隔进行起道作业时，应认真执行《普速铁路工务安全规则》放行列车条件的规定。

（3）无缝线路作业应遵守《铁路线路修理规则》有关作业轨温规定。

（4）起道地段要有足够的道砟。

三、作业程序

1. 作业准备

（1）工具材料：液压起道器、捣镐、四齿耙、扳手、道尺、弦线、石笔和轨温计等。

（2）线路检查：检测轨温，校对量具，调查划撬，确认工作量。

2. 起道作业

（1）确认标准股：直线以左股为标准股，曲线以下股为标准股，高于基准股为“+”号，低于基准股为“-”号。

（2）看道：距起道点 20 ~ 30 m，看轨头（非工作边）下颚水平线，根据前标准点和后标准点起平中间点。起道中，应按起道量预留一定的回弹量。

（3）起标准股：拿起道器的人要听从看道者的指挥，正确放置起道器。直线地段起道器应放在钢轨内侧，曲线上股放在外侧，下股放在内侧。全面起道时，一般 25 m 钢轨，从接头（焊缝）开始每 7 根轨枕放置一次，依次向前。重点起道时，陡坑一般在坑底放置一次，漫坑则要放置 2 ~ 3 次，且起道器必须放稳。

（4）起对面股：全面起道时，当标准股起出一段线路，一般起完 2 ~ 3 撬后，返回用道尺找平对面股。重点起道时，起好标准股后，立即用道尺找平对面股。

（5）砸撬：打外侧枕底，接头打 2 根轨枕，确保撤出起道器后轨道不回落。

（6）捣固：撤出起道器后，对起道地段进行捣固，回填石砟。

（7）回检线路：检查起道后线路情况，对于超过作业验收标准要求的，应及时进行整改；并且检查道床回填外观质量，对不符合要求的进行整改。

四、作业质量

（1）轨道前后高低目视平顺，无漫包，用 10 m 弦量最大矢度，允许速度 200 km/h $\geqslant v_{max} >$ 160 km/h 的正线不超过 3 mm；允许速度 160 km/h $\geqslant v_{max} >$ 120 km/h 的正线不超过 4 mm；允许速度 $v_{max} \leqslant$ 120 km/h 的正线及到发线不超过 4 mm；其他站线不超过 5 mm。

（2）水平偏差：允许速度 200 km/h $\geqslant v_{max} >$ 160 km/h 的正线不超过 3 mm；允许速度 160 km/h $\geqslant v_{max} >$ 120 km/h 的正线不超过 4 mm；允许速度 $v_{max} \leqslant$ 120 km/h 正线及到发线不超过 4 mm；其他站线不超过 5 mm。

（3）三角坑偏差不含曲线超高顺坡造成的扭曲量，三角坑检查基长为 6.25 m，但在延长 18 m 的距离内。允许速度 200 km/h $\geqslant v_{max} >$ 160 km/h 的正线不超过 3 mm，允许速度 160 km/h $\geqslant v_{max} >$ 120 km/h 的正线不超过 4 mm；允许速度 $v_{max} \leqslant$ 120 km/h 的正线及到发线不超过 4 mm；其他站线不超过 5 mm。

实训报告五

时　　间		天气情况	
作业项目			
作业目的			
作业条件			
作业准备	作业负责人		
	防护办法（画防护图）		
	工具准备		
作业程序			

续表

<table>
<tr><td rowspan="3">质量验收</td><td>作业前</td><td>（作业前线路检查情况：文字描述及原始检查数据）</td></tr>
<tr><td>验收标准</td><td></td></tr>
<tr><td>作业后</td><td>（作业后线路回检情况：文字描述及检查数据）

验收人签字：</td></tr>
<tr><td colspan="2">作业小结</td><td>（对作业中遇到的问题进行小结，如安全、质量、作业标准、作业效率等）</td></tr>
</table>

实训项目六

线路拨道作业

一、作业目的

（1）在线路维修中有计划地调整线路平面。

（2）根据季节特点和线路变化情况，进行春秋季全面拨正线路方向作业。

（3）线路方向超限处所，进行临时补修时重点拨道。

二、作业条件

（1）防护设置：利用天窗时间作业，必须在车站《行车设备施工登记簿》上登记，按规定设置移动停车信号防护，同时按规定指定专人担任作业负责人。

（2）无缝线路应按《铁路线路修理规则》规定的作业轨温条件执行。

三、作业程序

1. 工具准备

液压拨道器、撬棍、捣镐、四齿耙、道钉锤、套筒扳手、弦线、道尺、钢直尺、钢卷尺、石笔和轨温计等。

2. 线路检查

（1）直线、道岔地段：检测轨温，目视线路状况，确认拨道量和拨道点。

（2）曲线地段：

① 利用全站仪精确测量校正曲线。

② 复核外设控制桩，测量正矢，计算拨道量。

③ 选好基准点，在轨枕上标注拨道量。

3. 拨正线路

（1）扒开拨道器地点的道砟和挖松枕头道砟，撤除防爬支撑。

（2）放置拨道器，拨正方向一侧设 2 台，相距 2 ~ 3 孔，另一侧放 1 台，3 台液压机呈 V 形，油缸与轨面夹角不大于 45°。

（3）拨道。拨道工班长或技术熟练工人担任指挥。直线上指挥者距拨道人员一般不少于 50 m，两腿跨在方向较好的一股钢轨（曲线为上股）上，以手势指挥拨道，如图 6-1 所示。曲线上应按照计算好的拨道量进行拨道，拉好弦线，按照拨道量进行拨道，先拨正测点，然后目视顺撬；道岔上拨道时，先确定基准股，然后拨正道岔外直股轨向，再按轨距整改内直股；导曲线上股轨向不良利用支距进行整治，下股按轨距要求进行整改。拨道时需要考虑直外股与两端直线的衔接问题。

（a）拨接头　　（b）拨大腰　　（c）拨小腰

（d）交叉拨道　　（e）用力拨　　（f）暂停

图 6-1　拨道手势示意图

（4）拨道结束，整理道床、恢复或补齐防爬支撑，清理工具。

（5）回检线路。检查拨道后线路情况，直线上采用 10 m 弦线量测，曲线上利用 20 m 或 10 m 弦线按照检查点进行量测，对于超过作业验收标准要求的，应及时进行整改。同时检查道床回填外观质量，对不符合要求的进行整改。

4. 作业结束

撤除防护，开通线路。

四、作业质量

（1）直线拨正后线路方向目视直顺，无甩弯。

（2）直线地段轨向顺直，用 10 m 弦测量最大矢度，轨向容许偏差在允许速度 200 km/h≥v_{max}＞160 km/h 的正线不超过 3 mm；允许速度 160 km/h≥v_{max}＞120 km/h 的正线不超过 4 mm；

线路允许速度 v_{max}≤120 km/h 的正线及到发线不超过 4 mm；其他站线不超过 5 mm。

（3）曲线地段：用 20 m 弦在钢轨踏面下 16 mm 处测量正矢，达到下表所示标准。

曲线半径 R /m		缓和曲线的正矢与计算正矢差/mm	圆曲线正矢连续差/mm	圆曲线正矢最大最小值差/mm
R≤250		6	12	18
250＜R≤350		5	10	15
350＜R≤450		4	8	12
450＜R≤800		3	6	9
R＞800	v_{max}≤120 km/h	3	6	9
	v_{max}＞120 km/h	2	4	6

（4）作业时必须严格执行防胀作业安全的相关规定。

实训报告六

<table>
<tr><td>时　　间</td><td colspan="2"></td><td>天气情况</td><td></td></tr>
<tr><td>作业项目</td><td colspan="4"></td></tr>
<tr><td>作业目的</td><td colspan="4"></td></tr>
<tr><td>作业条件</td><td colspan="4"></td></tr>
<tr><td rowspan="3">作业准备</td><td>作业
负责人</td><td colspan="3"></td></tr>
<tr><td>防护办法
（画防护图）</td><td colspan="3"></td></tr>
<tr><td>工具
准备</td><td colspan="3"></td></tr>
<tr><td>作业程序</td><td colspan="4"></td></tr>
</table>

续表

<table>
<tr><td rowspan="3">质量验收</td><td>作业前</td><td>（作业前线路检查情况：文字描述及原始检查数据）</td></tr>
<tr><td>验收标准</td><td></td></tr>
<tr><td>作业后</td><td>（作业后线路回检情况：文字描述及检查数据）

验收人签字：</td></tr>
<tr><td colspan="2">作业小结</td><td>（对作业中遇到的问题进行小结，如安全、质量、作业标准、作业效率等）</td></tr>
</table>

实训项目七

垫板作业

一、作业目的

找平线路轨道水平、三角坑及高低超限，保证线路平顺。

二、作业条件

（1）防护设置：利用天窗时间作业，必须在车站《行车设备施工登记簿》上登记，按规定设置移动停车信号防护，同时按规定指定专人担任作业负责人。

（2）无缝线路按轨温条件进行作业。

三、作业程序

1. 作业准备

（1）工具材料：扳手、力矩扳手、液压起道器、道尺、小铲、石笔、轨温计、长效油脂、油刷、调高垫板等。根据垫板地点的长度、厚度分发调高垫板，调高垫板规格尺寸：长度为185 mm，宽度比轨底窄2 mm，厚度分为2，3，4，7，10，15 mm等。

（2）校对量具：由作业负责人对道尺、轨温计进行校核，并检查扳手、液压起道器性能是否良好。

2. 调查工作量

曲线以下股为标准股，直线视线路情况确定标准股（选较高一股）。在标准股上目视找出坑洼起终点，用弦线测量低洼值，确定垫高量。

3. 按标准股垫高量垫平标准股

松开轨枕螺栓，用起道器抬起钢轨，清理枕面和胶垫（发现胶垫失效时应更换），将调高垫板垫在胶垫上，垫入的垫板一般不宜超过两层，然后撤出起道器，落下钢轨。

4. 垫平对面股

垫平标准股后，测量水平，确定对面股的垫高量。

5. 回检线路

检查垫板作业后线路情况，采用 10 m 弦线量测，对线路水平、三角坑用道尺检查，对于超过作业验收标准要求的，应及时进行整改。

四、作业质量

（1）调高垫板应垫在轨底与橡胶垫板之间，每处调高垫板不得超过 2 块，总厚度不得超过 10 mm，连续长度不超过 6 块板。使用调高扣件的混凝土宽枕和整体道床，每处调高垫板不得超过 3 块，总厚度不得超过 25 mm（大调高量扣件除外）。

（2）垫板位置正确，无偏斜，无窜动。

（3）轨距、水平、顺坡率符合作业验收标准，调高垫板和大胶垫无偏斜、无窜动，保证扣件达到三密贴，扭矩达标。

（4）轨枕扣件安装位置正确，螺栓扭矩符合《铁路线路修理规则》第 3.5.3 条规定。

（5）一次连续松开轨枕螺栓不应超过 5 个，如设专人防护而两端视线较好时，可以不超过 7 个。来车时，每隔一根轨枕上紧螺栓。

（6）垫板作业时，要注意做到“三垫、三不垫”：

① 已经稳定的混凝土枕及混凝土宽枕线路可以垫，木枕线路不垫。

② 水平、高低误差小于 6 mm（宽枕为 8 mm）可以垫，超过的不垫。

③ 低接头可以垫，长漫坑洼和下沉地段不垫。

（7）垫板作业时要做到“三结合”：与更换和整正大小胶垫结合；与改正轨距结合；与矫正螺栓扭矩结合。

实训报告七

<table>
<tr><td>时　间</td><td colspan="2"></td><td>天气情况</td><td></td></tr>
<tr><td>作业项目</td><td colspan="4"></td></tr>
<tr><td>作业目的</td><td colspan="4"></td></tr>
<tr><td>作业条件</td><td colspan="4"></td></tr>
<tr><td rowspan="3">作业准备</td><td>作业
负责人</td><td colspan="3"></td></tr>
<tr><td>防护办法
（画防护图）</td><td colspan="3"></td></tr>
<tr><td>工具
准备</td><td colspan="3"></td></tr>
<tr><td>作业程序</td><td colspan="4"></td></tr>
</table>

续表

<table>
<tr><td rowspan="3">质量验收</td><td>作业前</td><td>（作业前线路检查情况：文字描述及原始检查数据）</td></tr>
<tr><td>验收标准</td><td></td></tr>
<tr><td>作业后</td><td>（作业后线路回检情况：文字描述及检查数据）

验收人签字：</td></tr>
<tr><td colspan="2">作业小结</td><td>（对作业中遇到的问题进行小结，如安全、质量、作业标准、作业效率等）</td></tr>
</table>

实训项目八

木枕改道作业

一、作业目的

（1）改正木枕地段超限或接近超限的轨距及其变化率。
（2）改正轨道上出现的不良小轨向。
（3）消除浮离不良道钉，以及其他道钉作业。

二、作业条件

（1）木枕改道及打道钉作业由工、班长或由段、队批准，由经过考试合格的人员负责。利用天窗时间作业，在车站《行车设备施工登记簿》上登记，按规定设置移动停车信号防护，同时按规定指定专人担任作业负责人。
（2）瞭望条件不良及大站场改道时，应增设防护员。

三、作业程序

1. 作业准备

（1）改道器、普通撬棍、起钉撬棍、起钉垫、直钉器、道钉锤、道钉、木塞、道尺、支距尺、石笔等。
（2）由作业负责人对道尺、支距尺进行校核，并检查其他工具性能是否良好。

2. 确定标准股与划撬

直线以方向好的一股为标准股，改正对面股；曲线以上股为标准股，改正下股。改正小方向时，先改正标准股。标准股确定以后，量轨距，在需改动处所划好撬。清扫砂石泥土，削平影响改道的枕面，清除木屑。

3. 拔道钉

利用起钉撬棍和起钉垫，三起三垫将道钉垂直拨出，放在枕面上，先起铁垫板与木枕的联结道钉，后起钢轨里外口的道钉。

4. 整修钉孔

对不直不正的道钉孔应用整孔凿子修整，整孔深度约 100 mm，如有折断的钉梗，用打入器打下。

5. 整直道钉

用直钉器整直弯曲的道钉，将直钉器顺着木枕盒放在平整的道床上，弯钉凸面向上，钉帽对着直钉人，用打闷钉的方法直钉。

6. 改正轨距

拨撬道钉的同时量轨距，整正铁垫板，并使其外棱靠贴轨底，插入道钉孔木片，钉孔持钉力不足或改道量超过 5 mm 时，应使用经过防腐处理的木塞，根据改道情况将木片插入钉孔的外侧或内侧。

7. 栽打道钉

栽钉时钢轨里外口道钉的钉尖离开轨底边缘 8 mm，垂直栽钉，然后垂直打入。改完一撬后，复查轨距，补打铁垫板与木枕的联结道钉。通过列车后，复检并消灭不合格道钉。

注意：在改动轨距栽钉前要使用改道器拉动钢轨，不得用锤镐归打或用撬棍逼钉、移动钢轨。打钉时，举锤落锤姿势要符合要求，第一锤要轻、稳、准，中间几锤要重而准，最后一锤闷而稳，防止打离道钉和打伤轨底。发现道钉不良或轨距不符合要求时须拔出道钉重打。

8. 回检线路

检查木枕改道后线路情况，对线路轨距及轨距变化率用道尺检查；对于小轨向用弦线进行检查；对于超过作业验收标准要求的，应及时进行整改。

四、作业质量

1.道岔地段

（1）轨距容许偏差最大矢度。允许速度 200 km/h≥v_{max}>160 km/h 的正线不超过±2 mm；允许速度 160 km/h≥v_{max}>120 km/h 的正线不超过 + 3，−2 mm；线路允许速度 v_{max}≤120 km/h 的正线及到发线不超过 + 3，−2 mm；其他站线不超过 + 3，−2 mm。

（2）轨向容许偏差最大矢度。允许速度 200 km/h≥v_{max}>160 km/h 的正线不超过 3 mm；允许速度 160 km/h≥v_{max}>120 km/h 的正线不超过 4 mm；线路允许速度 v_{max}≤120 km/h 的正线及到发线不超过 4 mm；其他站线不超过 6 mm。

（3）查照间隔 1 391 ~ 1 394 mm，护背距离 1 346 ~ 1 348 mm。

2. 线路地段

（1）轨距容许偏差。最大矢度允许速度 200 km/h≥v_{max}＞160 km/h 的正线不超过±2 mm；允许速度 160 km/h≥v_{max}＞120 km/h 的正线不超过 + 4，−2 mm；线路允许速度 v_{max}≤120 km/h 的正线及到发线不超过 + 6，−2 mm；其他站线不超过 + 6，−2 mm。轨距变化率不大于 1‰。

（2）铁垫板和道钉应齐全作用良好，缺少时应及时补充。

实训报告八

<table>
<tr><td>时　　间</td><td colspan="2"></td><td>天气情况</td><td></td></tr>
<tr><td>作业项目</td><td colspan="4"></td></tr>
<tr><td>作业目的</td><td colspan="4"></td></tr>
<tr><td>作业条件</td><td colspan="4"></td></tr>
<tr><td rowspan="3">作业准备</td><td>作业
负责人</td><td colspan="3"></td></tr>
<tr><td>防护办法
（画防护图）</td><td colspan="3"></td></tr>
<tr><td>工具
准备</td><td colspan="3"></td></tr>
<tr><td>作业程序</td><td colspan="4"></td></tr>
</table>

续表

<table>
<tr><td rowspan="3">质量验收</td><td>作业前</td><td>（作业前线路检查情况：文字描述及原始检查数据）</td></tr>
<tr><td>验收标准</td><td></td></tr>
<tr><td>作业后</td><td>（作业后线路回检情况：文字描述及检查数据）

验收人签字：</td></tr>
<tr><td colspan="2">作业小结</td><td>（对作业中遇到的问题进行小结，如安全、质量、作业标准、作业效率等）</td></tr>
</table>

实训项目九

混凝土枕改道作业

一、作业目的

混凝土枕地段改正超限或接近超限的轨距及变化率，同时改正轨道上出现的不良小轨向。

二、作业条件

（1）混凝土枕改道及组装扣件作业，由工、班长或由段、队批准，由经过考试合格的人员负责。利用天窗时间作业，在车站《行车设备施工登记簿》上登记，按规定设置移动停车信号防护，同时按规定指定专人担任作业负责人。

（2）瞭望条件不良及大站场改道时应增设防护员。

三、作业程序

1. 作业准备

（1）顶轨器、尼龙座、小胶垫、扣件、长效油脂、450 mm 活动扳手、力矩扳手、道尺、支距尺、钢丝刷、油料、油刷、石笔和轨温计等。

（2）由作业负责人对道尺、支距尺进行校核，并检查其他工具性能是否良好。

2. 确定标准股调查划撬

用轨距尺详细检查轨距，对轨距超限和变化率不良处所，在轨底内侧用符号划出撬长。调查划撬时，先确定标准股，直线以方向较好的一股为标准股，改正对面股；曲线以外股为标准股，改正里股。同时改正小方向时，先改正标准股。

3. 调换扣板或轨距挡板

调换标准股扣板或轨距挡板，调整或同时更换挡板座或者绝缘轨距块，使各有关部分互相靠贴，调换时防止挤动钢轨。

4. 改正对面股

卸掉改道范围内里外口螺母，调换扣板或轨扭矩距挡板将轨距改好，使各相关部分互相靠贴。

5. 拧紧螺栓母

安装垫圈螺母，先用力矩扳手试拧，扭矩在 80 ~ 140 N·m，各人对照出用力程度，然后各自掌握。改道处所的扣件螺栓，当天下班前应进行一次复紧。

6. 回检找细

检查混凝土枕改道后线路情况，线路轨距及轨距变化率用道尺检查，小轨向用弦线进行检查。超过作业验收标准要求的，应及时进行整改。按照线路作业验收标准，检查扣件安装情况和扣件扭力情况，有螺栓扣件应采用力矩扳手抽检或使用 1 mm 塞尺进行检查，无螺栓扣件按照要求检查扣件位置。对于安装错误、扭矩不达标的应及时整改。

四、作业质量

1. 道岔地段

（1）轨距容许偏差最大矢度。允许速度 200 km/h $\geqslant v_{max}>$ 160 km/h 的正线不超过±2 mm；允许速度 160 km/h $\geqslant v_{max}>$ 120 km/h 的正线不超过 + 3，−2 mm；线路允许速度 $v_{max}\leqslant$ 120 km/h 正线及到发线不超过 + 3，−2 mm；其他站线不超过 + 3，−2 mm。

（2）轨向容许偏差最大矢度。允许速度 200 km/h $\geqslant v_{max}>$ 160 km/h 的正线不超过 3 mm；允许速度 160 km/h $\geqslant v_{max}>$ 120 km/h 的正线不超过 4 mm；线路允许速度 $v_{max}\leqslant$ 120 km/h 的正线及到发线不超过 4 mm；其他站线不超过 6 mm。

（3）查照间隔 1 391 ~ 1 394 mm，护背距离 1 346 ~ 1 348 mm。

2. 线路地段

（1）轨距容许偏差最大矢度。允许速度 200 km/h $\geqslant v_{max}>$ 160 km/h 的正线不超过±2 mm；允许速度 160 km/h $\geqslant v_{max}>$ 120 km/h 的正线不超过 + 4，−2 mm；线路允许速度 $v_{max}\leqslant$ 120 km/h 的正线及到发线不超过 + 6，−2 mm；其他站线不超过 + 6，−2 mm。轨距变化率不大于 1‰。

（2）结合改道作业，应更换整正伤损歪斜的挡板座。不得盲目提高扣件扭力矩。

（3）不得以道钉锤敲打扣板，不得以螺栓为支点撬动钢轨，不得以挡肩为支点挤动螺栓。

（4）扣板式扣件扭矩为 80 ~ 140 N·m，弹条式扣件扭矩为 80 ~ 150 N·m，弹条扣件前端下颚与轨距挡板靠贴，缝隙不超过 1 mm。

实训报告九

<table>
<tr><td>时　　间</td><td></td><td>天气情况</td><td></td></tr>
<tr><td>作业项目</td><td colspan="3"></td></tr>
<tr><td>作业目的</td><td colspan="3"></td></tr>
<tr><td>作业条件</td><td colspan="3"></td></tr>
<tr><td rowspan="3">作业准备</td><td>作业
负责人</td><td colspan="2"></td></tr>
<tr><td>防护办法
（画防护图）</td><td colspan="2"></td></tr>
<tr><td>工具
准备</td><td colspan="2"></td></tr>
<tr><td>作业程序</td><td colspan="3"></td></tr>
</table>

续表

质量验收	作业前	（作业前线路检查情况：文字描述及原始检查数据）
	验收标准	
	作业后	（作业后线路回检情况：文字描述及检查数据） 验收人签字：
作业小结		（对作业中遇到的问题进行小结，如安全、质量、作业标准、作业效率等）

实训项目十

更换夹板作业

一、作业目的

（1）更换单块或成对折断的夹板。

（2）更换中央裂纹在中间两螺栓孔范围内、其他部位裂纹发展到螺栓孔的夹板。

（3）更换弯曲、磨损的夹板。

二、作业条件

（1）防护设置：利用天窗时间作业，在车站《行车设备施工登记簿》上登记，按规定设置移动停车信号防护，设置驻站、工地防护员，用电话或对讲机防护，同时按规定指定专人担任作业负责人。

（2）无缝线路地段作业应遵守有关注意事项。

三、作业程序

1. 作业准备

（1）工具准备。

木枕段：活动扳手、力矩扳手、起钉撬棍、起钉垫、直钉器、木塞、道钉锤、夹板、接头螺栓、螺母、垫圈、扁铲、长效油脂、钢丝刷和油刷等。

混凝土地段：活动扳手、套筒扳手、力矩扳手、夹板、接头螺栓、螺母、垫圈、扁铲、长效油脂、钢丝刷和油刷等。

（2）由作业负责人对力矩扳手进行校核，并检查其他工具性能是否良好。

（3）天窗点以前，利用列车间隔时间，卸掉 2、5 位螺栓；对其他 4 个螺栓，逐个涂油，加垫垫圈，再重新上紧。钢轨内外口靠轨底各松一个道钉再打紧；其余道钉起掉，道钉孔内插入木片。

2. 起钉、卸螺栓

起掉剩余的道钉，并插入木片，或卸掉轨枕扣件。将接头螺栓卸掉，其顺序为先 1、3 位，后 4、6 位。

3. 卸夹板

用扳手尖端撬出夹板，放在方便的位置。

4. 除锈检查

注意检查轨腹、轨端有无伤损。然后，用扁铲和钢丝刷除去夹板、钢轨端部和螺栓上的铁锈和油污。

5. 涂油

在夹板和钢轨两者接触面上均匀涂油，并将新夹板扣入。

6. 上接头螺栓

用扳手尖端串入夹板螺孔和钢轨螺孔内使其对齐对正，然后穿入全部螺栓，拧紧。紧固螺栓时，直线上钢轨接头 6 孔螺栓，先上紧最外侧两个螺栓，再上紧中间两个螺栓，剩下两个最后上紧，如图 10-1 所示。在曲线上，则先紧最外两个螺栓，再上紧次外两个螺栓，最后上紧中间两个螺栓，如图 10-2 所示。全部螺栓上紧后应复紧一遍，使每个螺栓的扭矩达到规定值。

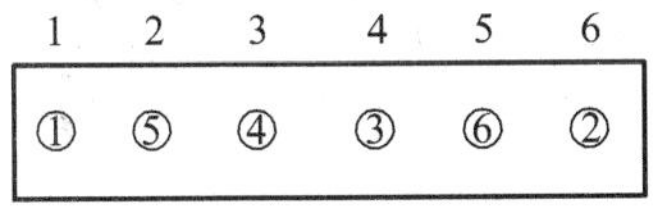

图 10-1　直线接头紧螺栓顺序

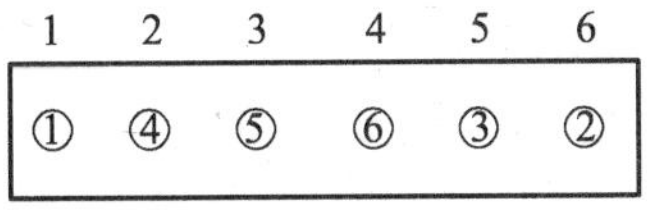

图 10-2　曲线接头紧螺栓顺序

7. 钉道钉或上扣件

8. 复紧螺栓

在列车运行后的一两天后，应该再次复紧接头，使每个螺栓的扭矩达到规定值。

四、质量要求

（1）换入的接头夹板应与钢轨类型一致，且技术状态良好。

（2）接头轨面及内侧错牙，正线、到发线不大于 1 mm，其他站线不大于 2 mm。

（3）接头螺栓应齐全，作用良好，缺损时应及时补齐和更换。夹板联结紧密，普通线路接头螺栓扭矩应达到规定值，并保持均匀。

五、安全注意事项

（1）接头至少上足 4 个螺栓（轨缝每侧 2 个），才能放行列车。

（2）安装夹板和螺栓时，严禁用手指穿入螺栓孔内和轨缝内，以免夹伤手指。

实训报告十

<table>
<tr><td>时　　间</td><td colspan="2"></td><td>天气情况</td><td></td></tr>
<tr><td>作业项目</td><td colspan="4"></td></tr>
<tr><td>作业目的</td><td colspan="4"></td></tr>
<tr><td>作业条件</td><td colspan="4"></td></tr>
<tr><td rowspan="3">作业准备</td><td>作业
负责人</td><td colspan="3"></td></tr>
<tr><td>防护办法
（画防护图）</td><td colspan="3"></td></tr>
<tr><td>工具
准备</td><td colspan="3"></td></tr>
<tr><td>作业程序</td><td colspan="4"></td></tr>
</table>

续表

<table>
<tr><td rowspan="3">质量验收</td><td>作业前</td><td>（作业前线路检查情况：文字描述及原始检查数据）</td></tr>
<tr><td>验收标准</td><td></td></tr>
<tr><td>作业后</td><td>（作业后线路回检情况：文字描述及检查数据）

验收人签字：</td></tr>
<tr><td colspan="2">作业小结</td><td>（对作业中遇到的问题进行小结，如安全、质量、作业标准、作业效率等）</td></tr>
</table>

实训项目十一

单根更换木枕作业

一、作业目的

线路上铺设的木枕达到规定的失效标准时有计划地更换或更换其他需要更换的木枕。

二、作业条件

（1）单根更换木枕，由工、班长或由段、队批准，由经过考试合格的人员负责。利用天窗时间作业，在车站《行车设备施工登记簿》上登记，按规定设置移动停车信号防护，设置驻站、工地防护员，用电话或对讲机防护，同时按规定指定专人担任作业负责人。

（2）与电务有关时，应按相关的规定要求执行。

三、作业程序

1. 作业准备

（1）工具材料：液压起道器、捣镐、四齿耙、普通撬棍、抬杠及木枕钳、道尺、起钉撬棍、道钉锤、直钉器、起钉垫、石笔等。

（2）将新轨枕抬到需要更换的位置，木枕需先捆扎。

（3）线路检查：检查确认失效轨枕，校对量具。

2. 预钻道钉孔

在工区或现场，对开裂木枕进行捆扎或钉组钉板处理，预先钻好一端道钉孔；也可用定位模具同时钻好全部道钉孔。

3. 散布木枕

根据工长事先调查划好的符号，将木枕合理散布到规定的位置。直线地段散布在作业方便的一侧，曲线地段散布在曲线下股一侧。

4. 拆除防爬设备

遇有防爬设备或轨距杆影响作业时，应事先拆除并妥善保管，以便安装。

5. 扒砟

扒开一端枕头和一侧枕盒内道床，深度以能横移、抽出和穿入木枕为宜。如碎石道床严重不洁，应同时进行清筛。

6. 起钉

起掉更换木枕上的所有道钉，起钉顺序，一为左股钢轨外侧，二为右股内侧，三为右股外侧，四为左股内侧，并卸下铁垫板，放在两侧木枕上以便使用。

7. 抽出旧枕

在扒砟时，将枕盒道床扒成略低于原来枕底面，其深度应较新木枕厚度深 20 ~ 30 mm，宽度为 280 mm 左右，整平底部垫床，两侧有斜坡，然后用撬棍将木枕拨到枕盒里，用木枕夹钳顺着扒开的道砟槽将旧枕稳稳抽出。

8. 穿入新枕

将钻好一端钉孔的新木枕，用木枕夹钳穿入，安设铁垫板，拨正木枕位置，钉好预先钻孔的道钉，看好轨距后钻孔，打好另一股道钉。

9. 捣固

要串好石砟，加强捣固，隔 2 ~ 5 d 后再捣固一次。

10. 回填整理

捣固后将事先拆掉的防爬器、支撑、轨距杆等按标准安装好，将换木枕扒出的散砟回填，整平道床顶面与边坡并夯实，清扫木枕面与钢轨上石砟、泥土，新木枕按要求刻好木枕年号。

11. 回检验收

由作业负责人组织回检，及时整修，按标准组织自检、互检与验收，发现不合格应立即返工。当日收工时应回收旧木枕等旧料，做到工完料净。

四、作业质量

（1）扒砟应视爬行方向而定，挖开与爬行方向相反的木枕孔石砟，坡道上挖开上坡侧，双线上挖开与列车运行方向相反的枕孔。扒开第一个木枕孔石砟时选择有利条件挖开一侧木枕石砟，曲线地段要在下股扒开石砟。

（2）扒砟深度要考虑木枕削平深度等，以不妨碍木枕抽出、穿入为宜，不得用撬钢轨，垫道钉、铁垫板及锤击木枕等图省事的方法放入木枕。在扒砟时，如道床含土量多，应同时清筛。

（3）在工区或现场预钻道钉孔，应使用直径 12.5 mm 的木钻，钻孔深度有铁垫板时为 100 mm，无铁垫板时为 130 mm。

（4）抽换出的旧木枕，要底面朝上，放于路肩上，以便干燥后运回工区。

（5）穿入新枕，打钉时一人撬起木枕，一人打道钉，如多人分层作业时，可先捣固后专人打钉。对不良道钉要先直后打。

（6）散布木枕时注意不要摔坏木枕，不要打坏线桥标志和信号等设备，不得用撬棍、尖镐、道钉锤等损伤新、旧木枕。

五、安全注意事项

（1）换入木枕要树心朝下，对断面不标准的木枕要大面朝下，圆棱朝上。

（2）换入新木枕，直线地段以左股对齐，曲线地段以上股对齐，间距误差和偏斜不超过 50 mm。

（3）换后捣固坚实均匀，轨距、水平、高低、轨向等各项指标均应符合验收标准的有关规定。

实训报告十一

时　间		天气情况	
作业项目			
作业目的			
作业条件			
作业准备	作业负责人		
	防护办法（画防护图）		
	工具准备		
作业程序			

续表

<table>
<tr><td rowspan="3">质量验收</td><td>作业前</td><td>（作业前线路检查情况：文字描述及原始检查数据）</td></tr>
<tr><td>验收标准</td><td></td></tr>
<tr><td>作业后</td><td>（作业后线路回检情况：文字描述及检查数据）

验收人签字：</td></tr>
<tr><td colspan="2">作业小结</td><td>（对作业中遇到的问题进行小结，如安全、质量、作业标准、作业效率等）</td></tr>
</table>

实训项目十二

单根更换混凝土枕作业

一、作业目的

线路上铺设的混凝土枕达到规定的失效标准时有计划地更换或更换其他需要更换的混凝土枕。

二、作业条件

（1）利用天窗时间作业，在车站《行车设备施工登记簿》上登记，按规定设置移动停车信号防护，设置驻站、工地防护员，用电话或对讲机防护，同时按规定指定专人担任作业负责人。

（2）无缝线路地段应遵守有关作业的注意事项。

三、作业程序

1. 作业准备

（1）工具材料：液压起道器、手持电镐、捣镐、四齿耙、扳手、力矩扳手、撬棍、抬杠、抬枕钳、道尺、弦线、麻绳、长效油脂、钢丝刷、石笔和轨温计等。

（2）将新轨枕抬到需要更换的位置。

（3）线路检查：调查确认失效轨枕，校对量具，检测轨温。

2. 散布混凝土枕

根据工长事先调查划好的符号，将混凝土枕合理散布到规定的位置，直线地段散布在作业方便的一侧，曲线地段散布在曲线下股一侧。

3. 拆除防爬设备

有防爬设备或轨距杆影响作业时，应事先拆除并妥善保管，以便安装。

4. 扒砟

扒开一端枕头和一侧枕盒内道床，长度、深度和宽度以轨枕能串进、抽出和不碰伤螺栓为准。如碎石道床严重不洁，应同时对石砟进行清筛。

5. 拆卸扣件、垫板、联结零件及加强设备

卸掉更换混凝土枕上的所有扣件，并卸下橡胶垫板，放在两侧混凝土枕上以便使用。

6. 抽出旧枕

抽出失效轨枕，抬至路肩，整理枕底道砟，深度比原枕底面低 20 mm 左右，宽度 300 mm 左右。

7. 串入新枕

串入新轨枕，轨枕与轨道中心垂直。串入时应先安装好螺母，保护螺栓。

8. 安装扣件

先放好橡胶垫板，将新枕抬起，螺杆涂油，再按零配件的安装顺序装上，放正位置，上紧扣件。

9. 捣固

适量回填道砟后，将轨枕底串满，再进行八面镐捣固。

10. 回填整理

捣固后将事先拆掉的防爬器、支撑、轨距杆等按标准安装，将换混凝土枕扒出的散砟回填，整平道床顶面与边坡并夯实，清扫混凝土枕面与钢轨上石砟、泥土。

11. 回检验收

由作业负责人组织回检，及时整修，按标准组织自检、互检与验收，发现不合格应立即返工。当日收工时应回收旧料，做到工完料净。

四、作业质量

（1）搬运和更换时应防止损坏轨枕及螺栓。

（2）补充和更换缺少、失修零配件时扣件扭矩要达到标准，并符合以下要求：扣件应保持齐全，位置正确，作用良好。分开式弹性扣件与木枕联结应紧密，当钢轨受车轮横向力作用时不得产生相对位移和扭转离缝。扣板、轨距挡板应靠贴轨底边。扣板（弹片）扣件扭矩应保持在 80 ~ 140 N · m。弹条扣件的弹条中部前端下颚应靠贴轨距挡板（离缝不大于 1 mm）

或扭矩应保持在 80 ~ 150 N · m。Ⅲ型扣件后拱内侧距预埋件端部应不大于 10 mm，扣压力应保持在 8 ~ 13.2 kN。

（3）新枕位置必须与轨道中心线垂直，间距偏差及歪斜不超过 50 mm。

（4）轨道几何尺寸应符合实训项目一中表 1-1 作业验收标准的要求，3 ~ 5 d 应再养护捣固一次。

五、安全注意事项

（1）在抬运混凝土枕前要认真检查绳索是否牢固，动作要协调，防止扭伤腰和砸伤脚。

（2）新旧枕在搬运和更换过程中，材料、工机具存放位置要妥当，不得侵入限界。

（3）在轨道电路地段作业，撬棍要有绝缘套管，绝缘接头处的扣件不准与其他部位的扣件混用。

（4）新枕串入前，准备要充分，枕下道砟要按规定扒清，防止新枕螺杆卡住轨底，造成不安全因素。

实训报告十二

<table>
<tr><td>时　　间</td><td colspan="2"></td><td>天气情况</td><td></td></tr>
<tr><td>作业项目</td><td colspan="4"></td></tr>
<tr><td>作业目的</td><td colspan="4"></td></tr>
<tr><td>作业条件</td><td colspan="4"></td></tr>
<tr><td rowspan="3">作业准备</td><td>作业
负责人</td><td colspan="3"></td></tr>
<tr><td>防护办法
（画防护图）</td><td colspan="3"></td></tr>
<tr><td>工具
准备</td><td colspan="3"></td></tr>
<tr><td>作业程序</td><td colspan="4"></td></tr>
</table>

续表

<table>
<tr><td rowspan="3">质量验收</td><td>作业前</td><td>（作业前线路检查情况：文字描述及原始检查数据）</td></tr>
<tr><td>验收标准</td><td></td></tr>
<tr><td>作业后</td><td>（作业后线路回检情况：文字描述及检查数据）
验收人签字：</td></tr>
<tr><td colspan="2">作业小结</td><td>（对作业中遇到的问题进行小结，如安全、质量、作业标准、作业效率等）</td></tr>
</table>

实训项目十三

混凝土轨枕扣件涂油作业

一、作业目的

防止轨枕扣件锈蚀和失效，补充、更换和整正扣件，保持轨道几何尺寸和轨道框架刚度，延长设备使用寿命。

二、作业条件

防护设置：利用天窗作业，在车站《行车设备施工登记簿》上登记，按规定插作业标，设置移动停车信号，设置驻站、工地防护员，用电话或对讲机防护，同时按规定指定专人担任施工作业负责人。

三、作业程序

1. 作业准备

（1）工具材料：扳手、力矩扳手、道尺、扣件、垛子、小扁铲、毛刷、长效油脂和钢丝刷等。

（2）线路检查：调查需补充和更换的扣件，检测轨温。

（3）驻站联络员与工地防护员对讲机联络，工地设置移动停车手信号防护，防护设好后方可作业。

2. 作业组织

成段混凝土枕扣件螺栓涂油以 5 人为一作业组。其中 1 人负责松、卸螺母和最后的封口工序；2 人卸扣件、除锈、去污、扫灰、涂油；1 人初紧螺母；1 人终紧螺母。作业采用“隔二松一”流水作业法，先从左股开始，每隔两根轨枕涂一根轨枕上的钢轨内外侧的扣件，直至当日作业终点；然后涂右股钢轨的扣件至作业起点；再涂左股钢轨的第二批扣件，如此循环三次直至作业完成。

（1）松、卸螺母。用扳手卸下螺帽。

（2）卸扣件。用手取下垫圈、扣板、铁座及挡板座，并将其整齐有序地放在轨枕面上。

（3）除锈、去污、扫灰及检查。用钢丝刷刷除螺栓上的锈污，用垛子和小扁铲除去螺栓周围承轨台上的硫黄锚固残渣、污垢，扫去承轨台上的污物，然后检查各部件有无损伤，如发现损伤应更换。

（4）涂油。对螺栓丝扣要全部涂油，螺栓杆要少许涂油。

（5）安装扣件。依次正确安装小胶垫、铁座（挡板座）、轨距挡板（扣板）、弹簧垫圈、平垫圈，然后安装螺母并用手拧紧。

（6）初紧螺栓。用扳手上紧扣件，扭矩达到 50 ~ 70 N · m。

（7）终紧螺栓。用扳手将扣件上紧，扭矩达到规定要求。

（8）封口。用黄油抹在螺母上方和螺杆外螺纹部分。

3. 回检线路

按照线路作业验收标准，检查扣件安装情况、涂油情况和扣件扭矩，有螺栓扣件时应采用力矩扳手抽检或 1 mm 塞尺进行检查。对于安装错误、涂油不完全、扭矩不达标的情况应及时整改。

4. 复紧线路

在列车运行一两天后，应该再次复紧扣件，使每个扣件的扭矩达到规定值。

四、作业质量

（1）扣件应数量齐全、位置正确、作用良好。

（2）轨枕面上，螺旋道钉、扣件去垢除锈彻底，螺旋道钉油润良好。

（3）扣板扣件力矩应为 80 ~ 140 N · m；弹条扣件的弹条中部前端下颚应靠贴轨距挡板（离缝不大于 1 mm）或力矩应保持在 80 ~ 150 N · m。Ⅲ型扣件后拱内侧距预埋件端部应不大于 10 mm，扣压力应保持在 8 ~ 13.2 kN。

（4）轨距应符合实训项目一中表 1-1 作业验收标准的要求。

五、安全注意事项

严禁坐在钢轨上装、卸、紧扣件，卸、装螺栓不准用锤击打螺栓。

实训报告十三

<table>
<tr><td>时　　间</td><td colspan="2"></td><td>天气情况</td><td></td></tr>
<tr><td>作业项目</td><td colspan="4"></td></tr>
<tr><td>作业目的</td><td colspan="4"></td></tr>
<tr><td>作业条件</td><td colspan="4"></td></tr>
<tr><td rowspan="3">作业准备</td><td>作业
负责人</td><td colspan="3"></td></tr>
<tr><td>防护办法
（画防护图）</td><td colspan="3"></td></tr>
<tr><td>工具
准备</td><td colspan="3"></td></tr>
<tr><td>作业程序</td><td colspan="4"></td></tr>
</table>

续表

质量验收	作业前	（作业前线路检查情况：文字描述及原始检查数据）
	验收标准	
	作业后	（作业后线路回检情况：文字描述及检查数据） 验收人签字：
作业小结		（对作业中遇到的问题进行小结，如安全、质量、作业标准、作业效率等）

实训项目十四

清筛道床作业

一、作业目的

清筛脏污道床，恢复道床弹性，保持排水通畅，使线路处于均衡良好的状态。

二、作业条件

（1）防护设置：利用天窗时间作业，在车站《行车设备施工登记簿》上登记，设置移动停车信号，设置驻站、工地防护员，用电话或对讲机防护，同时按规定指定专人担任作业负责人。

（2）无缝线路地段作业时应遵守有关作业轨温规定。

三、作业程序

1. 作业准备

（1）工具准备：捣镐、四齿耙、大拉耙、铁筛子、土箕、夯拍器、卷尺、轨温计、石笔等。

（2）线路检查。调查需清筛道床的数量并做好分工，校对量具，检测轨温。

2. 开口

两人一组，每组相隔 20 根轨枕，用捣镐挖开宽度为 700 mm 的口子，逐孔扒开道床边坡石砟，进行逐孔倒筛，将清砟放在路肩上。

3. 扒筛

用铁筛将碎石污土清出。

4. 倒筛

将第二孔清砟回填到第一孔枕盒内，然后依次进行清筛。

5. 整理

整理道床，使用夯拍器拍紧道床，并且使道砟均匀、道床饱满、边坡整洁、路肩平整。

6. 作业结束

清理料具、撤除防护、开通线路。

四、作业质量

（1）单线线路：道心筛至枕底下 50 ~ 100 mm，轨枕头筛至轨枕底下 150 ~ 200 mm，轨枕头外筛至路基面，如图 14-1 所示。复线线路：两线间轨枕头筛至轨枕下 50 mm，线路中心筛至轨枕底下 100 mm，外侧轨枕头筛至轨枕底下 150 ~ 200 mm，轨枕头外筛至路基面，如图 14-2 所示；道岔筛至岔枕底下 150 ~ 200 mm。

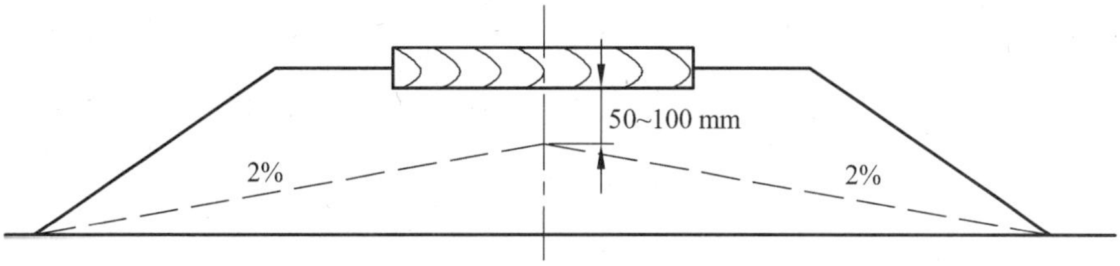

图 14-1　清筛道床单线作业

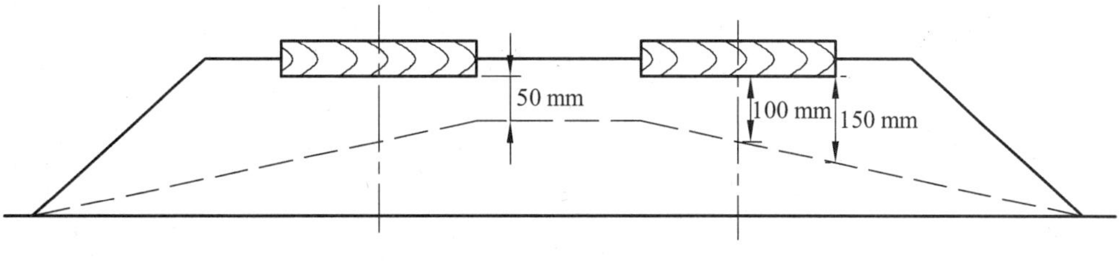

图 14-2　清筛道床复线作业

（2）清筛后道床断面应符合规定标准，无缝线路要有 150 mm 的堆高砟肩，道砟不足应及时补充。

（3）雨天及雨后 2 ~ 3 d，不宜进行清筛作业。

五、安全注意事项

（1）弃土及工具不侵限。

（2）有砂垫层时，不得破坏砂垫层。

实训报告十四

<table>
<tr><td>时　间</td><td></td><td>天气情况</td><td></td></tr>
<tr><td>作业项目</td><td colspan="3"></td></tr>
<tr><td>作业目的</td><td colspan="3"></td></tr>
<tr><td>作业条件</td><td colspan="3"></td></tr>
<tr><td rowspan="3">作业准备</td><td>作业
负责人</td><td colspan="2"></td></tr>
<tr><td>防护办法
（画防护图）</td><td colspan="2"></td></tr>
<tr><td>工具
准备</td><td colspan="2"></td></tr>
<tr><td>作业程序</td><td colspan="3"></td></tr>
</table>

续表

<table>
<tr><td rowspan="3">质量验收</td><td>作业前</td><td>（作业前线路检查情况：文字描述及原始检查数据）</td></tr>
<tr><td>验收标准</td><td></td></tr>
<tr><td>作业后</td><td>（作业后线路回检情况：文字描述及检查数据）
验收人签字：</td></tr>
<tr><td colspan="2">作业小结</td><td>（对作业中遇到的问题进行小结，如安全、质量、作业标准、作业效率等）</td></tr>
</table>

实训项目十五

防护员作业

一、作业目的

及时向工地作业负责人和作业人员传递行车信息，将施工信息和要求传达给驻站联络员，制止盲目抢点施工、拖延下道现象，纠正违章作业，维护作业人员人身安全和行车安全。

二、作业条件

（1）防护员必须会使用对讲机，视力和听力良好，说话吐字清楚，熟悉本区段内列车运行情况。

（2）应具有担任防护员的基本知识和基本技能，能根据工作的性质和内容、作业地点和作业负责人的指令，正确地设置、撤除和显示各种防护信号。

（3）能维护列车运行秩序，及时制止盲目抢点施工、拖延下道的现象，敢于制止线路未达到放行列车条件而开通线路的现象，敢于制止和纠正作业负责人的错误指令。

三、作业程序

1. 作业准备

（1）身着防护服，佩戴上岗证及袖章。

（2）防护备品：对讲机、便携式电话、喇叭、铜导线、防护记录本（工地防护员）；对讲机、防护记录本（驻站联络员）。

（3）信号备品：信号旗（红、黄各一面）、信号灯、作业标、移动减速信号牌、减速地点标和移动停车信号牌。

（4）驻站联络员应提前 40 min 到车站信号楼做好相关准备工作。

2. 防护办法

（1）在区间线路上进行不影响行车安全的作业时，不需要停车信号或移动减速信号防护，应在作业地点两端 500 ~ 1 000 m 处列车运行方向左侧（双线在线路外侧）的路肩上设置作业标，设立位置如图 15-1 所示。

（2）在区间线路上施工时，使用移动停车信号的防护办法。

① 单线区间施工时，停车信号设立位置如图 15-2 所示。

② 双线区间一条线路施工时，停车信号设立位置如图 15-3 所示。

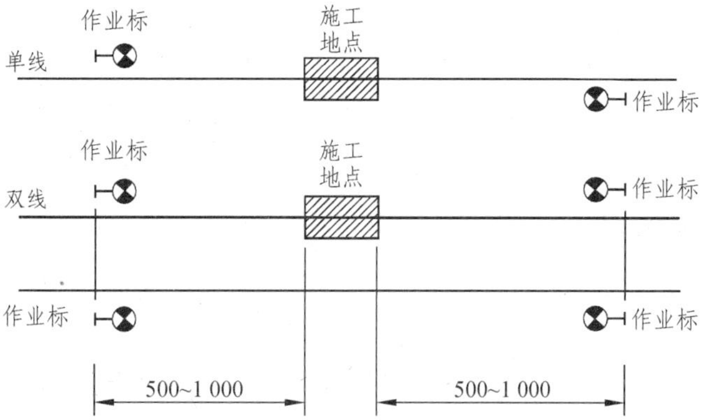

图 15-1　设置作业标（单位：m）

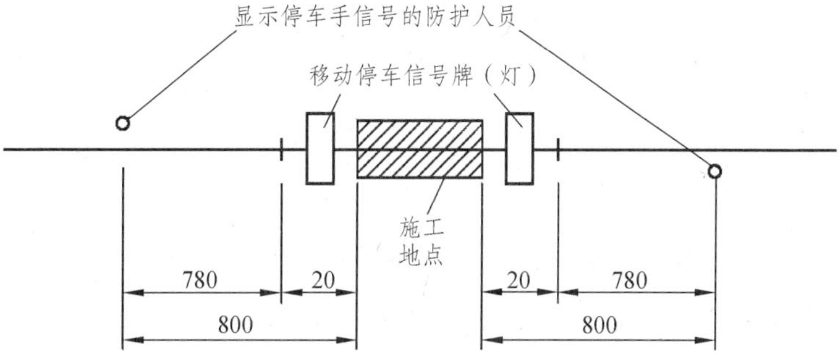

图 15-2　单线区间移动停车信号（单位：m）

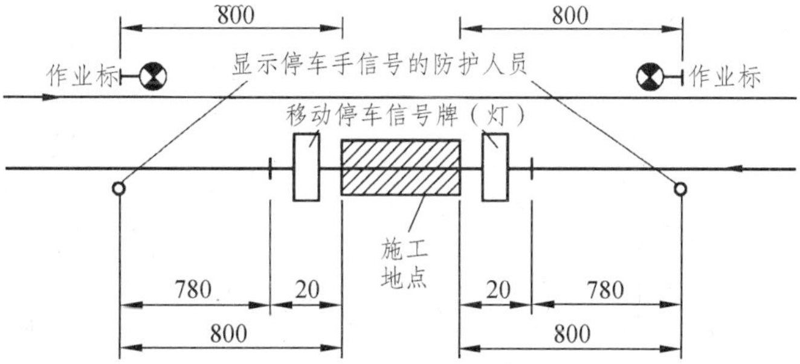

图 15-3　双线区间一条线路施工的移动停车信号（单位：m）

③ 双线区间两条线路同时施工时，停车信号设立位置如图 15-4 所示。

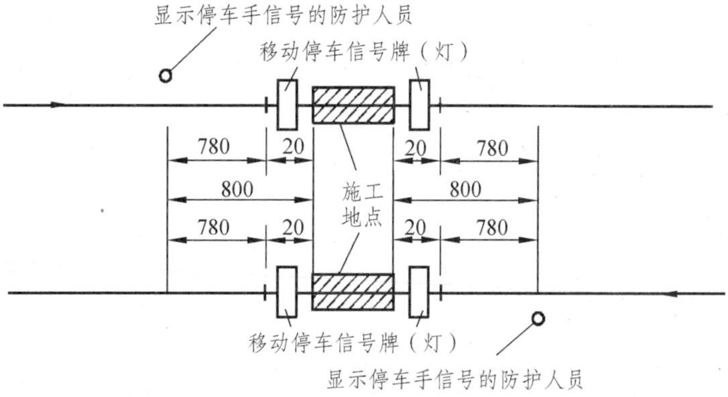

图 15-4　双线区间两条线路同时施工的移动停车信号（单位：m）

④ 施工地点在站外，距离进站信号机（反方向进站信号机）小于 820 m 时，停车信号设立位置如图 15-5 所示。

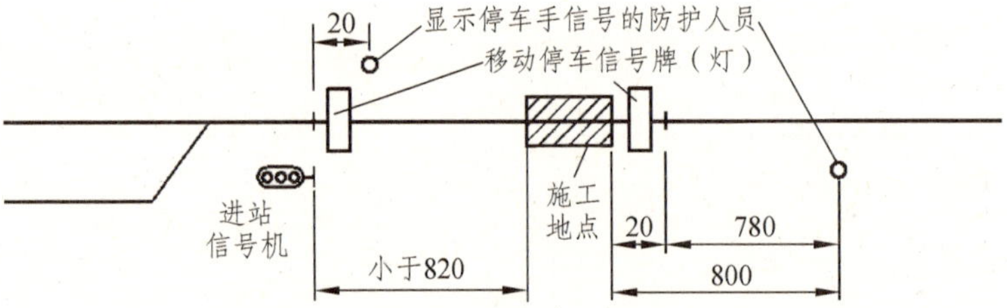

图 15-5　站外施工距进站信号机小于 820 m 时的移动停车信号（单位：m）

（3）在站内线路上施工，停车信号防护按《普速铁路工务安全规则》第 2.2.7 条规定设置。

（4）在区间线路上，根据线路速度等级，使用移动减速信号（标明列车限制速度）防护办法如下：

① 单线区间施工时，减速信号设立位置如图 15-6 所示。

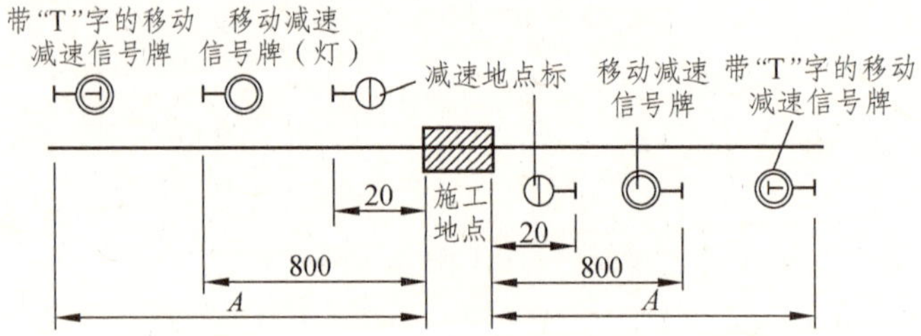

图 15-6　单线区间减速信号（单位：m）

注：① 图中“A”为不同线路速度等级的列车紧急制动距离（下同），见表 15-1。

② 允许速度 120 km/h＜v＜200 km/h 的线路，在移动减速信号牌外方增设带“T”字的移动减速信号牌，以下同。

表 15-1　列车紧急制动距离限值表

列车类型	最高运行速度/（km/h）	紧急制动距离限值/m
旅客列车（动车组列车除外）	120	800
	140	1 100
	160	1 400
特快货物班列	160	1 400
快速货物班列	120	1 100
货物列车（货车轴重＜25 t，快速货物班列除外）	90	800
	120	1 400
货物列车（货车轴重≥25 t）	100	1 400

② 双线区间在一条线路上施工时，减速信号设立位置如图 15-7 所示。

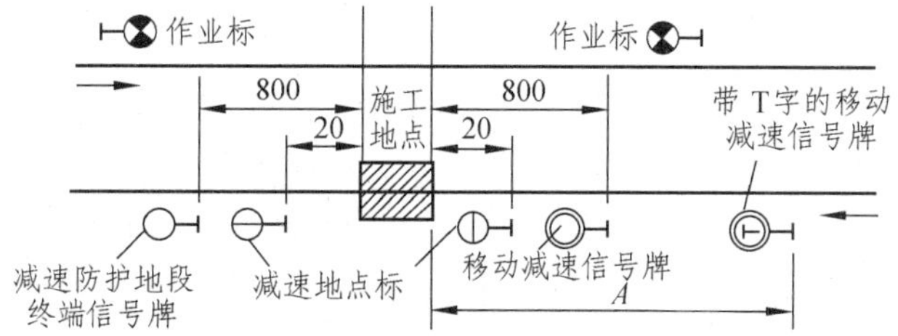

图 15-7 双线区间在一条线路上施工时的减速信号（单位：m）

注：限速地段无施工作业不设置作业标

③ 双线区间两条线路同时施工时，减速信号设立位置如图 15-8 所示。

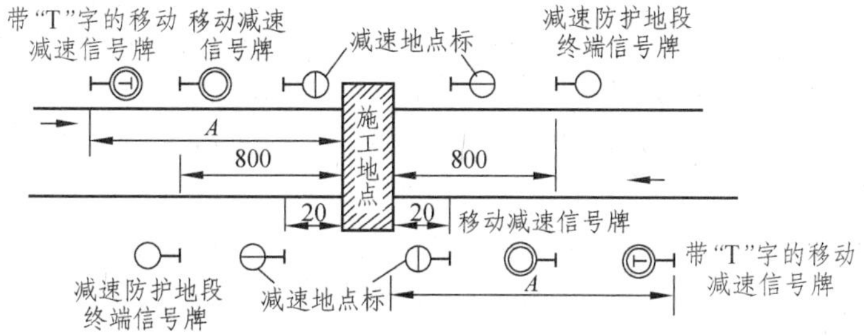

图 15-8 双线区间两条线路同时施工时的减速信号（单位：m）

④ 施工地点距离进站信号机（或站界标）小于 800 m 时，减速信号设立位置如图 15-9 所示。

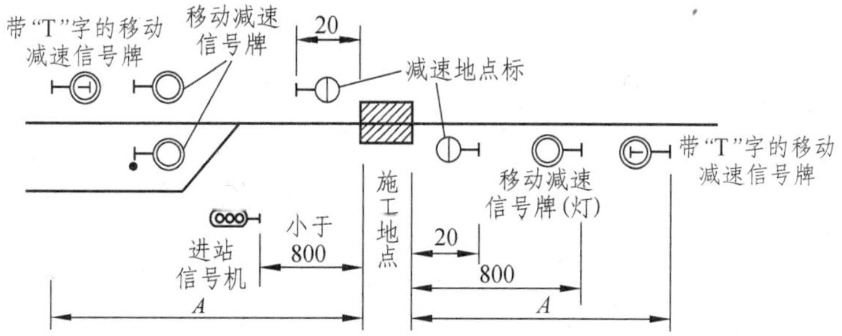

图 15-9 施工地点距离进站信号机小于 800 m 时的减速信号（单位：m）

注：① 当站内正线警冲标距离施工地点小于 800 m 时，按 800 m 设置移动减速信号牌。
② 当站内正线警冲标距离施工地点大于或等于 A 时，不设置带“T”字的特殊移动减速信号牌。

（5）在区间或道岔施工，减速信号防护按《普速铁路工务安全规则》第 2.2.9 条规定设置。

（6）工地防护员站位：应站在距离施工地点 800 m 附近或瞭望条件较好的地点，显示停车手信号。施工地点与防护员应保持通信通畅。如通信困难时，应设中间防护人员。

（7）利用列车间隔防护：设驻站和工地防护，用电话或对讲机联络，工地防护员应该用停车手信号进行防护。列车开来时，防护员应举起停车手信号。

（8）慢行防护：设驻站联络员和工地防护员，用电话或对讲机联络。施工前应办理施工慢行手续，使用移动减速信号和移动减速地点标进行防护。

（9）封锁线路防护：设驻站联络员和工地防护员，用电话或对讲机联络。办理施工封锁手续，设置移动停车信号和短路线进行防护。

3. 防护用语

（1）上道前。

① 工地防护员、驻站联络员和作业负责人通话（无列车情况）。

负责人：××防护员，上（下）行有无列车预告，准备上道作业。

工地防护员：明白。××驻站联络员，上（下）行有无列车预告，准备上道作业。

驻站联络员：上（下）行××站无列车预告，可以上道作业。

工地防护员：上（下）行无列车预告，可以上道作业，明白。

工地防护员：××负责人，上（下）行无列车预告，可以上道作业。

负责人：明白，上（下）行无列车预告，有车请及时通知。

工地防护员：好的。

② 工地防护员、驻站联络员和作业负责人通话（来车情况）。

负责人：××防护员，上（下）行有无列车预告，准备上道作业。

工地防护员：明白。××驻站联络员，上（下）行有无列车预告，准备上道作业。

驻站联络员：上（下）行××站列车已预告，不能上道作业。

工地防护员：上（下）行列车已预告，不能上道作业，明白。

工地防护员：××负责人，上（下）行列车已预告，不能上道作业。

负责人：好的。

（2）作业中。

① 工地防护员、驻站联络员和作业负责人通话（无列车情况）。

工地防护员：××驻站联络员，上（下）行有无列车预告。

驻站联络员：上（下）行××站无列车预告。

工地防护员：上（下）行××站无列车预告，明白。

工地防护员：××负责人，上（下）行××站无列车预告。

负责人：明白。

② 工地防护员和驻站联络员和负责人通话（来车情况）。

工地防护员：××驻站联络员，上（下）行有无列车预告。

驻站联络员：上（下）行××站列车已预告。

工地防护员：上（下）行××站列车已预告，明白。

工地防护员：××负责人，上（下）行××站列车已预告，请尽快恢复线路，注意机具超限，人员及时下道避车。

负责人：好的。

③ 工地防护员、驻站联络员和负责人通话（列车接近情况）。

驻站联络员：××防护员，上（下）列车已接近，请下道避车。

工地防护员：明白，上（下）列车已接近，下道避车。

工地防护员：××负责人，上（下）列车已接近，请下道避车。

负责人：明白，上（下）列车已接近，现在线路已恢复，不影响行车，机具、人员已撤出限界以外。

工地防护员：好的。××驻站联络员，现在线路已恢复，不影响行车，机具、人员已撤出限界以外。

驻站联络员：好的。

（3）作业后。

工地防护员、驻站联络员和负责人通话。

负责人：××防护员，现在作业完毕，线路已达到放行列车条件，机具、人员已撤出限界以外，请通知驻站联络员做好登记后下班。

工地防护员：明白。××驻站联络员，现在作业完毕，线路已达到放行列车条件，机具、人员已撤出限界以外，请做好登记后下班。

驻站联络员：好的。

（4）封锁施工。

①工地防护员、驻站联络员和作业负责人通话（无列车情况）。

负责人：××防护员，上（下）行慢行时间什么时候开始。

工地防护员：明白。××驻站联络员，上（下）行慢行时间什么时候开始。

驻站联络员：上（下）行慢行时间从××时××分至××时××分开始。

工地防护员：明白。上（下）行慢行时间从××时××分至××时××分开始。

××负责人，上（下）行慢行时间从××时××分至××时××分开始。

负责人：好的。

驻站联络员：××防护员，上（下）行封锁点从××时××分至××时××分，封锁命令××××号。

工地防护员：明白。上（下）行封锁点从××时××分至××时××分，封锁命令××××号。××负责人，上（下）行封锁点从××时××分至××时××分，封锁命令××××号。

负责人：好的，上（下）行封锁点从××时××分至××时××分，封锁命令××××号。

驻站联络员：××防护员，上（下）行封锁时间已结束，开通命令××××号。

工地防护员：明白。上（下）行封锁时间已结束，开通命令号××××号，××负责人，上（下）行封锁时间已结束，开通命令××××号。

负责人：明白。开通命令××××号。

② 工地防护员、驻站联络员和负责人通话（无慢行）。

负责人：××驻站联络员，上（下）行封锁时间什么时候开始。

工地防护员：明白。××驻站联络员，上（下）行封锁时间什么时候开始。

驻站联络员：上（下）行封锁时间从××时××分至××时××分开始，封锁命令××××号。

防护员：明白，上（下）行封锁时间从××时××分至××时××分开始，封锁命令××××号。

工地防护员。××负责人，上（下）行封锁时间从××时××分至××时××分开始，封锁命令××××号。

负责人：好的。上（下）行封锁时间从××时××分至××时××分开始，封锁命令×××

×号。

驻站联络员：××防护员，上（下）行封锁时间已结束，开通命令××××号。

工地防护员：明白。上（下）行封锁时间已结束，开通命令××××号。××负责，上（下）行封锁时间已结束，开通命令××××号。

负责人：好的，开通命令××××号。

四、作业质量

（1）防护员应按规定着装，带齐信号和防护备品，精神饱满，持证上岗。

（2）驻站联络员每天应与车站运转室及工地防护员校对钟表，及时向工地防护员传达列车运行信息并做到不误报和不臆测行车。

（3）驻站联络员按规定在《行车设备施工登记簿》上登记，勤询问车站值班员，勤观察控制台的信号显示，切实掌握列车运行情况，及时准确地把列车车次及开车时间通知工地防护员。工地防护员要随时将人员、机具上道时间通知驻站联络员。通话内容双方均须及时登记在施工防护记录本内。

（4）驻站联络员应与车站值班员核对确认调度命令，办理有关承认手续后，方可向作业负责人发出准许施工的通知。

（5）防护员应严格执行 3 ~ 5 min 定时通话复诵制度和通话三确认制度，即：确认对方姓名，确认对方听清，确认人员、机具上下道完毕。

（6）工地防护员应及时准确地传达作业负责人的指示命令和驻站联络员通知，如遇通信设备发生故障，工地防护员要及时通知作业负责人停止一切施工，人员机具均下道。

五、安全注意事项

（1）防护作业中必须注意瞭望列车，如有来车及时下道避车。

（2）防护员必须有很强的安全意识和责任心。

实训报告十五

时　　间		天气情况	
作业项目			
防护用品 及使用方法			
防护人员 及职责			
防护设置 程序			

续表

防护图	
撤除防护作业程序	
作业小结	（对作业中遇到的问题进行小结，如安全、质量、作业标准、作业效率等）

实训项目十六

线路胀轨跑道处理作业

一、作业目的

采取降温、切割钢轨等措施，放散温度力，及时开通线路，减少故障延时，保证行车安全。

二、作业条件

（1）发现无缝线路（普通线路连续三个以上瞎缝）胀轨跑道时，必须立即拦停列车。

（2）无缝线路轨向用 10 m 弦线测量两股钢轨轨向偏差，当平均值达到 10 mm 时，必须设置移动减速信号。

（3）无缝线路轨向用 10 m 弦线测量两股钢轨轨向偏差，当平均值达到 12 mm 时，必须设置停车信号防护。

三、作业程序

1. 作业准备

（1）工具准备：扳手、氧气和乙炔设备、钻孔机、直尺、锯轨机、发电机、液压起道器、液压拨道器、捣镐、四齿耙、道尺、撬棍、防胀布、水桶、弦线和轨温计等

（2）与电务联系配合事宜。

2. 信息处理

高温炎热季节，设备所属单位负责人收到晃车信息及巡道工、高温巡视人员或其他人员报告线路胀轨跑道时，应做如下处理：

（1）负责人应立即向车站派驻站联络员。

（2）负责人应立即组织劳动力和安排人员准备内燃扳手、T 形扳手、活动扳手、起拨道器、道锤、撬棍、防胀布、水桶、内燃冲击镐或捣镐、杠杆叉或叉子等工具前往故障地点。

（3）负责人应立即带上对讲机、道尺、弦线、小钢尺前往胀轨跑道现场进行调查，根据“先通后固”的原则确定处理方案。

3. 胀轨跑道的判定标准

（1）胀轨迹象。

① 轨向：线路的碎弯增多，特别是 S 弯增多变大；钢轨原有硬弯范围变大，矢度增大，或在原有的漫湾中出现小弯，枕端道砟离缝；轨距扩大；扣件一侧失效增多现象。

② 高低、水平不良；空吊板增多。

③ 作业中起道省力，且抬起轨枕根数较多；捣固时越捣越轻，且不易捣实；拨道时，逆向拨不动或拨好又弹回来，拨好这一处附近又膨出；顺向拨道省力，轨道移动距离大、范围长等。

④ 用 10 m 弦测量两股钢轨的轨向偏差，当平均值达到 10 ~ 12 mm 时，可判定为有胀轨迹象。

（2）胀轨跑道。

① 轨向不良用 10 m 弦线测量两股钢轨的轨向偏差，当平均值达到 12 ~ 24 mm 时，可判定为胀轨。

② 当两股钢轨的轨向偏差平均值达到 10 mm 时，在轨温不变的情况下，过车后线路弯曲突然扩大可判定为胀轨。

③ 轨向不良用 10 m 弦线测量两股钢轨的轨向偏差，当平均值为 24 mm 及以上时，可判定为跑道。

4. 胀轨跑道处理

（1）胀轨迹象。

① 接报信息处理：现场调查人员确定线路故障为有胀轨迹象时，应立即通知驻站联络员，及时在车站登记“运统-46”，迅速通知工务段调度，同时向路局行调请求列车限速 5 ~ 25 km/h；通知待命人员带齐料具前往故障地点，并在线路显著变化地点采取夯拍道床、填满枕盒道砟和堆高砟肩、浇水降温等措施。线路稳定后，恢复正常行车速度。填满枕盒道砟和堆高砟肩不得侵入机车车辆接近限界。

② 作业发生胀轨迹象时，应立即停止作业、回填道床、堆高砟肩、拧紧扣件、观测轨温、派人巡视，加强线路观察。

③ 在轨温不变的情况下，过车后线路弯曲突然扩大，应立即通知驻站联络员封锁线路，设置停车信号，并采取钢轨降温等紧急措施，消除故障后放行列车。

（2）胀轨跑道。

① 线路确定为胀轨跑道时，必须立即拦停列车，采取浇水降温（在线路发生显著变化地点前后 50 m 范围内以白布覆盖，从胀轨地段两端向中间轻浇慢淋）或喷洒液态二氧化碳的办法降低钢轨温度。温度降低后方可拨道。曲线地段拨道只能上挑，不宜下压。整正线路，夯拍道床，按 5 km/h 的速度放行列车。现场派人监视线路，并不间断地采取降温措施。拨道不得影响两线线间距。

② 当轨温降至锁定轨温时，再恢复线路和按常速放行列车。

③ 无降温条件或降温无效时，应立即截断钢轨（普通线路应拆开钢轨接头）放散应力，

整正线路，夯拍道床。首列放行列车速度不得超过 5 km/h，并派专人看守、整修线路，逐步提高行车速度。在 24 h 内进行临时处理或永久性处理。

5. 胀轨跑道登记

无缝线路发生胀轨跑道时，应对胀轨跑道情况按规定内容做好登记。

6. 胀轨跑道总结

分析总结胀轨跑道原因，提出改进措施。

四、作业质量

（1）经处理后的胀轨迹象和胀轨跑道线路轨向容许偏差在允许速度 160 km/h＜v_{max}≤250 km/h 的线路不超过 3 mm；v_{max}≤160 km/h 的线路不超过 4 mm；其他站线不超过 5 mm。

（2）经过处理后的胀轨迹象和胀轨跑道线路高低、水平、三角坑容许误差在允许速度 200 km/h≤v_{max}≤250 km/h 的线路不超过 3 mm；v_{max}≤160 km/h 线路不超过 4 mm；其他站线不超过 5 mm。

（3）发现胀轨迹象，不准冒险放行列车，经过处理后，限速通过。监视线路状态，发现异常，立即通知停车。

（4）切开钢轨放散应力后，采用普通接头连接允许速度大于 160 km/h 的线路放行列车时速度不得大于 160 km/h。

五、安全注意事项

放行列车时，工器具、材料严禁侵入限界。

实训报告十六

<table>
<tr><td>时　　间</td><td colspan="2"></td><td>天气情况</td><td></td></tr>
<tr><td>作业项目</td><td colspan="4"></td></tr>
<tr><td>作业目的</td><td colspan="4"></td></tr>
<tr><td>作业条件</td><td colspan="4"></td></tr>
<tr><td rowspan="3">作业准备</td><td>作业
负责人</td><td colspan="3"></td></tr>
<tr><td>防护办法
（画防护图）</td><td colspan="3"></td></tr>
<tr><td>工具
准备</td><td colspan="3"></td></tr>
<tr><td>作业程序</td><td colspan="4"></td></tr>
</table>

续表

质量验收	作业前	（作业前线路检查情况：文字描述及原始检查数据）
	验收标准	
	作业后	（作业后线路回检情况：文字描述及检查数据） 验收人签字：
作业小结		（对作业中遇到的问题进行小结，如安全、质量、作业标准、作业效率等）

实训项目十七

线路钢轨折断处理

一、作业目的

及时采取有效措施保证行车安全，减少故障延时，及时开通线路。

二、作业条件

（1）发现线路钢轨（含焊缝、胶接绝缘接头、焊接辙叉）折断时，必须立即采取线路故障防护办法进行防护。

（2）作业人员或检查人员发现钢轨折断影响行车时，立即用红色信号旗或徒手信号沿来车方向防护，拦停列车，通知工区。

三、作业程序

1. 作业准备

（1）工具准备。

锯轨机、钢轨钻孔机、打磨机具、发电机、铜导线、焊接设备、扳手、钢轨保护器、鼓包夹板、长孔夹板、道镐、四齿耙、1 m 直钢尺、塞尺、测温仪、秒表、小钢尺、道尺等。

（2）施工调查。检查钢轨伤损情况，确定处理方案。

（3）书面通知电务等相关部门。

（4）劳动组织：作业负责人由职务不低于车间副主任的人员担任；作业人员包括作业负责人所在车间的焊接作业人员 8～10 人/组，配合更换钢轨人员不少于 6 人，防护人员不少于 4 人。

2. 紧急处理

当钢轨断缝不大于 50 mm 时，应立即进行紧急处理。在断缝处上好夹板或鼓包夹板，用急救器固定，在断缝前后各 50 m 拧紧扣件，并派人看守，放行列车速度不超过 15 km/h。如断缝小于 30 mm 时，放行列车速度不超过 25 km/h。有条件时应在原位焊复，否则应在轨端钻孔，上好夹板或鼓包夹板，拧紧接头螺栓，然后可适当提高行车速度。

3. 临时处理

钢轨折损严重或断缝大于 50 mm，以及紧急处理后，不能立即焊接修复时，应封锁线路，切除伤损部分，两锯口间插入长度不短于 6 m 的同型钢轨，轨端钻孔，上接头夹板，用 10.9 级螺栓拧紧。在短轨前后各 50 m 范围内，拧紧扣件后，按正常速度放行列车，但不得大于 160 km/h。

临时处理或紧急处理时，应先在断缝两侧轨头非工作边做出标记，标记间距离约为 8 m，并准确丈量两标记间的距离和轨头非工作边一侧的断缝值，做好记录。

4. 永久处理

对紧急处理或临时处理的处所，应及时插入短轨进行焊复，恢复无缝线路轨道结构。

在线路上焊接时气温不应低于 0℃。放行列车时，焊缝温度应低于 300 °C。

四、作业质量

（1）插入短轨的接头轨面、内侧错牙不超过 1 mm。

（2）伤轨处理地段前后 50 m 范围加强线路锁定，钢轨接头螺栓的扭矩必须达到表 17-1 的要求。

（3）焊接作业技术标准执行《现场铝热焊焊接接作业技术标准》。

表 17-1　普通线路接头螺栓扭矩标准

项　目	单位	25 m 钢轨						12.5 m 钢轨	
		最高、最低轨温差＞85 °C			最高、最低轨温差≤85 °C				
钢　轨	kg/m	60 及以上	50	43	60 及以上	50	43	50	43
螺栓等级		10.9	10.9	8.8	10.9	8.8	8.8	8.8	8.8
扭　矩	N · m	700	600	600	500	400	400	400	400
C 值	mm	6			4			2	

注：① *C* 值为接头阻力及道床阻力限制钢轨自由伸缩的数值。

② 小于 43 kg/m 钢轨比照 43 kg/m 钢轨办理。

③ 高强度绝缘接头螺栓扭矩不小于 700 N · m。

五、安全注意事项

（1）紧急处理时必须按规定设置好防护。

（2）钢轨折断按《钢轨折断作业技术标准》要求处理。

（3）永久性处理按《现场铝热焊焊接接作业技术标准》规定执行。

实训报告十七

<table>
<tr><td>时　　间</td><td colspan="2"></td><td>天气情况</td><td></td></tr>
<tr><td>作业项目</td><td colspan="4"></td></tr>
<tr><td>作业目的</td><td colspan="4"></td></tr>
<tr><td>作业条件</td><td colspan="4"></td></tr>
<tr><td rowspan="3">作业准备</td><td>作业
负责人</td><td colspan="3"></td></tr>
<tr><td>防护办法
（画防护图）</td><td colspan="3"></td></tr>
<tr><td>工具
准备</td><td colspan="3"></td></tr>
<tr><td>作业程序</td><td colspan="4"></td></tr>
</table>

续表

<table>
<tr><td rowspan="3">质量验收</td><td>作业前</td><td>（作业前线路检查情况：文字描述及原始检查数据）</td></tr>
<tr><td>验收标准</td><td></td></tr>
<tr><td>作业后</td><td>（作业后线路回检情况：文字描述及检查数据）
验收人签字：</td></tr>
<tr><td colspan="2">作业小结</td><td>（对作业中遇到的问题进行小结，如安全、质量、作业标准、作业效率等）</td></tr>
</table>

实训项目十八

计算和调整曲线超高

一、作业目的

合理设置曲线超高，提高线路质量，及时发现线路病害，研究病害形成的原因，有计划地安排修理工作。

二、作业条件

（1）按线路静态检查周期要求进行线路检查。

（2）线路静态检查可与“维修天窗”“施工天窗”时间共用，利用列车间隔时间检查时，必须避开动车组通过时段。设驻站联络员、工地设现场防护员，对讲机防护联络，移动停信号防护。防护设好后方可进行作业，同时按规定指定专人担任作业负责人。

三、作业程序

1. 作业准备

（1）工具：液压起道器，捣镐、四齿耙、道尺、卷尺、红白油漆、毛笔、计算器及计算用纸、笔。

（2）校对量具：对道尺进行检查核对（道尺必须定期由计量部门进行检定，保证量具的准确性）。

（3）驻站联络员与工地防护员对讲机联络，工地设置移动停车手信号防护。防护设好后方可进行检查。

2. 计算曲线超高

（1）明确所要调整曲线的曲线半径、缓和曲线长和经过曲线各车次的速度与质量。

（2）计算列车平均速度。

（3）确定超高值。

3. 调整超高

（1）在现场每 10 m 一点，标明超高量。

（2）补充道砟。根据超高量确定补砟量。

（3）起道。按超高调整量进行起道，调整超高。

（4）捣固。起道后进行全面捣固，并回填整理好道床。

四、作业质量

实设最大超高、未被平衡过超高、未被平衡欠超高、超高顺坡率符合《铁路线路修理规则》第 3.7.1 条的规定。

五、安全注意事项

（1）按规定设置好防护。分次调整时，应按规定做好顺坡，确保行车安全。

（2）根据线路情况补充道砟，无缝线路地段调整超高严格按无缝线路有关规定执行。

实训报告十八

时　　间		天气情况	
作业项目			
作业目的			
作业条件			
作业准备	作业负责人		
	防护办法（画防护图）		
	工具准备		
作业程序			

续表

<table>
<tr><td rowspan="3">质量验收</td><td>作业前</td><td>（作业前线路检查情况：文字描述及原始检查数据）</td></tr>
<tr><td>验收标准</td><td></td></tr>
<tr><td>作业后</td><td>（作业后线路回检情况：文字描述及检查数据）

验收人签字：</td></tr>
<tr><td colspan="2">作业小结</td><td>（对作业中遇到的问题进行小结，如安全、质量、作业标准、作业效率等）</td></tr>
</table>

实训项目十九

识读单开道岔图

一、作业目的

通过识读单开道岔总布置图，熟悉道岔内外部尺寸、道岔各零部件型号及数量，便于道岔的铺设及维修养护。

二、作业程序

（1）取出单开道岔图纸（见图 19-1），确认所要识读图纸的标题名称、型号及比例尺寸、图号等与所需要的单开道岔一致。

（2）读出道岔的全长、中心位置、转辙角和辙叉角、前长、后长的起终点位置及相互关系。

（3）读出导曲线半径、导曲线起终点位置、各点支距、横距。

（4）读出道岔配轨情况及各钢轨长度。

（5）读出各部间隔尺寸。

（6）读出岔枕根数、长度及岔枕间隔尺寸。

（7）指出图中标准序号零部件名称，并依据序号查阅明细表，读出该零部件及其数量。

（8）判定道岔图左右开。

三、作业质量

（1）读图要细致，并仔细区分相似部件的间隔尺寸及尺寸标注的位置，防止读错尺寸或读反尺寸。

（2）能应用图纸所列内容进行道岔的现场组装。

（3）读图时应特别注意尺寸单位。

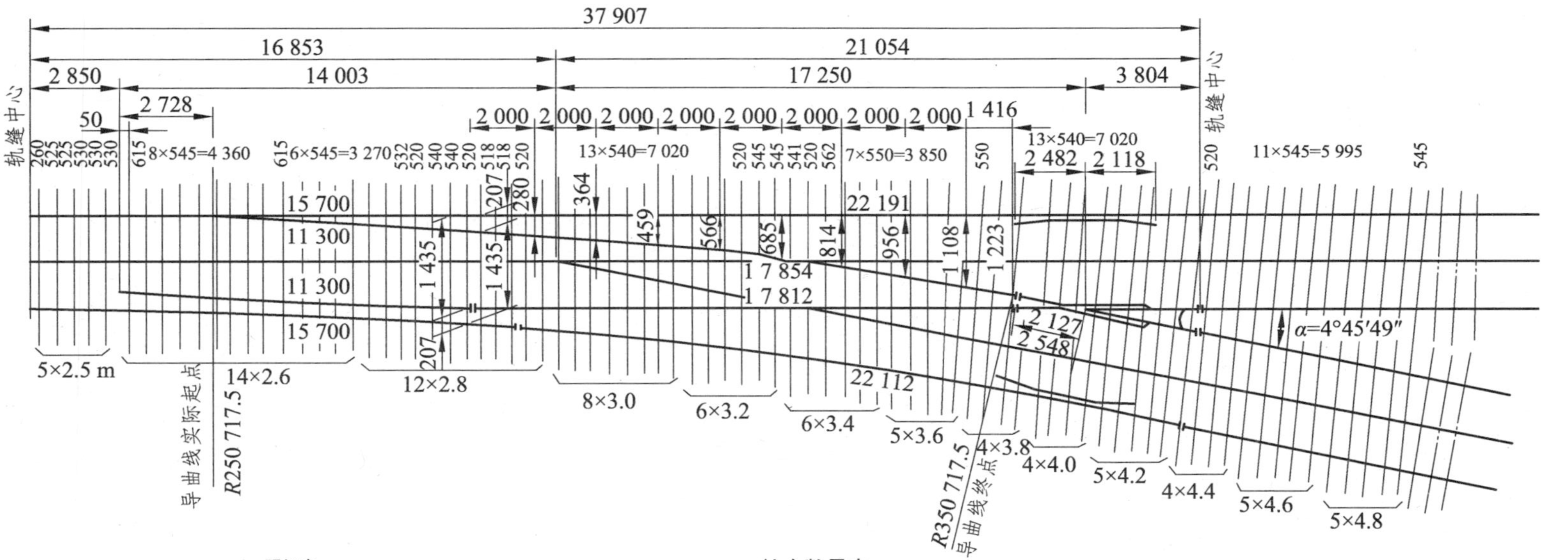

明细表

序号	图 号	名 称	单位	数量	材 料	质量/kg	备 注
1	专线 4129	转辙器	组	1		6 060	
2	专线 4130	辙叉及护轨	组	1			
3	专线 3160	钢轨	米	79.969	60 kg/m 钢轨	4 849	
4	专线 3161	鱼尾板	块	10	B6 或 B7	233	
5	专线 4114-8	垫板 384×180×20	块	82	A3F 或 B3F	918	
6	专线 4114-14	中间扣板 60	个	156	KT 35-10	120	
7	专线 4114-15	接头扣板 60 0-2	个	4	KT 35-10	2.89	
8	专线 4114-15	接头扣板 60 4-6	个	4	KT 35-10	2.89	
9	专线 4114-4	螺栓 M22×85	根	164	A3	47.4	
10	专线 3 180	鱼尾螺栓及螺母 M24	副	30	A5	21.3	
11	TB 417—75	螺母 M22	个	164	A5	16.6	
12	TB 418—75	垫圈 22	个	164	$55Si_2Mn$	6.51	
13	TB 418—75	垫圈 24	个	30	$55Si_2Mn$	1.65	
14	TB 436—77	螺纹道钉 22×145	个	328	A3	134	
15	专线 4114-45	塑料垫片 394×190×5	块	82	聚乙烯	29.1	
16	电号 9045	钢轨绝缘	组	2			由通号公司供图

枕木数量表

序号	名称	单位	数量	备注
1	普通枕木 I	根	5	
2	道岔枕木 2.6	m	36.4	14 根
3	道岔枕木 2.8	m	36.6	12 根
4	道岔枕木 3.0	m	24.0	8 根
5	道岔枕木 3.2	m	19.2	6 根
6	道岔枕木 3.4	m	20.4	6 根
7	道岔枕木 3.6	m	18.0	5 根
8	道岔枕木 3.8	m	15.2	4 根
9	道岔枕木 4.0	m	16.0	4 根
10	道岔枕木 4.2	m	21.0	5 根
11	道岔枕木 4.4	m	17.6	4 根
12	道岔枕木 4.6	m	23.0	5 根
13	道岔枕木 4.8	m	24.0	5 根

枕木材料和规格按 GB 154-84 的规定

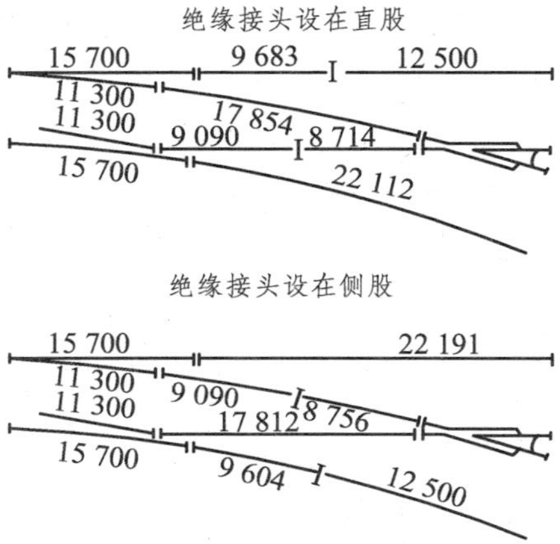

图 19-1　60 kg/m 钢轨 12 号单开道岔总布置图

实训报告十九

<table>
<tr><td>时　间</td><td colspan="2"></td><td>天气情况</td><td></td></tr>
<tr><td>作业项目</td><td colspan="4"></td></tr>
<tr><td>作业目的</td><td colspan="4"></td></tr>
<tr><td rowspan="3">作业准备</td><td>作业负责人</td><td colspan="3"></td></tr>
<tr><td>防护办法
（画防护图）</td><td colspan="3"></td></tr>
<tr><td>工具准备</td><td colspan="3"></td></tr>
<tr><td>作业程序</td><td colspan="4"></td></tr>
<tr><td>作业小结</td><td colspan="4">（对作业中遇到的问题进行小结，如安全、质量、作业标准、作业效率等）</td></tr>
</table>

续表

根据现场实测画出单开道岔总布置图	

实训项目二十

整修路肩作业

一、作业目的

保持路肩的稳定性和排水良好。

二、作业条件

利用列车间隔时间作业，设驻站联络员、工地设现场防护员，对讲机防护联络，设置作业标防护。防护设好后方可进行作业，同时按规定指定专人担任作业负责人。

三、作业程序

1. 作业准备

（1）工具准备：四尺耙、九齿耙、土箕、石砟叉、铁铲、镐。
（2）设置作业防护。

2. 整修路肩

① 用石砟叉将散落在路肩上的道砟铲上道床。
② 用铁铲铲除路肩杂草，铲平土岗。
③ 用镐和铁铲将裂缝中或肩面的浮土清理干净，暴露实土。
④ 在取土坑或指定取土点挖取与路肩土质一致或相近的透水性泥土填路肩。
⑤ 用石夯实填补的路肩。
⑥ 用铁铲修平路肩，修正流水坡度。
⑦ 清理铲下的杂草和浮土，并将其运出路堑外或边坡下。
⑧ 清理工具，拆除作业标。

四、作业质量

（1）整平路肩时，路肩向外应有 1∶20 左右的流水坡度。
（2）填平夯实或填高路肩时，应做到平整、夯实、无杂草、无沟洼积水、无裂缝。
（3）填补后的路肩宽应符合有关规定。

五、安全注意事项

（1）施工前必须设作业标防护。

（2）拆除作业标防护前必须认真清理工具，防止将工具遗忘在道床上，危及行车安全。

实训报告二十

<table>
<tr><td>时　　间</td><td colspan="2"></td><td>天气情况</td><td></td></tr>
<tr><td>作业项目</td><td colspan="4"></td></tr>
<tr><td>作业目的</td><td colspan="4"></td></tr>
<tr><td>作业条件</td><td colspan="4"></td></tr>
<tr><td rowspan="3">作业准备</td><td>作业
负责人</td><td colspan="3"></td></tr>
<tr><td>防护办法
（画防护图）</td><td colspan="3"></td></tr>
<tr><td>工具
准备</td><td colspan="3"></td></tr>
<tr><td>作业程序</td><td colspan="4"></td></tr>
</table>

续表

质量验收	作业前	（作业前线路检查情况：文字描述及原始检查数据）
	验收标准	
	作业后	（作业后线路回检情况：文字描述及检查数据） 验收人签字：
作业小结		（对作业中遇到的问题进行小结，如安全、质量、作业标准、作业效率等）

实训项目二十一

清理测沟作业

一、作业目的

清理排水沟中的淤泥，使侧沟排水通畅。

二、作业条件

利用列车间隔时间作业，设驻站联络员、工地设现场防护员，对讲机防护联络，设置作业标防护。防护设好后方可进行作业，同时按规定指定专人担任作业负责人。

三、作业程序

1. 作业准备

（1）工具准备：镐、铁铲、水平仪器。

（2）按规定设好防护。

（3）淤塞严重或存水阻流时应用水平仪器测量纵坡，找出淤塞、存水原因，确定开挖深度。

（4）打边桩，拉边桩线。

2. 清理测沟

（1）按边桩线、标准断面尺寸用镐、铲开挖清理。

（2）用水平仪复核纵向坡度。

（3）修整沟底，使之达到技术标准。

（4）清理杂草、积土，将其运至路堑之外。

（5）清理工具，撤除防护。

四、作业质量

（1）清理后的测沟深度不得小于 0.6 m；底宽不得小于 0.4 m；边坡坡度应在 1∶1 ~ 1∶1.5。

（2）清理后的测沟沟底必须平整，无杂草，有不小于 2‰ 的纵向流水坡（困难地段不小于 1‰）。

（3）清理或开挖出的泥土等杂物应及时运走，不得弃置于沟边或路堑的边坡上。

五、安全注意事项

（1）施工前必须设置作业标防护。
（2）拆除防护前一定认真清理工具，防止施工工具侵入限界，危及行车安全。

实训报告二十一

<table>
<tr><td>时　　间</td><td colspan="2"></td><td>天气情况</td><td></td></tr>
<tr><td>作业项目</td><td colspan="4"></td></tr>
<tr><td>作业目的</td><td colspan="4"></td></tr>
<tr><td>作业条件</td><td colspan="4"></td></tr>
<tr><td rowspan="3">作业准备</td><td>作业
负责人</td><td colspan="3"></td></tr>
<tr><td>防护办法
（画防护图）</td><td colspan="3"></td></tr>
<tr><td>工具
准备</td><td colspan="3"></td></tr>
<tr><td>作业程序</td><td colspan="4"></td></tr>
</table>

续表

<table>
<tr><td rowspan="3">质量验收</td><td>作业前</td><td>（作业前线路检查情况：文字描述及原始检查数据）</td></tr>
<tr><td>验收标准</td><td></td></tr>
<tr><td>作业后</td><td>（作业后线路回检情况：文字描述及检查数据）
验收人签字：</td></tr>
<tr><td colspan="2">作业小结</td><td>（对作业中遇到的问题进行小结，如安全、质量、作业标准、作业效率等）</td></tr>
</table>

实训项目二十二

接头螺栓涂油作业

一、作业目的

对钢轨接头螺栓进行涂油，防止接头螺栓锈蚀和失效，同时补充和更换接头螺栓，延长设备使用寿命。

二、作业条件

（1）利用天窗时间作业，在车站《行车设备施工登记簿》上登记，按规定插作业标，设置驻站、工地防护员，用对讲机防护，同时按规定指定专人担任作业负责人。

（2）无缝线路地段作业时，应遵守有关作业规定。

三、作业程序

1. 作业准备

（1）作业工具：扳手、油料和油桶、油刷、钢丝刷、小扁铲。

（2）根据作业时轨温，认真检查两端轨缝，必要时打紧防爬设备或复拧扣件锁定线路，防止拆下螺栓后，轨缝拉大。

2. 松接头螺栓

3. 卸接头螺栓

两脚放在被卸螺母的相对侧，站在轨道上，两脚跟相距 300 ~ 400 mm，成 90°。两脚趾靠近平夹板边缘，上体前屈。当扳手套住螺母后，重心移到前脚，卸螺栓时左手在前，紧螺栓时右手在前，两手握扳手柄用力旋转。卸下的螺栓和垫圈要放在固定位置上。

4. 除锈与检查

用钢丝刷及小扁铲除去夹板、钢轨孔周边及螺栓上的积锈、油污，并认真检查钢轨及夹板上有无伤损、裂纹。

5. 涂油

用油刷对螺栓丝扣全面涂油，螺栓杆也应少许涂油。

6. 上螺栓

将螺栓穿入螺栓孔内，加上垫圈，套上螺母，初紧螺栓。紧固螺栓时，在直线上钢轨接头的 6 个孔螺栓，先上紧最外侧 2 个螺栓，再上紧中间 2 个螺栓，剩下 2 个最后上紧；在曲线上，则先紧最外 2 个螺栓，再上紧次外 2 个螺栓，最后上紧中间 2 个螺栓。

7. 复紧螺栓

待接头的 6 个螺栓全部涂油后，使用力矩扳手将接头螺栓全部复紧一遍，使扭矩达到规定的标准。复紧螺栓的同时，还应修正接头错牙。

8. 封口

在接帽外的螺纹部位用黄油或长效油脂涂抹。

9. 回检线路

在列车运行一两天后，应该再次复紧接头。复紧螺栓应采用力矩扳手进行，使每个螺栓的扭矩达到规定值。

四、作业质量

（1）螺栓、弹簧垫圈齐全，无失效，无型号规格不符。
（2）螺栓除锈彻底，螺栓丝扣无损坏。
（3）螺栓扭矩达到《铁路线路修理规则》规定的标准，如表 17-1 所示。

五、安全注意事项

（1）严禁坐在钢轨上卸、紧螺栓。
（2）严禁将手指伸入螺栓孔内。
（3）来车前至少拧紧 4 个螺栓。

实训报告二十二

<table>
<tr><td>时　　间</td><td colspan="2"></td><td>天气情况</td><td></td></tr>
<tr><td>作业项目</td><td colspan="4"></td></tr>
<tr><td>作业目的</td><td colspan="4"></td></tr>
<tr><td>作业条件</td><td colspan="4"></td></tr>
<tr><td rowspan="3">作业准备</td><td>作业
负责人</td><td colspan="3"></td></tr>
<tr><td>防护办法
（画防护图）</td><td colspan="3"></td></tr>
<tr><td>工具
准备</td><td colspan="3"></td></tr>
<tr><td>作业程序</td><td colspan="4"></td></tr>
</table>

续表

<table>
<tr><td rowspan="3">质量验收</td><td>作业前</td><td>（作业前线路检查情况：文字描述及原始检查数据）</td></tr>
<tr><td>验收标准</td><td></td></tr>
<tr><td>作业后</td><td>（作业后线路回检情况：文字描述及检查数据）

验收人签字：</td></tr>
<tr><td colspan="2">作业小结</td><td>（对作业中遇到的问题进行小结，如安全、质量、作业标准、作业效率等）</td></tr>
</table>

实训项目二十三

钢轨钻孔作业（手工）

一、作业目的

处理由钢轨折断、钢轨重伤导致危及行车安全的处所，使铁路线路达到放行列车的标准，减少线路故障延时，保证行车安全。

二、作业条件

利用“维修天窗”“施工天窗”时间，设驻站联络员、工地设现场防护员，对讲机防护联络，移动停车信号防护同时按规定指定专人担任作业负责人。

三、作业程序

1. 准备工作

（1）工具：扳钻器、钻头、螺栓孔中心定位器、1 m 直钢尺、撬棍、道钉锤、数枚道钉、一根短轨、工具锤、活动扳手、冲子、垫木、水桶（内盛水）、锉刀、石笔等。

（2）用螺孔中心定位器在轨腰上确定螺孔中心位置，并用冲子打出孔印。

（3）将待钻钢轨用道钉固定在垫木上，每根钢轨至少钉 2 ~ 3 根垫木。在钻孔处下方垫一根垫木，用道钉固定，然后在垫木上平行于钢轨钉一根短轨，用于支顶扳钻器。短轨与待钻钢轨的间隔距离要比扳钻器收缩后的长度稍大些。若使用带钻架的扳钻器，可以不钉短轨。

（4）按钻。先将钻尖对准孔印，旋动扳钻器螺母，使扳钻两端顶紧。扳钻应与钢轨垂直，松紧要合适。钻头不正或不紧都容易跑钻，太紧了则在开眼时会损坏钻头。

使用机械钻孔时要放线、接电源，将钻机固定在钢轨上，打孔位，方可钻孔。钻孔前应将钻头安装牢固，并备好凉水。

2. 钢轨钻孔

由两人来回扳动钻把（也可以一人手握钻把，另一人拉绳），其中一人用活动扳手不断上紧钻头，使钻头吃力。钻孔开始时用力要轻，钻进要慢。待钻头发热，钻进 3 ~ 5 mm 后再用力，以防钻头崩裂。螺孔将钻透时，也要轻钻、慢钻，防止突然钻透，导致出口不整齐，增加修孔工作量。

使用机械钻孔时要试钻。钻孔过程中均匀地推进钻头，并随时向钻头工作部位浇水。

3. 钻孔中的处理

钻孔过程中应不断向钻头工作部位淋水，以保持接触处润滑和降温。

4. 修孔

钻孔完成后，卸下扳钻器，用锉刀对螺孔周边进行倒棱，清除螺孔周边的毛刺。

四、作业质量

（1）螺孔允许误差：孔径±1 mm，位置±1 mm。
（2）钢轨螺孔形成后必须倒棱，螺孔周边不得留有毛刺，孔壁不得有发纹或台阶斑痕。

五、安全注意事项

（1）翻动钢轨时防止压伤手脚。
（2）不得用手指触摸新钻成的螺孔壁，以防划伤手指。

实训报告二十三

时　　间		天气情况	
作业项目			
作业目的			
作业条件			
作业准备	作业负责人		
	防护办法（画防护图）		
	工具准备		
作业程序			

续表

质量验收	作业前	（作业前线路检查情况：文字描述及原始检查数据）
	验收标准	
	作业后	（作业后线路回检情况：文字描述及检查数据） 验收人签字：
作业小结		（对作业中遇到的问题进行小结，如安全、质量、作业标准、作业效率等）

实训项目二十四

整治接头错牙作业

一、作业目的

整治钢轨内侧、轨面错牙，保持钢轨工作面平顺，保证行车安全。

二、作业条件

（1）利用天窗，在车站《行车设备施工登记簿》上登记，设置移动停信号防护，驻站联络员、工地现场防护员用对讲机防护联络，同时按规定指定专人担任作业负责人。

（2）无缝线路地段作业应遵守有关作业轨温规定。

三、作业程序

1. 作业准备

工具：道尺、木折尺、扳手、钢丝刷、毛刷、道钉锤、三角铁垫片、油料、螺栓、垫圈等。

2. 整治接头错牙

（1）测量错牙接头及其前后的轨缝，以判断是否需进行轨缝调整。

（2）锁定钢轨。拧紧前后两节钢轨的扣件，打紧防爬器。

（3）卸下接头两根轨枕扣件。

（4）卸下接头螺栓和夹板。

（5）螺栓、夹板和钢轨涂油。

（6）根据接头错牙量的大小，选择适当厚度的三角铁垫片。然后，在外错轨端外侧的夹板与钢轨之间，或在低错轨端的夹板与钢轨之间垫入三角铁垫片。

（7）安装夹板和接头螺栓，并拧紧接头螺栓。

（8）若接头错牙仍未完全消除，应拆开接头，调整三角铁垫片的厚度重新垫入。

（9）检查轨距、水平。若轨距、水平误差超限，应进行改道和捣固。

（10）安装接头两根轨枕的扣件，并拧紧。

四、作业质量

（1）作业后轨距、水平应达到《铁路线路修理规则》规定要求。

（2）接头螺栓和接头扣件螺栓扭矩应符合表 17-1 的要求。

五、安全注意事项

（1）作业人员应与防护人员保持联系，在列车接近前至少上紧 4 个螺栓。

（2）拆卸夹板应适当考虑轨温的影响，避免在轨温过高或过低时作业。

实训报告二十四

<table>
<tr><td>时　　间</td><td></td><td>天气情况</td><td></td></tr>
<tr><td>作业项目</td><td colspan="3"></td></tr>
<tr><td>作业目的</td><td colspan="3"></td></tr>
<tr><td>作业条件</td><td colspan="3"></td></tr>
<tr><td rowspan="3">作业准备</td><td>作业
负责人</td><td colspan="2"></td></tr>
<tr><td>防护办法
（画防护图）</td><td colspan="2"></td></tr>
<tr><td>工具
准备</td><td colspan="2"></td></tr>
<tr><td>作业程序</td><td colspan="3"></td></tr>
</table>

续表

质量验收	作业前	（作业前线路检查情况：文字描述及原始检查数据）
	验收标准	
	作业后	（作业后线路回检情况：文字描述及检查数据） 验收人签字：
作业小结		（对作业中遇到的问题进行小结，如安全、质量、作业标准、作业效率等）

实训项目二十五

线路标志的埋设及刷新作业

一、作业目的

恢复线路标志的原貌，使其字迹清晰、位置合理、标注正确。

二、作业条件

在车站《行车设备施工登记簿》上登记，按规定插作业标，设置驻站联络员、工地防护员，用对讲机防护，同时按规定指定专人担任作业负责人。

三、作业程序

1. 准备工作

（1）调查线路上损坏、缺少的线路、信号标志，打设更换、补设标记。
（2）确定标志搬运方案。采用车载装运或两人合作肩抬的方式搬运。
（3）装运或卸下标志时，应注意轻装轻放，防止损坏。
（4）搬运到位时应考虑将埋入端放置在埋设坑边，但不要影响挖土作业。

2. 挖坑埋设

（1）更换旧标志时，先用铁镐刨松硬土，用铁锹将旧标志四周的土挖去，堆集在坑边。当挖至能见到旧标志牌（桩）的底部时，可用手将旧标志摇松，最后用绳套牢，抬出或用手直接拔出，最后再将基坑开挖到埋设要求的深度。

（2）将新标志放入挖好的坑内，用尺丈量距离、高度，若符合要求，即可回填挖土。一人扶正标志，另一人填土。回填时，应注意标志牌的垂直度和朝向。填土应逐层进行，随填随夯，直至达到规定要求的高度。然后整平面土，除净周边杂草。

（3）开挖新坑埋设标志时，应在标准埋设位置处挖好土坑，土坑挖掘深度应根据标志的高度要求确定。然后扶正标志方向，向标志四周填土，边填边夯实。填至规定高度后，再将标志四周填土整平，清除杂物，清扫干净。

3. 油漆刷新

（1）新埋设的标志（或旧标志），应先用钢丝刷将表面的灰土擦拭干净，对标志牌面上的坑洼用较稠的石灰粉涂刷嵌满，对较大的表面孔洞或标志牌边角缺损，可用水泥修补。

（2）调好油漆，在标志面上薄薄地均匀涂刷一遍，稍干后再涂刷一遍。不能一次涂刷过厚，以免油漆起皮。

（3）待底漆完全干燥后，即可用特制模板印制标志牌上的文字、数字和图形。

四、作业质量

（1）线路标志的埋设，单线按里程方向设在线路左侧。双线区段另设线路标志时，应设在列车运行方向的左侧。

（2）信号标志设在列车运行方向的左侧（警冲标除外）。

（3）线路、信号标志应设在距钢轨头部外侧不少于 2 m 处（警冲标除外）。高度不超过钢轨顶面的标志，可设在距钢轨头部外侧不少于 1.35 m 处。

（4）警冲标应设于两线线间距为 4 m 处的中间。线间距不足 4m 时，应设在两线路中心线最大间距的起点处。在线路曲线部分所设道岔附近的警冲标与线路中心线间的距离，应按限界的加宽增加。

（5）各种主要线路、信号标志的埋设位置应按里程准确埋设，前后不能出现误差。埋设高度应以《线路及信号标志图集》叁标线 8007 图集为准。

（6）标志埋设要垂直、无歪斜、无松动，标志面应正向列车运行方向显示，不得有侧转。

（7）警冲标的埋设高度以两线较高线路的轨枕面为标准，其高度为 300 ~ 350 mm，从上到下的油漆要求红白相间，每节高为 100 mm。

（8）标志在埋设时，注意不要反向或损坏。各种埋设高度低于 1 m 的线路、信号标志，埋设高度误差要求不超过±30 mm；埋设高度高于 1 m 的线路、信号标志，埋设高度误差要求不超过±50 mm，且推摇时无松动。

（9）各种标志埋设完毕后，应认真丈量复核。若有不合标准、松动歪斜及埋设高度、位置、距离不合要求的，或有侵入限界可能的，应一律按标准重新埋设牢固。

（10）各种标志面的底漆、面漆要光滑无毛孔。标志上的字体、字体位置、字体大小应符合要求，禁止徒手书写。

五、安全注意事项

（1）搬运、安放、埋设标志时，要注意防止手脚碰伤。挖坑时两人应注意配合，确保人身安全。

（2）在线路路肩或道床坡脚处埋设标志，当来车时应停止作业避车，并注意车上散落货物及绳索，以免伤人。

（3）埋设警冲标时，在两线间作业，应派专人负责瞭望防护，来车时要及时撤出两线间到路肩上避车，并注意作业工具和堆放的石砟、材料侵入限界。

（4）雨、雪、大风、大雾等恶劣天气应禁止作业。

实训报告二十五

<table>
<tr><td>时　　间</td><td></td><td>天气情况</td><td></td></tr>
<tr><td>作业项目</td><td colspan="3"></td></tr>
<tr><td>作业目的</td><td colspan="3"></td></tr>
<tr><td>作业条件</td><td colspan="3"></td></tr>
<tr><td rowspan="3">作业准备</td><td>作业
负责人</td><td colspan="2"></td></tr>
<tr><td>防护办法
（画防护图）</td><td colspan="2"></td></tr>
<tr><td>工具
准备</td><td colspan="2"></td></tr>
<tr><td>作业程序</td><td colspan="3"></td></tr>
</table>

续表

<table>
<tr><td rowspan="3">质量验收</td><td>作业前</td><td>（作业前线路检查情况：文字描述及原始检查数据）</td></tr>
<tr><td>验收标准</td><td></td></tr>
<tr><td>作业后</td><td>（作业后线路回检情况：文字描述及检查数据）

验收人签字：</td></tr>
<tr><td colspan="2">作业小结</td><td>（对作业中遇到的问题进行小结，如安全、质量、作业标准、作业效率等）</td></tr>
</table>

实训项目二十六

测量钢轨、道岔磨耗作业

一、作业目的

利用测量工具准确测量钢轨的垂直和侧面磨耗值，确定其伤损程度。

二、作业条件

利用天窗，在车站《行车设备施工登记簿》上登记，按规定插作业标，设置驻站联络员、工地防护员，用对讲机防护，同时按规定指定专人担任作业负责人。

三、作业程序

（1）作业准备：区分钢轨磨耗类型，选择相应测量工具（钢轨及道岔测磨仪）。

（2）选择钢轨磨耗最大处，垂直磨耗在钢轨顶面宽 1/3 处（距标准工作边）测量，侧面磨耗在钢轨踏面标准断面下 16 mm 处测量，波浪形磨耗在轨顶踏面上测量。

（3）高锰钢整铸辙叉垂直磨耗（不含翼轨加高部分）在辙叉心宽 40 mm 断面处测量，可动心轨垂直磨耗在可动心轨宽 40 mm 断面处测量，翼轨垂直磨耗在可动心轨宽 20 mm 断面处测量。

（4）进行磨耗测量，读取磨耗量值。

（5）根据读取量值，进行钢轨伤损判定。

四、作业质量

（1）应严格按规定位置测量，读取数值要准确。

（2）记录数据准确，并对数据进行认真分析，必要时多量几处，找出钢轨磨耗的最大值。

五、安全注意事项

（1）作业人员应注意瞭望列车，来车时应及时下道避车。

（2）发现钢轨磨耗达到重伤标准时，应及时通知工区组织更换。

实训报告二十六

<table>
<tr><td>时　　间</td><td></td><td>天气情况</td><td></td></tr>
<tr><td>作业项目</td><td colspan="3"></td></tr>
<tr><td>作业目的</td><td colspan="3"></td></tr>
<tr><td>作业条件</td><td colspan="3"></td></tr>
<tr><td rowspan="3">作业准备</td><td>作业
负责人</td><td colspan="2"></td></tr>
<tr><td>防护办法
（画防护图）</td><td colspan="2"></td></tr>
<tr><td>工具
准备</td><td colspan="2"></td></tr>
<tr><td>作业程序</td><td colspan="3"></td></tr>
</table>

续表

<table>
<tr><td rowspan="3">质量验收</td><td>作业前</td><td>（作业前线路检查情况：文字描述及原始检查数据）</td></tr>
<tr><td>验收标准</td><td></td></tr>
<tr><td>作业后</td><td>（作业后线路回检情况：文字描述及检查数据）

验收人签字：</td></tr>
<tr><td colspan="2">作业小结</td><td>（对作业中遇到的问题进行小结，如安全、质量、作业标准、作业效率等）</td></tr>
</table>

实训项目二十七

无缝线路应力放散作业

一、作业目的

消除由钢轨伸缩导致的线路锁定轨温发生变化，使无缝线路固定区稳定应力均匀，保持无缝线路强度和稳定，防止出现胀轨跑道和断轨事故。

二、作业条件

利用天窗时间作业，在车站《行车设备施工登记簿》上登记，设置移动停车信号防护，设置驻站联络员、工地防护员，用电话或对讲机防护，防护设好后方可作业，同时按规定指定专人担任作业负责人。

三、作业程序

1. 作业准备

（1）放散前调查。调查长钢轨长度，原锁定轨温、配轨及轨缝情况，绝缘接头与信号机相对位置，道口、桥梁状况，施工范围内有无影响钢轨伸缩的障碍。

（2）做好标记、编号。每隔一根轨枕，刷上白漆。在白油漆上每 100 m 在轨底划一标志作为临时位移观测点，并按放散的方向顺序编号。做好现场分工标记、扣件松紧标记以及安放滚筒标记。

（3）制订安全措施，确定施工方案。召开施工预备会，交代注意事项，分配工作量。

（4）配置调整轨。根据轨温、锁定轨温等资料计算调整轨长度。

（5）料具准备。按调整轨计算长度锯轨、钻眼后卸至计划地点。将轨缝调整器、撞轨设备、发电机组、扳手、滚筒、观测桩等料具备齐，并卸至计划地点。

（6）设置防护。设驻站联络员 1 人，施工现场设防护员，按规定设置移动停车信号防护，放行列车或单机限速 25 km/h。

2. 封锁前慢行时基本作业

（1）方正轨枕。根据放散量，方正焊接接头前后的轨枕。

（2）检查拉轨设备，松防爬器。

（3）松扣件，拆除部分接头螺栓。每隔一根轨枕，将扣件卸下。每个接头保留接头螺栓 4

个，其余拆除。

3. 封锁中基本作业

（1）松扣件，拆除全部接头螺栓。松开全部轨枕扣件。

（2）更换调整轨，安装拉轨设备，均匀缓冲区轨缝。长轨每隔 15 根轨枕，轨底垫入滚筒。

（3）拧紧固定端接头和扣件螺栓。固定端长度一般取 50 m。接头螺栓扭矩为 1 100 N·m，扣件螺栓扭矩为 150 N·m。

（4）拉伸长轨。接通发电机组电源，拉轨设备开始拉伸长轨。同时在整个放散范围内每隔 400 m 左右布置一个撞轨点，用撞轨设备撞轨，使放散均匀。测量各位移观测点的位移量，当位移量与计算值一致时停止。

（5）抽出滚筒，上紧扣件，拆除拉轨器，上紧接头螺栓。待各位移观测点的位移量均已到位，即可抽出轨底滚筒，整正胶垫，上紧扣件。同时拆除拉轨器，连接接头夹板，上紧接头螺栓。

（6）放散另一股钢轨。

4. 线路开通后基本作业

（1）校正轨距，全面复紧扣件螺栓。

（2）全面复紧接头螺栓，打紧防爬器。

（3）记录无缝线路新的锁定轨温和长轨长度。根据长轨实际放散量确定锁定轨温，修改原有技术资料。

（4）重新油漆位移观测桩上的标记。

四、作业质量

（1）长轨条总放散量达到计算放散量数值，且沿钢轨全长放散量均匀，确定锁定轨温准确。

（2）缓冲区接头轨缝符合规定要求，接头螺栓扭矩为 700 ~ 1 100 N·m。

（3）轨枕间距均匀，铝热焊缝距轨枕边不得小于 40 mm。

（4）轨距、扣件螺栓扭矩符合《铁路线路修理规则》的要求。

（5）防爬设备安装齐全，作用良好。

（6）位移观测桩齐全，位移观测标志准确、清晰。

五、安全注意事项

（1）必须按规定设置防护，穿好黄色防护服、戴好防护帽，注意瞭望，安全避车。

（2）任何情况下，不准在邻线钢轨上、轨枕头上、道心内及停留车辆下面坐卧休息。

（3）所有作业人员，必须听从防护员通知，及时下道避车。

实训报告二十七

<table>
<tr><td>时　　间</td><td colspan="2"></td><td>天气情况</td><td></td></tr>
<tr><td>作业项目</td><td colspan="4"></td></tr>
<tr><td>作业目的</td><td colspan="4"></td></tr>
<tr><td>作业条件</td><td colspan="4"></td></tr>
<tr><td rowspan="3">作业准备</td><td>作业
负责人</td><td colspan="3"></td></tr>
<tr><td>防护办法
（画防护图）</td><td colspan="3"></td></tr>
<tr><td>工具
准备</td><td colspan="3"></td></tr>
<tr><td>作业程序</td><td colspan="4"></td></tr>
</table>

续表

<table>
<tr><td rowspan="3">质量验收</td><td>作业前</td><td>（作业前线路检查情况：文字描述及原始检查数据）</td></tr>
<tr><td>验收标准</td><td></td></tr>
<tr><td>作业后</td><td>（作业后线路回检情况：文字描述及检查数据）
验收人签字：</td></tr>
<tr><td colspan="2">作业小结</td><td>（对作业中遇到的问题进行小结，如安全、质量、作业标准、作业效率等）</td></tr>
</table>

实训项目二十八

垫冻害垫板作业（木枕）

一、作业目的

整治由于冻害引起的线路水平和高低超限，保持线路几何尺寸符合规定要求，保证行车安全。

二、作业条件

（1）利用天窗时间作业，在车站《行车设备施工登记簿》上登记，驻站联络员、工地防护员用对讲机、移动停车信号防护，同时按规定指定专人担任作业负责人。

（2）无缝线路地段作业应遵守有关作业规定。

三、作业程序

1. 作业准备

（1）工具准备：拉绳、纵向水平尺、垫板、道钉锤、起钉撬棍、起钉垫、直钉器等。

（2）首先看线路高低确定基本股，然后使用拉绳或纵向水平尺，调查好工作量。

（3）根据调查选好垫板，钻好道钉孔。

（4）清除冰雪。

（5）敲打道钉并松开防爬器。

（6）撒布长道钉、木片及木垫板，削平木枕。

（7）有三个道钉地段预先起掉里口第三个道钉。

2. 基本作业

（1）两股同时起钉或冒钉，起钉人员要保持 2～3 根木枕间距。起钉时允许一处连续起下 5 个木枕头上的道钉。其他连续冒起的道钉，不得超过 10 个木枕头，冒起道钉的高度以能插进垫板为宜，最高不能高出应垫垫板厚度 15 mm。

（2）插入压机撬起钢轨，垫上安全木楔，两股同时往前进行。

（3）用钩或镑子抽出铁垫板，插入道钉孔木片时，要与木枕面齐平，否则打道钉时会挤坏木垫板。

（4）按整治方法垫入冻害垫板及铁垫板。

（5）看好轨距，每股打入 2 个道钉。打道钉时锤把要平，不能推打、搂打道钉，否则会打裂垫板。

3. 整理作业

（1）修理、更换不良垫板及道钉。

（2）按安全道钉钉法打齐安全道钉，补齐第 3 个道钉。

（3）打紧浮起道钉及松动的防爬器。

（4）检查工作质量。

（5）整理材料并转移。

四、作业质量标准

（1）严格按《铁路线路修理规则》规定做好线路道岔顺坡工作。

（2）顺垫板重叠使用不得超过 2 块，总厚度不得超过 15 mm；横垫板重叠使用不得超过 3 块，较厚的垫板应该放在下层。

（3）冻害回落时，应及时撤出或调整冻害垫板，做好顺坡，保持轨道几何尺寸在经常保养允许偏差限度以内。

五、安全注意事项

（1）冻害上涨时，直线上先垫冻起较高的一股钢轨，然后按照水平和轨距把另一股钢轨垫好改好，曲线上先垫外股后垫里股。

（2）冻害回落时，直线上先撤较少的一股钢轨，曲线上则必须先撤里股。

（3）施工时要使用安全木楔。安全木楔要由专人使用，在插入（或撤掉）轨底前要执行呼喊应答制度，确认安全后才能撬起或落下钢轨，以保证人身安全。

（4）列车通过前，轨枕一端（里外口）至少要钉紧两面 3 个道钉，撬起的道钉需打紧，轨底必须与全部垫板密贴。

（5）在顺坡地段，后垫的一股钢轨上的冻起高度不要高出先垫的一股钢轨。如果有连续冻起或交错冻起时，应根据具体情况，在两顺坡中间做成一段较长的平台。

实训报告二十八

<table>
<tr><td>时　　间</td><td colspan="2"></td><td>天气情况</td><td></td></tr>
<tr><td>作业项目</td><td colspan="4"></td></tr>
<tr><td>作业目的</td><td colspan="4"></td></tr>
<tr><td>作业条件</td><td colspan="4"></td></tr>
<tr><td rowspan="3">作业准备</td><td>作业
负责人</td><td colspan="3"></td></tr>
<tr><td>防护办法
（画防护图）</td><td colspan="3"></td></tr>
<tr><td>工具
准备</td><td colspan="3"></td></tr>
<tr><td>作业程序</td><td colspan="4"></td></tr>
</table>

续表

<table>
<tr><td rowspan="3">质量验收</td><td>作业前</td><td>（作业前线路检查情况：文字描述及原始检查数据）</td></tr>
<tr><td>验收标准</td><td></td></tr>
<tr><td>作业后</td><td>（作业后线路回检情况：文字描述及检查数据）
验收人签字：</td></tr>
<tr><td colspan="2">作业小结</td><td>（对作业中遇到的问题进行小结，如安全、质量、作业标准、作业效率等）</td></tr>
</table>

实训项目二十九

道岔起道作业

一、作业目的

整治道岔范围内的水平和高低超限，调整道岔的纵断面，保证线路的平顺性。

二、作业条件

（1）利用天窗时间作业，在车站《行车设备施工登记簿》上登记，设置驻站联络员、工地防护员，用对讲机防护联络，移动停车信号防护，同时按规定指定专人担任作业负责人。

（2）无缝线路地段作业应遵守有关作业规定。

三、作业程序

1. 作业准备

（1）工具准备：道尺、液压起道器、道镐、四齿耙、弦线、小钢尺等。

（2）在电动道岔上作业应与电务部门联系，要求其派相关人员到现场配合作业。

（3）检查工具，校准量具。起道负责人应检查道尺检验卡是否有效，校准道尺水平误差不超过 1 mm。起道器手应检查起道器状态和捣镐状态是否良好。

（4）调查工作量。确定标准股后，起道负责人首先量出道岔水平及道岔前后线路起道量，并写在钢轨底面上，然后在离道岔前后 25 m 左右处分别俯身在各股钢轨上目视钢轨，找出钢轨拱起、坑洼、低接头、空吊板等位置，并标出捣固作业范围。单开道岔一般以外直股钢轨为标准股，对开及复式交分道岔一般以水平较高的外股为标准股。

2. 基本作业

（1）指挥起道。起标准股时，在距离起道位置不小于 25 m 处，指挥者蹲身在标准股钢轨内侧，头下俯于钢轨外侧，目视钢轨下颚水平线的高低情况，用手指挥起道。起道方向一般为迎行车方向，特殊情况也可以由大轨面最高处向低洼处逐步起道。起道器松扣前，轨面高度应有 5 ~ 6 mm 的预留下沉量。

（2）起道。每遇接头位置必起一撬，其余位置一般每隔 8 ~ 9 根轨枕起一撬。如撬位距前方接头少于 6 根轨枕时，则可以先起前方接头，然后回头起小腰或大腰，但起道位置应置在坑洼的最低处。

（3）打塞。在接头处应对接头两侧的轨枕同时打塞，在大、小腰处仅需对一根轨枕打塞。打塞位置应尽量靠近轨底部分，以防止在起对面股时对标准股轨面产生过大的起道影响量，或来车时对轨枕造成损伤。

（4）起对面股。一般标准股每起好一撬，立即对水平起对面股，以保持每股钢轨同步推进。

在尖轨中部和根部对水平时，应直、侧股水平相差应均等。

在连接部分对水平时，起道器应尽量放置于导曲线下股钢轨外侧。除接头外，其余部分打塞均在内直股和内曲股枕底。一般根据直、曲股运量大小掌握水平差。当直股运量较大时，导曲线下股应比导曲线上股的水平略低 3 ~ 4 mm。当曲股运量较大时，直、曲股水平持平，注意下股水平不得高于上股水平。如遇内直、曲接头抵扣时，应在第一遍捣固结束后，另外单独划撬起捣低扣接头。

在岔心部位对水平时，起道器置于岔趾、岔跟的下股钢轨。先用道尺量直股岔趾、岔跟水平，打塞位于岔趾、岔跟部位。松起道器后若直股水平良好，则再对曲股水平。要使辙叉部分水平尽量高于护轨基本轨水平 3 ~ 4 mm，并采用重捣辙叉、轻捣护轨的捣固方法。在岔后长枕范围内对水平时，也应尽量使内股高于外股 2 ~ 3 mm。起对称、交分道岔时，除采用以上方法外，还应尽量做到使上股水平高于下股水平。

四、作业质量

（1）道岔前后高低目视平顺，无漫包，用 10 m 弦线量最大矢度：允许速度 200 km/h≥v_{max}＞160 km/h 的正线不超过 3 mm；允许速度 160 km/h≥v_{max}＞120 km/h 的正线不超过 4 mm；线路允许速度 v_{max}≤120 km/h 的正线及到发线不超过 4 mm；其他站线不超过 6 mm。

（2）水平偏差：允许速度 200 km/h≥v_{max}＞160 km/h 的正线不超过 3 mm；允许速度 160 km/h≥v_{max}＞120 km/h 的正线不超过 4 mm；线路允许速度 v_{max}≤120 km/h 的正线及到发线不超过 4 mm；其他站线不超过 6 mm。

（3）三角坑偏差不含曲线超高顺坡造成的扭曲量，三角坑检查基长为 6.25 m，但在延长 18 m 的距离内，允许速度 200 km/h≥v_{max}＞160 km/h 的正线不超过 3 mm；允许速度 160 km/h≥v_{max}＞120 km/h 的正线不超过 4 mm；线路允许速度 v_{max}≤120 km/h 的正线及到发线不超过 4 mm；其他站线不超过 5 mm。

五、安全注意事项

（1）作业使用的金属机具、工具不得搭接钢轨及轨道电路导线，防止影响行车信号。

（2）来车前人员、机具必须及时按规定撤出线路。

（3）作业完毕，转辙部分及可动岔心部分必须请电务人员或车站值班员试调，保证尖轨和可动心轨转换灵活。

实训报告二十九

<table>
<tr><td>时　间</td><td colspan="2"></td><td>天气情况</td><td></td></tr>
<tr><td>作业项目</td><td colspan="4"></td></tr>
<tr><td>作业目的</td><td colspan="4"></td></tr>
<tr><td>作业条件</td><td colspan="4"></td></tr>
<tr><td rowspan="3">作业准备</td><td>作业
负责人</td><td colspan="3"></td></tr>
<tr><td>防护办法
（画防护图）</td><td colspan="3"></td></tr>
<tr><td>工具
准备</td><td colspan="3"></td></tr>
<tr><td>作业程序</td><td colspan="4"></td></tr>
</table>

续表

质量验收	作业前	（作业前线路检查情况：文字描述及原始检查数据）
	验收标准	
	作业后	（作业后线路回检情况：文字描述及检查数据） 验收人签字：
作业小结		（对作业中遇到的问题进行小结，如安全、质量、作业标准、作业效率等）

实训项目三十

道岔拨道作业

一、作业目的

整治道岔范围内的水平和高低超限，调整道岔的平面，保证线路的平顺性。

二、作业条件

（1）利用天窗时间作业，在车站《行车设备施工登记簿》上登记，设置驻站联络员、工地防护员，用对讲机防护联络，移动停车信号防护，同时按规定指定专人担任作业负责人。

（2）无缝线路地段作业应遵守有关作业规定。

三、作业程序

1. 作业准备

（1）工具准备：弦线、小钢尺、液压拨道器、捣镐、四齿耙等。

（2）调查工作量：安排作业计划，准备材料、工具。

2. 基本工作

（1）扒松道岔枕头石砟。

（2）拨道指挥员站在适当的位置，以直向外股钢轨为基准，目视两端和道岔判断拨道量并指挥拨道。

（3）拨道要注意指挥人的动作、手势，在基本轨最前面一人负责点撬、扒起道器窝。大弯需要每隔 3 ~ 4 孔一撬一撬地向前拨，遇到接头时必须插撬。

（4）拨道时先拨正道岔直股方向，然后以直股为准，做好轨距曲股支距和各部间隔。

（5）回填道砟，并整平夯实。

四、作业质量标准

（1）直线地段轨向顺直，用 10 m 弦线测量最大矢度，轨向容许偏差：允许速度 200 km/h $\geqslant v_{\max} > 160$ km/h 的正线不超过 3 mm；允许速度 160 km/h $\geqslant v_{\max} > 120$ km/h 的正线不超过 4 mm；线路允许速度 $v_{\max} \leqslant 120$ km/h 的正线及到发线不超过 4 mm；其他站线不超过 6 mm。

（2）由于拨道引起的相关项目的变动，应符合各单项作业标准。
（3）拨道后道床应平整，外观整齐。

五、安全注意事项

（1）拨道时要注意邻线线间距及线路道岔与信号机、站台等建筑物的距离。
（2）作业人员应注意瞭望列车，来车时及时下道避车。
（3）在电气集中道岔上作业时，应防止轨道电路短路或断路。

实训报告三十

<table>
<tr><td>时　间</td><td colspan="2"></td><td>天气情况</td><td></td></tr>
<tr><td>作业项目</td><td colspan="4"></td></tr>
<tr><td>作业目的</td><td colspan="4"></td></tr>
<tr><td>作业条件</td><td colspan="4"></td></tr>
<tr><td rowspan="3">作业准备</td><td>作业
负责人</td><td colspan="3"></td></tr>
<tr><td>防护办法
（画防护图）</td><td colspan="3"></td></tr>
<tr><td>工具
准备</td><td colspan="3"></td></tr>
<tr><td>作业程序</td><td colspan="4"></td></tr>
</table>

续表

<table>
<tr><td rowspan="3">质量验收</td><td>作业前</td><td>（作业前线路检查情况：文字描述及原始检查数据）</td></tr>
<tr><td>验收标准</td><td></td></tr>
<tr><td>作业后</td><td>（作业后线路回检情况：文字描述及检查数据）
验收人签字：</td></tr>
<tr><td colspan="2">作业小结</td><td>（对作业中遇到的问题进行小结，如安全、质量、作业标准、作业效率等）</td></tr>
</table>

实训项目三十一

锯轨作业

一、作业目的

截锯缩短轨或非标准长度钢轨，截锯无缝线路重伤钢轨，无缝线路发生断轨时截锯临时处理短轨，成段更换钢轨或轨缝调整作业后配置龙门轨等。

二、作业条件

（1）利用“天窗”时间作业，车站设驻站联络员、工地设现场防护员，对讲机或手机防护联络，移动停车手信号防护；防护设置好后方可进行作业。

（2）无缝线路地段作业应遵守有关作业规定。

三、作业程序

1. 作业准备

（1）工具准备：电源、砂轮片、锯轨机、石笔、小钢尺、钢卷尺、倒棱器、扳手、螺丝刀等。

（2）调查工作量，安排作业计划，准备材料、工具。

2. 基本工作

（1）选用钢轨并用石笔写明应锯尺寸。

（2）将应锯的钢轨拨正、垫平、固定（要垫在钢轨锯断处附近）。

（3）用卡具划好锯轨线（从轨面划至轨底）。

（4）机械锯轨：

① 放线、接电源；

② 摆轨；

③ 安装砂轮片，检查护罩；

④ 试转 30 s 再锯轨；

⑤ 先从轨头侧面上棱下锯，接近轨底时，要掌握锯轨角度，切不可垂直锯切轨底；

⑥ 锯轨时不宜用力猛，不宜长时间接触钢轨；

⑦ 锯轨完毕，关闭电源，卸下锯轨机。

（5）轨端倒棱：倒角 60°，顺向宽 1 ~ 2 mm，沿轨顶面向下延伸 8 ~ 10 mm。

四、作业质量标准

（1）锯后钢轨长度误差不超过 2 mm。

（2）锯后上下、左右偏斜不超过 4 mm。

（3）轨端倒棱宽度不大于 2 mm。

（4）作业效率要求：单根钢轨锯轨时间不超过 10 min。

（5）锯一根钢轨时，使用不超过 1 片的砂轮片。

五、安全注意事项

（1）按规定穿戴和使用防护用品。

（2）锯轨作业时钢轨及锯轨机不能碰触手脚。

（3）在无缝线路上锯轨用封锁线路施工防护办法防护。

（4）锯轨机周围不能站人，防止碎片伤人。

（5）不得“带病”使用机械，线上作业发生故障时应及时停机下道检修。

实训报告三十一

<table>
<tr><td>时　间</td><td colspan="2"></td><td>天气情况</td><td></td></tr>
<tr><td>作业项目</td><td colspan="4"></td></tr>
<tr><td>作业目的</td><td colspan="4"></td></tr>
<tr><td>作业条件</td><td colspan="4"></td></tr>
<tr><td rowspan="3">作业准备</td><td>作业
负责人</td><td colspan="3"></td></tr>
<tr><td>防护办法
（画防护图）</td><td colspan="3"></td></tr>
<tr><td>工具
准备</td><td colspan="3"></td></tr>
<tr><td>作业程序</td><td colspan="4"></td></tr>
</table>

续表

<table>
<tr><td rowspan="3">质量验收</td><td>作业前</td><td>（作业前线路检查情况：文字描述及原始检查数据）</td></tr>
<tr><td>验收标准</td><td></td></tr>
<tr><td>作业后</td><td>（作业后线路回检情况：文字描述及检查数据）

验收人签字：</td></tr>
<tr><td colspan="2">作业小结</td><td>（对作业中遇到的问题进行小结，如安全、质量、作业标准、作业效率等）</td></tr>
</table>

实训项目三十二

钢轨铝热焊作业

一、作业目的

无缝联结钢轨，提高轨道整体性和平顺性。

二、作业条件

（1）利用“天窗”时间作业，车站设驻站联络员、工地设现场防护员，对讲机或手机防护联络，移动停车手信号防护。防护设置好后方可进行作业。

（2）在无缝线路地段作业应遵守有关作业规定。

三、作业程序

1. 作业准备

（1）工具准备：砂模、封箱泥、焊剂与坩埚、灰渣盘、预热器（枪）、对轨架、坩埚叉、堵漏棒、打磨砂轮、液压钢轨拉伸器、液压焊头推瘤机、钢轨仿形打磨机、锯轨机、1 m 直尺、测温器、秒表、起道机、捣镐、叉子、轨距尺等。

（2）线路检查：调查需要进行钢轨铝热焊作业位置，校对量具，检测轨温。

（3）按规定设好防护。

（4）处理或更换不良钢轨扣件，备用 6 m 短轨，清理现场，焊接设备有序放在待焊线路一侧，烘坩埚和氧气瓶距离 5 m 以上，机具进行试验。

（5）检查：清点焊接材料工具，焊剂拌和，调整轨端预留缝，轨端切口平整，无氧化物毛刺

2. 钢轨铝热焊作业

（1）对正钢轨：允许误差，轨顶+1.5 ~ −2.0 mm，内侧作用边±0.3 mm。

（2）安装砂模、封箱：砂模中心与焊缝中心重合，封闭砂模缝隙。

（3）装填焊剂：焊剂倒入坩埚呈锥形，盖坩埚盖。

（4）预热、浇注：预热时间根据轨型、焊剂类型、轨温确定（一般用施密特焊剂为 6.5 min，用拉伊台克焊剂为 5 min）。

（5）拆模及推瘤：浇注完成后超模（推瘤）时间，用施密特焊剂为 4.5（6.5）min，用拉

伊台克焊剂为 5（6.5）min。

（6）热、冷打磨：推瘤后即开始热打磨，打磨至钢轨基本平齐，焊缝顶面略高 0.8 ~ 1.0 mm，浇注完成后 1 h 左右开始冷打磨。

（7）检查、探伤：紧固扣件，整理线路，检查前后 20 m 范围几何尺寸，进行焊缝探伤。

（8）焊缝登记存档：登记线名（站名）、里程、轨号（岔号）轨型、轨温、焊剂型号、焊缝平直度（顶面、工作边）、焊接人员、焊接日期等。

四、作业质量标准

（1）钢轨顶面偏差 0 ~ 0.3 mm，工作边偏差±0.2 mm。

（2）轨距控制在 0 ~ −2 mm，变化率不大于 1‰。

（3）焊前检查轨端，有损伤、缺口、磨损或钢轨接头螺栓孔的轨端须切除。

（4）焊接预留轨缝：用施密特焊剂为（28±2）mm，用拉伊台克焊剂为（25±2）mm。

（5）仿形打磨机打磨钢轨，上下、左右平顺度不超过 0.3 mm。

（6）探伤检查，发现问题及时处理。

（7）作业效率要求：焊接一个接头时间不超过 70 min。

五、安全注意事项

（1）换轨、打眼、锯轨符合安全要求。

（2）按规定标准穿戴劳保用品。

（3）轨温高于 300 °C 时严禁放行任何车辆。

（4）轨温未降到 300 °C 以下，不得在焊缝前后 6.25 m 范围进行起、拨道或抽换大胶垫作业。

（5）对有可能发生漏锅烧坏电缆的处所，应有防护措施。

实训报告三十二

时　　间		天气情况	
作业项目			
作业目的			
作业条件			
作业准备	作业负责人		
	防护办法（画防护图）		
	工具准备		
作业程序			

续表

<table>
<tr><td rowspan="3">质量验收</td><td>作业前</td><td>（作业前线路检查情况：文字描述及原始检查数据）</td></tr>
<tr><td>验收标准</td><td></td></tr>
<tr><td>作业后</td><td>（作业后线路回检情况：文字描述及检查数据）

验收人签字：</td></tr>
<tr><td colspan="2">作业小结</td><td>（对作业中遇到的问题进行小结，如安全、质量、作业标准、作业效率等）</td></tr>
</table>

实训项目三十三

螺纹道钉硫黄锚固作业

一、作业目的

整治滑丝、锈蚀严重等失效的螺旋道钉。

二、作业条件

（1）利用“天窗”时间作业，车站设驻站联络员、工地设现场防护员，对讲机或手机防护联络，移动停车手信号防护；防护设置好后方可进行作业。

（2）在无缝线路地段作业应遵守有关作业规定。

三、作业程序

1. 作业准备

（1）工具准备：螺栓扳手、长柄方口扳手或长柄管钳、喷灯、筛子、灌浆勺、铁锅、锚固架等。

（2）材料准备：根据气候条件，按硫黄：水泥：砂子：石蜡=1：（0.3 ~ 0.6）：（1 ~ 1.5）：（0.01 ~ 0.03）的质量配比配制溶液。制成的溶液应较稠，黏度以不影响灌筑为宜。

（3）按规定设好防护。

2. 溶制

（1）按选定的配合比称好各种材料的一次溶制量。

（2）先将砂子放人锅内搅拌加热至 100 ~ 120 °C，再将水泥放入锅内搅拌加热至 130 °C 左右，最后将硫黄和石蜡放入锅内，继续搅拌加热，使溶液混合均匀，由稀变稠成液胶状时（温度升高至 160 °C 左右）即可使用。

3. 锚固

（1）清理好钉孔，恢复原来的喇叭形。

（2）用粗砂将孔底封死并捣固，封层厚度不得大于 37 mm，Ⅱ型枕净留孔不得小于 160 mm，Ⅲ型枕净留孔不得小于 190 mm。

（3）混凝土枕锚固必须使用锚固架，要摆正锚固架，控制螺纹道钉位置。
（4）溶液一次灌够，但不宜太满。
（5）将螺纹道钉顺锚固架左右旋转垂直插入。
（6）外溢的溶液凝固后，应铲除干净。

四、作业质量标准

（1）螺纹道钉的方（圆）台应高出承轨台面，使用扣板式扣件时高出 5～8 mm，使用弹条扣件时高出 0～2 mm。
（2）同一承轨台的两螺纹道钉中心距应控制在（214±2）mm；最内侧两螺纹道钉中心距，Ⅱ型枕为（1 303±2）mm，Ⅲ型枕为（1 299±2）mm。
（3）同一混凝土枕的 4 个螺纹道钉应在同一直线上，歪斜不大于 4 mm。

五、安全注意事项

（1）硫黄不得近火源存放，配置溶液时不得先放硫黄。
（2）溶制锚固料时，作业人员应戴防护用品，在上风处操作。
（3）溶制锚固料的火源炉具，应放置在距钢轨头部外侧 5 m 以外的下风方向，并避开地下线缆。
（4）溶制锚固料必须使用炉具支架，严禁挖坑烧火。
（5）作业完毕或下班时必须熄灭火源，清理现场。

实训报告三十三

<table>
<tr><td>时　　间</td><td colspan="2"></td><td>天气情况</td><td></td></tr>
<tr><td>作业项目</td><td colspan="4"></td></tr>
<tr><td>作业目的</td><td colspan="4"></td></tr>
<tr><td>作业条件</td><td colspan="4"></td></tr>
<tr><td rowspan="3">作业准备</td><td>作业
负责人</td><td colspan="3"></td></tr>
<tr><td>防护办法
（画防护图）</td><td colspan="3"></td></tr>
<tr><td>工具
准备</td><td colspan="3"></td></tr>
<tr><td>作业程序</td><td colspan="4"></td></tr>
</table>

续表

<table>
<tr><td rowspan="3">质量验收</td><td>作业前</td><td>（作业前线路检查情况：文字描述及原始检查数据）</td></tr>
<tr><td>验收标准</td><td></td></tr>
<tr><td>作业后</td><td>（作业后线路回检情况：文字描述及检查数据）

验收人签字：</td></tr>
<tr><td colspan="2">作业小结</td><td>（对作业中遇到的问题进行小结，如安全、质量、作业标准、作业效率等）</td></tr>
</table>

实训项目三十四

内燃冲击镐捣固作业

一、作业目的

（1）捣实线路轨道水平、三角坑以及纵向高低超限处所道床。
（2）整治线路暗坑、吊板和低接头等病害。
（3）抬高线路、破底清筛道床和进行线路综合整治维修捣实枕底道床。
（4）对超限处所进行拆垫捣实。
（5）更换轨枕、方正轨枕超过 50 mm 以及修复其他影响轨枕底道床坚实的作业。

二、作业条件

（1）配合线路或道岔起道作业项目，在线路或道岔起道作业完毕后，进行捣固作业。
（2）双线（线间距小于 6.5 m）本线封锁作业中，邻线来车时避车应遵守下列规定：
① 邻线列车速度 v_{max}≤60 km/h 可不下道；
② 120 km/h＜邻线列车速度 v_{max}≤160 km/h，可不下道，但必须停止作业；
③ 160 km/h＜邻线列车速度 v_{max}≤200 km/h，必须在距列车不小于 2 km 时下道避车；
④ 200 km/h＜邻线列车速度 v_{max}≤250 km/h，必须在距列车不小于 3.2 km 下道避车。
（3）无缝线路捣固作业轨温条件，按实际锁定轨温计算：

① 直线及 R≥2000 m 地段：+20 °C 时连续扒开道床不超过 25 m；+15 ~ −20 °C 时，连续扒开道床不超过 50 m；±10 °C 时；扒道床、起道与普通线路相同。

② 800 m≤R＜2000 m 地段：+15 ~ −20 °C 时，连续扒开道床不超过 25 m；+10 ~ −15 °C 时，连续扒开道床不超过 50 m；±5 °C 时，扒道床、起道与普通线路相同。

③ 400 m≤R＜800 m 地段：+10 ~ −15 °C 时，连续扒开道床不超过 25 m；+5 ~ −10 °C 时，连续扒开道床不超过 50 m。

三、作业程序

1. 作业准备

（1）工具材料：内燃冲击镐、四齿耙、扳手、道尺、弦线、石笔和轨温计。
（2）线路检查：检测轨温，检查量具，调查划撬，确认工作量。
（3）检查机械是否良好，并拧紧松动的紧固件。

（4）检查燃油箱及机油是否充足，润滑状态是否良好。

（5）启动内燃机，怠速运转 3 ~ 5 min，再把油门提高到工作位置试运转。其间应注意检查油路是否有漏油，内燃机响声是否异常。

2. 扒开道床

扒砟长度 450 mm，起道量 20 mm 以下时，扒出 1/2 道砟；起道量超出 20 mm 时，扒出 1/3 道砟；如石砟清洁，能插入捣固镐或起道量超过 30 mm 时也可不扒砟。

3. 捣固

（1）捣固姿势：两脚站在被捣固轨枕前或后的两根相邻轨枕上，前脚距钢轨约 400 mm 并与钢轨平行，后脚尖向着钢轨，身体垂直，两手紧握手把。捣固时，首先使冲击镐与轨枕垂线成 45°，以后逐渐增大，到结束时为 80°。在捣固中，还必须将冲击镐沿中心线向四周摆动和左右倾斜约 20°，这样可以使搞头进入道床，提高捣固质量。

（2）排镐顺序：为加强轨底，先将镐头放在轨底处捣固，以后再向两边移动进行捣固。

（3）捣固时间：捣固时间与起道量有关，起道量在 20 mm 以下，一般捣固时间为 40 s，混凝土地段接头 4 根或坑底每根轨枕捣固 45 s，每面捣三个镐位；起道量在 20 ~ 40 mm 时，一般捣固时间为 55 s，每面捣四个镐位。轨底应适当延长捣固时间。

（4）操作要求：两把冲击镐在捣固时应做到四一致：下镐位置一致，都捣固同一位置的镐位；下镐角度一致，冲击镐与地平面成 40° ~ 45°；下镐动作一致；捣固时间一致，一起下镐，一起转移。

（5）作业转移：捣固结束后，两人同时将内燃冲击镐提起，搞头应距轨枕 20 ~ 30 mm。

（6）回检找细：捣固作业中，对水平、高低和空吊板情况，要进行一次中间检查，进行必要的找细整修。捣固结束后，要全面检查水平、高低和空吊版情况，全面进行找细整修。

（7）安全下道：作业结束后，关掉内燃冲击镐，撤至限界以外放置稳固。

（8）回填整理道床：先道心后枕头，填满枕盒内道砟，全面整理道床，夯拍坚实。

四、作业质量标准

（1）每个枕头捣固四面镐，每面捣固长度：木枕不小于 400 mm，混凝土枕不小于 450 mm。

（2）枕下道床捣固密实：各轨枕间强度均匀。捣固后高低、水平、三角坑偏差：允许速度 160 km/h<v_{max}≤250 km/h 的线路不超过 3 mm；允许速度 v_{max}≤160 km/h 的线路不超过 4 mm；其他站线不超过 5 mm。

（3）钢轨与胶垫间或钢轨与铁垫板间的空隙不超过 2 mm。

（4）空吊率正线不大于 8%、站线不大于 12%。

（5）道床回填均匀平整、坚实、整齐，边坡一致，无缝线路砟肩堆高 150 mm。

实训报告三十四

<table>
<tr><td>时　　间</td><td></td><td>天气情况</td><td></td></tr>
<tr><td>作业项目</td><td colspan="3"></td></tr>
<tr><td>作业目的</td><td colspan="3"></td></tr>
<tr><td>作业条件</td><td colspan="3"></td></tr>
<tr><td rowspan="3">作业准备</td><td>作业
负责人</td><td colspan="2"></td></tr>
<tr><td>防护办法
（画防护图）</td><td colspan="2"></td></tr>
<tr><td>工具
准备</td><td colspan="2"></td></tr>
<tr><td>作业程序</td><td colspan="3"></td></tr>
</table>

续表

<table>
<tr><td rowspan="3">质量验收</td><td>作业前</td><td>（作业前线路检查情况：文字描述及原始检查数据）</td></tr>
<tr><td>验收标准</td><td></td></tr>
<tr><td>作业后</td><td>（作业后线路回检情况：文字描述及检查数据）

验收人签字：</td></tr>
<tr><td colspan="2">作业小结</td><td>（对作业中遇到的问题进行小结，如安全、质量、作业标准、作业效率等）</td></tr>
</table>

实训项目三十五

钢轨肥边打磨作业

一、作业目的

整治钢轨内侧、焊头肥边、接头端部肥边，消灭假轨距，保持轨道几何尺寸。

二、作业条件

利用“天窗”时间作业，车站设驻站联络员、工地设现场防护员，对讲机或手机防护联络，移动停车手信号防护；防护设置好后方可进行作业。

三、作业程序

1. 作业准备

（1）工具材料：角向砂轮机、发电机、道岔打磨机、1 m 直尺、道尺、塞尺、游标卡尺、手套、护目镜、石笔或油漆。

（2）检查机具工作状态是否完好，防护罩位置是否正确。

（3）检查燃油箱和机油是否充足，润滑状态是否良好。

（4）启动发动机，怠速运转 3 ~ 5 min 检查有无异常。

（5）线路调查：调查钢轨内侧和接头端部肥边，确定打磨工作量和打磨处所。

2. 打磨钢轨肥边

（1）戴好手套、护目镜，将打磨机抬上线路，启动发动机打磨。

（2）打磨时两人配合操纵。一人先调整打磨机在钢轨内侧的砂轮片进给量，进给量调整好后推拉打磨机在轨面上平稳地前后，往返运动进行打磨，并对打磨方向施加一定的力；另一人掌握打磨进度。

（3）使用手砂轮机时，应检查开关、插座、插头、电线接头绝缘是否完好。翻越钢轨时，电线应从轨底穿越。一人操作，一人配合。

（4）打磨时接触要轻，走行要稳，返回要快，用力要均匀，注意在打磨时不可在一点停留时间过长而造成钢轨局部退火（以打磨后钢轨不发蓝为标准）。在绝缘接头处打磨非肥边时，应防止短路。

3. 倒角

钢轨内侧、轨端肥边除掉后，应将打磨机倾斜 45°对其进行倒角。

4. 找细打磨

粗打磨过程结束后，用 1 m 直尺检查轨面不平度、轨头内侧不直度、接头错牙，用道尺检查轨距及轨距顺坡率，用游标卡尺检查轨头肥边。对不符合规定的应进行整治和精细打磨

四、作业质量标准

（1）钢轨内侧工作边应平顺，无明显凹凸。肥边在允许速度 200 km/h$\leqslant v_{max}\leqslant$250 km/h 的线路不大于 0.2 mm；在 120 km/h$< v_{max} <$200 km/h 的线路小于 0.3 mm；在 $v_{max}\leqslant$120 km/h 的线路小于 0.5 mm；绝缘接头肥边小于 2 mm。

（2）钢轨接头内侧错牙用 1 m 直尺测量在允许速度 120 km/h$< v_{max}\leqslant$160 km/h 的线路不大于 1 mm；在 $v_{max}\leqslant$120 km/h 的线路小于 2 mm。

（3）在允许速度 200 km/h$\leqslant v_{max}\leqslant$250 km/h 的线路钢轨横向弯曲（硬弯）矫直打磨后，矢度用 1 m 直尺测量作用边应不大于 0.2 mm。

（4）轨距变化率，在允许速度 120 km/h$< v_{max}\leqslant$250 km/h 的线路小于 1‰；其他线路不大于 2‰；其他站线不大于 3‰（不含规定的递减率）。

实训报告三十五

时　间		天气情况	
作业项目			
作业目的			
作业条件			
作业准备	作业负责人		
	防护办法（画防护图）		
	工具准备		
作业程序			

续表

<table>
<tr><td rowspan="3">质量验收</td><td>作业前</td><td>（作业前线路检查情况：文字描述及原始检查数据）</td></tr>
<tr><td>验收标准</td><td></td></tr>
<tr><td>作业后</td><td>（作业后线路回检情况：文字描述及检查数据）

验收人签字：</td></tr>
<tr><td colspan="2">作业小结</td><td>（对作业中遇到的问题进行小结，如安全、质量、作业标准、作业效率等）</td></tr>
</table>

实训项目三十六

WJ-7型扣件组装作业

一、作业目的

（1）补充、更换和整正扣件。

（2）整治轨道水平、轨距、三角坑及纵向高低。

二、作业条件

（1）利用“天窗”时间作业，车站设驻站联络员、工地设现场防护员，对讲机和GSM-R手持台防护联络，移动停车手信号防护。防护设置好后方可进行作业。

（2）应遵守无缝线路和高速铁路线路有关作业规定。

三、作业程序

1. 作业准备

（1）工具材料：扳手、力矩扳手、电子道尺、铁路专用防护油脂、毛刷、钢丝刷、适量合适类型弹条和轨下垫板、适量不同型号的调高垫板（包括轨下调高垫板和铁垫板下调高垫板）、轨温计。

（2）线路调查：检测轨温，校对量具，线路调查，确认工作量。

（3）清除轨枕或轨道板承轨面和轨底的污泥。

2. 扣件安装

（1）铺设绝缘缓冲垫板，使垫板孔与预埋套管孔对中。

（2）安放铁垫板，使轨底坡朝向轨道内侧（按铁垫板上的箭头方向）。铁垫板的螺栓孔中心应与预埋套管中心对正。

（3）将平垫块放在铁垫板上，并使平垫块距圆孔中心较长一侧朝内。

（4）将锚固螺栓套上重型弹簧垫圈，并将螺纹部分涂满铁路专用防护油脂，旋入预埋套管中。在锚固螺栓拧紧前调整铁垫板位置使铁垫板上标记线与平垫块上的标记线对齐。

（5）将轨下垫板安放在铁垫板承轨面上。

（6）铺设钢轨。

（7）将绝缘块安放在钢轨和铁垫板挡肩之间，不得猛烈敲击使其入位。

（8）安放T形螺栓。

（9）安放弹条及平垫圈，紧固螺母。

3. 回检线路

检查扣件安装后线路情况，对超过作业验收标准要求的，应及时进行整改。

四、作业质量标准

（1）安装铁垫板时，轨底坡方向应朝向轨道内侧。

（2）弹条安装标准：弹条中部前端下颚与绝缘块不宜接触，两者间隙不大于 0.5 mm；使用力矩扳手检测 T 形螺栓拧紧力矩时，W1 型弹条为 100 ~ 140 N · m，X2 型弹条为 70 ~ 90 N · m。

（3）锚固螺栓拧紧力矩为 300 ~ 350 N · m。

（4）钢轨与绝缘块、绝缘块与铁垫板挡肩缝隙之和不大于 1 mm。

（5）铁垫板上标记线与平垫块上的标记线要对齐。

（6）轨下调高垫板应放在轨下垫板下，放入的轨下调高垫板总厚度不大于 10 mm，数量不得超过 2 块，并应把最薄的调高垫板放在下面，以防轨下调高垫板窜出；垫入的铁垫板下调高垫板总数量不超过 2 块，总厚度不超过 20 mm。

（7）轨道静态几何尺寸容许偏差管理值应符合表 36-1 和表 36-2 中的规定要求

表 36-1　200 ~ 250 km/h 线路轨道静态几何尺寸容许偏差管理值

项目	作业验收	经常保养	临时补修	限速（160 km/h）
轨距/mm	+1 −1	+4 −2	+6 −4	+8 −6
水平/mm	2	5	8	10
高低/mm	2	5	8	11
轨向（直线）/mm	2	4	7	9
扭曲/（mm/3 m）	2	4	6	8
轨距变化率	1/1 500	1/1 000	—	—

注：1. 高低和轨向偏差为 10 m 及以下弦测量的最大矢度值；
2. 扭曲偏差不含曲线超高顺坡造成的扭曲量。

表 36-2　250（不含）~ 350 km/h 线路轨道静态几何尺寸容许偏差管理值

项目	作业验收	经常保养	临时补修	限速（160 km/h）
轨距/mm	+1 −1	+4 −2	+5 −3	+6 −4
水平/mm	2	4	6	7
高低/mm	2	4	7	8
轨向（直线）/mm	2	4	5	6
扭曲/（mm/3m）	2	3	5	6
轨距变化率	1/1 500	1/1 000	—	—

注：1. 高低和轨向偏差为 10 m 及以下弦测量的最大矢度值；
2. 扭曲偏差不含曲线超高顺坡造成的扭曲量。

实训报告三十六

<table>
<tr><td>时　间</td><td colspan="2"></td><td>天气情况</td><td></td></tr>
<tr><td>作业项目</td><td colspan="4"></td></tr>
<tr><td>作业目的</td><td colspan="4"></td></tr>
<tr><td>作业条件</td><td colspan="4"></td></tr>
<tr><td rowspan="3">作业准备</td><td>作业
负责人</td><td colspan="3"></td></tr>
<tr><td>防护办法
（画防护图）</td><td colspan="3"></td></tr>
<tr><td>工具
准备</td><td colspan="3"></td></tr>
<tr><td>作业程序</td><td colspan="4"></td></tr>
</table>

续表

验收标准	
质量验收	验收人签字：
作业小结	（对作业中遇到的问题进行小结，如安全、质量、作业标准、作业效率等）

实训项目三十七

WJ-8型扣件组装作业

一、作业目的

（1）补充、更换和整正扣件。

（2）整治轨道水平、轨距、三角坑及纵向高低。

二、作业条件

（1）利用“天窗”时间作业，车站设驻站联络员、工地设现场防护员，对讲机和GSM-R手持台防护联络，移动停车手信号防护；防护设置好后方可进行作业。

（2）应遵守无缝线路和高速铁路线路有关作业规定。

三、作业程序

1. 作业准备

（1）工具材料：扳手、力矩扳手、电子道尺、铁路专用防护油脂、毛刷、钢丝刷、适量合适类型弹条和轨下垫板、适量不同型号的调高垫板（包括轨下微调垫板和铁垫板下调高垫板）、轨温计、适量I型绝缘块和II型绝缘块、适量不同型号轨距挡板、适量S2型和S3型螺旋道钉。

（2）线路调查：检测轨温，校对量具，线路调查，确认工作量。

（3）清除轨枕或轨道板承轨面和轨底的污泥。

2. 扣件安装

（1）铺设铁垫板下弹性垫板，使垫板孔与预埋套管孔对中。

（2）安放铁垫板，铁垫板螺栓孔中心应与预埋套管中心对正。

（3）在铁垫板中心位置安放轨下垫板，轨下垫板的凸缘应扣住铁垫板。

（4）安设合适规格的轨距挡板，轨距挡板的圆弧凸台应安放在轨枕或轨道板承轨槽底脚的凹槽内。

（5）铺设钢轨。

（6）安放绝缘块。

（7）安放弹条，将螺旋道钉套上平垫圈且在螺纹部分涂满铁路专用防护油脂，然后拧入套管，紧固弹条。

3. 回检线路

检查扣件安装后线路情况，对超过作业验收标准要求的，应及时进行整改。

四、作业质量标准

（1）预埋套管中应保证有一定的防护油脂，油脂性能应符合相关规定。

（2）夹板处应采用接头轨距挡板和绝缘轨距块。

（3）弹条安装标准：弹条中部前端下颚与绝缘轨距块不宜接触，两者间隙不大于 0.5 mm；使用力矩扳手检测螺旋道钉拧紧力矩时，W1 型弹条为 130 ~ 170 N · m，X2 型弹条为 90 ~ 120 N · m。

（4）轨距挡板应与承轨槽挡肩密贴，间隙不大于 1 mm；钢轨与绝缘轨距块、绝缘轨距块与铁垫板挡肩间缝隙之和不大于 1 mm。

（5）轨下调高垫板应放在轨下垫板下，放入的轨下调高垫板总厚度不大于 10 mm，数量不得超过 2 块，并应把最薄的调高垫板放在下面，以防轨下调高垫板窜出；垫入的铁垫板下调高垫板总数量不超过 2 块，总厚度不超过 20 mm。

（6）轨道静态几何尺寸容许偏差管理值应符合表 36-1 和表 36-2 中的规定要求。

实训报告三十七

<table>
<tr><td>时　　间</td><td colspan="2"></td><td>天气情况</td><td></td></tr>
<tr><td>作业项目</td><td colspan="4"></td></tr>
<tr><td>作业目的</td><td colspan="4"></td></tr>
<tr><td>作业条件</td><td colspan="4"></td></tr>
<tr><td rowspan="3">作业准备</td><td>作业
负责人</td><td colspan="3"></td></tr>
<tr><td>防护办法
（画防护图）</td><td colspan="3"></td></tr>
<tr><td>工具
准备</td><td colspan="3"></td></tr>
<tr><td>作业程序</td><td colspan="4"></td></tr>
</table>

续表

验收 标准	
质量 验收	验收人签字：
作业小结	（对作业中遇到的问题进行小结，如安全、质量、作业标准、作业效率等）

实训项目三十八

W300-1型扣件组装作业

一、作业目的

（1）补充、更换和整正扣件。
（2）整治轨道水平、轨距、三角坑及纵向高低。

二、作业条件

（1）利用“天窗”时间作业，车站设驻站联络员、工地设现场防护员，对讲机和GSM-R手持台防护联络，移动停车手信号防护。防护设置好后方可进行作业。
（2）应遵守无缝线路和高速铁路线路有关作业规定。

三、作业程序

1. 作业准备

（1）工具材料：扳手、力矩扳手、电子道尺、铁路专用防护油脂、毛刷、钢丝刷、适量合适类型弹条、适量不同型号的轨下垫板和调高垫板（包括塑料调高垫板和钢制调高垫板）、适量不同规格的螺栓和轨距挡板、适量绝缘垫片、轨温计。
（2）线路调查：检测轨温，校对量具，线路调查，确认工作量。
（3）清除轨枕或轨道板承轨面和轨底的污泥。

2. 预安装

（1）铺设弹性垫板。将弹性垫板放在承轨面的中间位置。
（2）铺设铁垫板。将铁垫板放在弹性垫板上。
（3）铺设轨下垫板。将轨下垫板放在铁垫板上。
（4）安放轨距挡板。将轨距挡板放入承轨槽中，使轨距挡板压住轨垫边缘并与承轨槽密贴。
（5）安放弹条。将弹条放在轨距挡板预安装位置。
（6）安装轨枕螺栓。将轨枕螺栓拧入预埋套管，使用配套的套筒扳手拧紧，拧紧力矩为30 ~ 50 N·m。不得使用锤子击打轨枕螺栓。

3. 现场最终安装

（1）铺设钢轨。将钢轨安放在正确位置，即两个轨距挡板之间，轨垫之上。

（2）安放绝缘垫片。将绝缘垫片放于轨底上表面的弹条扣压肢待安装位置，注意方向，半圆开口朝外。

（3）安放弹条。将弹条从预安装位置移到安装位置。

（4）安装轨枕螺栓。拧紧螺栓直至弹条的中肢前端与轨距挡板前端突起部分接触，拧紧力矩约为 250 N · m（采用 SKLB15 弹条时，拧紧力矩约为 180 N · m）。

4. 回检线路

检查扣件安装后线路情况，对超过作业验收标准要求的，应及时进行整改。

四、作业质量标准

（1）预埋套管中应保证有一定的防护油脂，油脂性能应符合相关规定。

（2）弹条安装标准：弹条中部前端下颚与轨距挡板前端突起部分不宜接触，两者间隙不得大于 0.5 mm；或使用力矩扳手检测螺旋道钉拧紧力矩时，SKL 15 型弹条为 210 ~ 250 N ·m，SKL B15 型弹条为 150 ~ 180 N · m。

（3）轨距挡板应与承轨槽挡肩密贴，钢轨与轨距挡板间隙不得大于 1 mm。

（4）轨道静态几何尺寸容许偏差管理值应符合表 36-1 和表 36-2 中的规定要求。

实训报告三十八

<table>
<tr><td>时　　间</td><td></td><td>天气情况</td><td></td></tr>
<tr><td>作业项目</td><td colspan="3"></td></tr>
<tr><td>作业目的</td><td colspan="3"></td></tr>
<tr><td>作业条件</td><td colspan="3"></td></tr>
<tr><td rowspan="3">作业准备</td><td>作业
负责人</td><td colspan="2"></td></tr>
<tr><td>防护办法
（画防护图）</td><td colspan="2"></td></tr>
<tr><td>工具
准备</td><td colspan="2"></td></tr>
<tr><td>作业程序</td><td colspan="3"></td></tr>
</table>

续表

验收标准	
质量验收	验收人签字：
作业小结	（对作业中遇到的问题进行小结，如安全、质量、作业标准、作业效率等）

实训项目三十九

轨道检查仪检查作业

一、作业目的

对高铁线路正线线路几何尺寸进行静态检查，掌握线路状态。

二、作业条件

（1）利用“天窗”时间作业，在车站《行车设备施工登记簿》登记，车站设驻站联络员、工地设现场防护员，对讲机和GSM-R手持台防护联络，移动停车手信号防护。防护设置好后方可进行作业。

（2）应遵守无缝线路和高速铁路线路有关作业规定。

三、作业程序

1. 作业准备

（1）组织召开日施工（维修）实施方案制订会、日施工（维修）方案布置会。

（2）工具材料：轨道检查仪1台、专用电脑1台、电子轨距尺1把、钢直尺1把、钢卷尺1把、塞尺1把、头灯4盏、轨温计1个、照相机1台、检查记录表2张、笔1支。

（3）根据作业地点，由驻站联络员在车站申请领取最近防护栅栏工作门的钥匙。在得到封锁调度命令后，检查负责人对人员、工具清点确认无误，并填写《高速铁路封锁开通确认表》后，方可进入工作门。

2. 作业具体内容

（1）组装仪器：将测量主轴（大梁）插入测量臂定位销孔，旋转两锁紧手轮，将其锁紧；将两块电池分别插入大梁的电池座，并连接电池线；对准开槽，将推杆插入机架中部的推杆底座，旋紧手轮。再将笔记本电脑装入推杆上的电脑托架。（确认前后卡托已插入电脑的槽中）；连接航空插头（电脑与大梁数据线），将仪器平稳放置到轨道上（先将侧臂放置到轨道上，将左伸缩轴压缩进轨道）。

（2）打开轨道检查仪电源及电脑电源，检测设备状态。

（3）打开仪器软件，核对密码后，进入标定界面，选择轨距和水平，点击启动；查看仪器是否通信正常、当前轨距动态测试值是否与当前里程点处真实轨距值相符，将仪器调头平稳放置后，查看调头后与调头前两次水平动态测试值，其调头差是否在允许范围内。

（4）根据里程方向及行别设置信息，输入电脑，建立文件。

（5）将小车推行到测量起始点位置，单击按钮“是”，等进度条完成 20 s 后，显示推行速度“0.000 km/h”时，开始推行。

（6）当仪器进入曲线后需记录曲线特征点，必须和现场位置完全符合，否则回拉重新打点记录。

（7）仪器检测建议保持 4 km/h 匀速推行，检测过程中需要暂停下道时要按“上下道暂停/恢复按暂停键”后方可下道，上道后仪器完全静止后方可按恢复推行。

（8）里程修正：当路线的标示里程与实测里程不一致时，用里程修正功能，使小车实测里程与现场里程一致。

（9）结束检测，保存检测数据，退出分析软件系统，并关闭电脑电源和仪器电源

（10）下道拆卸，将设备按原来位置放好，作业完毕。

3. 下道清点工具

下道前，由检查负责人及安全员对现场进行全面清理，对人员、工具进行清点，确认下道人员、工具数量无误，检查现场无遗留物品后撤离现场。撤出防护栅栏后，锁闭工作门，及时归还钥匙。检查负责人确认各项工作已按程序完成，向驻站或驻集团调度所联络员申请销点，检查负责人按规定在《高速铁路封锁开通确认表》上签认。同时组织召开当日完工会，总结当日作业完成情况。

四、作业质量标准

（1）在站内作业过道岔时，首先应先确认道岔开通直股还是曲股，轨道检查仪是否能通过，在通过岔心及尖轨位置时检查扣件的 2 名人员应用手按住轨道检查仪的侧臂及大梁，防止轨道检查仪掉道或者检测轮偏高导致数据有误。

（2）检测过程中需要暂停下道时要按“上下道暂停/恢复按暂停键”后方可下道；上道后仪器完全静止后方可恢复推行，且在暂停及下道时应匀速降低推行速度，不能突然停止。

实训报告三十九

<table>
<tr><td>时　　间</td><td colspan="2"></td><td>天气情况</td><td></td></tr>
<tr><td>作业项目</td><td colspan="4"></td></tr>
<tr><td>作业目的</td><td colspan="4"></td></tr>
<tr><td>作业条件</td><td colspan="4"></td></tr>
<tr><td rowspan="3">作业准备</td><td>作业
负责人</td><td colspan="3"></td></tr>
<tr><td>防护办法
（画防护图）</td><td colspan="3"></td></tr>
<tr><td>工具
准备</td><td colspan="3"></td></tr>
<tr><td>作业程序</td><td colspan="4"></td></tr>
</table>

续表

检查结果分析	（根据验收标准对检查结果进行分析）
作业小结	（对作业中遇到的问题进行小结，如安全、质量、作业标准、作业效率等）

实训总结

实训总结

实训总结

实训总结

附录一

线路检查记录表

正线___km至_____km　站线_____股道　曲线半径_____m　超高_____mm　顺坡率_____%

<table>
<tr><td rowspan="3">检查日期</td><td rowspan="3">检查项目</td><td colspan="24">钢轨编号</td></tr>
<tr><td colspan="4"></td><td colspan="4"></td><td colspan="4"></td><td colspan="4"></td><td colspan="4"></td><td colspan="4"></td></tr>
<tr><td colspan="2">接头</td><td colspan="2">中间</td><td colspan="2">接头</td><td colspan="2">中间</td><td colspan="2">接头</td><td colspan="2">中间</td><td colspan="2">接头</td><td colspan="2">中间</td><td colspan="2">接头</td><td colspan="2">中间</td><td colspan="2">接头</td><td colspan="2">中间</td></tr>
<tr><td rowspan="4"></td><td>轨距</td><td></td><td></td><td></td><td></td><td></td><td></td><td></td><td></td><td></td><td></td><td></td><td></td><td></td><td></td><td></td><td></td><td></td><td></td><td></td><td></td><td></td><td></td><td></td><td></td></tr>
<tr><td>水平、三角坑</td><td></td><td></td><td></td><td></td><td></td><td></td><td></td><td></td><td></td><td></td><td></td><td></td><td></td><td></td><td></td><td></td><td></td><td></td><td></td><td></td><td></td><td></td><td></td><td></td></tr>
<tr><td>轨向、高低及其他</td><td colspan="24"></td></tr>
<tr><td>临时补修日期及内容</td><td colspan="24"></td></tr>
<tr><td rowspan="3">检查日期</td><td rowspan="3">检查项目</td><td colspan="24">钢轨编号</td></tr>
<tr><td colspan="4"></td><td colspan="4"></td><td colspan="4"></td><td colspan="4"></td><td colspan="4"></td><td colspan="4"></td></tr>
<tr><td colspan="2">接头</td><td colspan="2">中间</td><td colspan="2">接头</td><td colspan="2">中间</td><td colspan="2">接头</td><td colspan="2">中间</td><td colspan="2">接头</td><td colspan="2">中间</td><td colspan="2">接头</td><td colspan="2">中间</td><td colspan="2">接头</td><td colspan="2">中间</td></tr>
<tr><td rowspan="4"></td><td>轨距</td><td></td><td></td><td></td><td></td><td></td><td></td><td></td><td></td><td></td><td></td><td></td><td></td><td></td><td></td><td></td><td></td><td></td><td></td><td></td><td></td><td></td><td></td><td></td><td></td></tr>
<tr><td>水平、三角坑</td><td></td><td></td><td></td><td></td><td></td><td></td><td></td><td></td><td></td><td></td><td></td><td></td><td></td><td></td><td></td><td></td><td></td><td></td><td></td><td></td><td></td><td></td><td></td><td></td></tr>
<tr><td>轨向、高低及其他</td><td colspan="24"></td></tr>
<tr><td>临时补修日期及内容</td><td colspan="24"></td></tr>
</table>

固定型道岔检查记录簿

站名________　　　　　　道岔编号________　　　　　　型号________

检查日期	检查项目	转辙部分					连接部分						辙叉部分										支距	记事
		前顺坡终点	尖轨尖端处	尖轨中	尖轨跟端		直线			导曲线			叉心前		叉心中		叉心后		查照间隔		护背距离			
					直	曲	前	中	后	前	中	后	直	曲	直	曲	直	曲	直	曲	直	曲		
	轨　距																							
	水　平			×											×	×			×	×	×	×		
	轨向、高低及其他																							
	临时补修日期及内容																							
	轨　距																							
	水　平			×											×	×			×	×	×	×		
	轨向、高低及其他																							
	临时补修日期及内容																							

附录三　曲线正矢检查记录簿

曲线位置____km+____~____km+____　曲线半径____m　直缓点位置：____号测点+____m

缓和曲线长____m　曲线全长____m　缓直点位置：____号测点+____m

测点号	计算正矢	年　月　日			年　月　日			年　月　日			测点号	计算正矢	年　月　日			年　月　日			记事
		现场正矢	拨道量	拨后正矢	现场正矢	拨道量	拨后正矢	现场正矢	拨道量	拨后正矢			现场正矢	拨道量	拨后正矢	现场正矢	拨道量	拨后正矢	
1											22								
2											23								
3											24								
4											25								
5											26								
6											27								
7											28								
8											29								
9											30								
10											31								
11											32								
12											33								
13											34								
14											35								
15											36								
16											37								
17											38								
18											39								
19											40								
20											41								
21											42								

附录四

维修作业方案（普铁）

编制日期：　　　年　　月　　日

<table>
<tr><td>作业项目</td><td></td><td>纳入天窗</td><td></td><td>维修等级</td><td></td></tr>
<tr><td>作业范围</td><td></td><td>作业日期</td><td></td><td>天窗时间
（作业时间）</td><td></td></tr>
<tr><td>作业单位、车间、班组</td><td></td><td colspan="2">配合单位</td><td colspan="2"></td></tr>
<tr><td>作业人数</td><td></td><td colspan="2">作业负责人（带班人）</td><td colspan="2"></td></tr>
<tr><td>盯控干部（安全员）</td><td></td><td colspan="2">驻站联络员</td><td colspan="2"></td></tr>
<tr><td rowspan="2">主防护员</td><td rowspan="2"></td><td rowspan="2">远方防护员</td><td>北（东）头：</td><td rowspan="2">加强防护员</td><td rowspan="2"></td></tr>
<tr><td>南（西）头：</td></tr>
<tr><td>计划工作量</td><td colspan="5"></td></tr>
<tr><td>作业所需材料名称及数量</td><td colspan="5"></td></tr>
<tr><td>需携带主要机具名称及数量</td><td colspan="5"></td></tr>
<tr><td>需携带工具名称及数量</td><td colspan="5"></td></tr>
<tr><td>人员组织分工</td><td colspan="5"></td></tr>
<tr><td>作业流程</td><td colspan="5"></td></tr>
<tr><td>行车安全注意事项</td><td colspan="5"></td></tr>
<tr><td>人身安全注意事项</td><td colspan="5"></td></tr>
<tr><td>防护设置图</td><td colspan="5"></td></tr>
<tr><td>移动设备名称及运行路径</td><td colspan="5"></td></tr>
<tr><td>作业人员上下班走行路径
及上下道地点</td><td colspan="5"></td></tr>
<tr><td>应急处置预案</td><td colspan="5"></td></tr>
</table>

方案制订人员：（签名）　　　　　　　　　　配合单位：（配合负责人签名）

道岔参数表

序号	道岔型号	道岔设计图号	尖轨长度/mm	第一动程/mm	第二动程/mm	第三动程/mm	护轨轮缘槽宽 直股 前开口端 开口处	护轨轮缘槽宽 直股 前开口端 剖切终点	护轨轮缘槽宽 直股 缓冲段	护轨轮缘槽宽 直股 平直段	护轨轮缘槽宽 直股 后开口端 开口处	护轨轮缘槽宽 直股 后开口端 剖切终点	护轨轮缘槽宽 直股 缓冲段	护轨轮缘槽宽 曲股 前开口端 开口处	护轨轮缘槽宽 曲股 前开口端 剖切终点	护轨轮缘槽宽 曲股 缓冲段	护轨轮缘槽宽 曲股 平直段	护轨轮缘槽宽 曲股 后开口端 开口处	护轨轮缘槽宽 曲股 后开口端 剖切终点	护轨轮缘槽宽 曲股 缓冲段	基本轨弯折后矢距（2 m 弦测量）/mm 弯折点1（尖轨尖端）矢距值/mm	基本轨弯折后矢距（2 m 弦测量）/mm 弯折点2（尖轨尖端）矢距值/mm	基本轨弯折后矢距（2 m 弦测量）/mm 矢距值/mm
	43-9 号木枕单开道岔	TB399-75	6 250				90	68		42	90	68		90	68		42	90	68		7.8	尖轨跟	2.7
	43-12 号木枕单开道岔	TB399-75	7 700				90	68		42	90	68		90	68		42	90	68		7.1	尖轨跟	1.4
	50-6 砼枕对称道岔		4 600																				
	50-9 木枕单开道岔	TB399-75	6 250				80	65		42	80	65		80	65		42	80	65		7.8	尖轨跟	2.7
	50-12 号木枕单开道岔	TB399-75	7 700				80	65		42	80	65		80	65		42	80	65		7.1	尖轨跟	1.4
	50-9 木枕单开道岔	专线 4141	6 450	152			80	65		42	80	65		80	65		42	80	65		9.3	尖轨跟	3.5
	50-12 木枕单开道岔	专线 4147	11 300	180	80		80	65		42	80	65		80	65		42	80	65		15.3	2 728	9.8
	50-9 砼枕单开道岔	专线 4151-1	6 450	152			80	65		42	80	65		80	65		42	80	65		9.3	尖轨跟	3.5
	50-9 砼枕单开道岔	CZ2209	6 450	152			80	65		42	80	65		80	65		42	80	65		9.3	尖轨跟	3.5
	60-12 木枕单开道岔	专线 4128/4190	11 300	180	80		80	65		42	80	65		80	65		42	80	65		15.3	2 728	9.8
	60-9 砼枕单开道岔	SC390 CZ577	12 400	160	75		80	65		42	80	65		80	65		42	80	65				
	60-12 砼枕单开道岔	SC390 CZ560	12 480	180	75		80	65		42	80	65		80	65		42	80	65		5.8	5 461	4.5
	60-12 砼枕单开提速道岔	专线 4249 专线 4228	12 400	160	75		80	65		42	80	65		80	65		42	80	65		7.58	4 681	3.9
	60-18 砼枕单开可动心轨单开道岔	专线 4223 CZ531	15 680	160	122	60	80	65		42	80	65		80	65		42	80	65				

常用道岔支距及框架尺寸表

序号	种类	道岔类型	道岔设计图号	支距编号	支距值/mm	支距编号	支距值/mm	支距编号	支距值/mm	离直尖轨尖端距离/mm	两基本轨作用边之间的距离/mm	直尖轨轨头各断面宽度/mm	直尖轨降低值/mm	其他/mm
1	50 kg 单开道岔	50-9 号木枕单开道岔	TB399-75 “75”型	1	144	6	652			0	1 450	0	29	R180
				2	201	7	820					5	20	L28 848
				3	281	8	1 011			3 038	1 515	20	8	尖 6 250
				4	382	9	1 201					50	5	基 12 500
				5	506	总横距	15 793			6 250	1 583	70	3	
2		50-12 号木枕单开道岔	TB399-75 “75”型	1	144	6	483	11	1 125	0	1 445	0	29	R330
				2	188	7	587	12	1 229			5	20	L36 815
				3	243	8	703	总横距	21 280	3 743	1 512	20	8	尖 7 700
				4	311	9	831					50	5	基 12 500
				5	390	10	972			7 700	1 583	70	3	
3		50-9 号木枕单开道岔	专线 4141	1	154	6	670			0	1 450	0	23	R180
				2	212	7	840			1 469	1 483	5	14	L28 848
				3	293	8	1 032			2 936	1 515	20	3	尖 6 450
				4	397	9	1 208			4 437	1 548	50	0	基 11 200
				5	522	总横距	15 650			6 448	1 593	70	0	
4		50-12 号木枕单开道岔	专线 4147	1	207	6	685	总横距	17 416	0	1 437	0	29	R350
				2	280	7	814			2 728	1 461	5	20	L37 907
				3	364	8	956			5 958	1 505	20	8	尖 11 300
				4	459	9	1 108					50	5	基 15 700
				5	566	10	1 223			11 300	1 642	70	3	

续表

序号	种类	道岔类型	道岔设计图号	支距编号	支距值/mm	支距编号	支距值/mm	支距编号	支距值/mm	离直尖轨尖端距离/mm	两基本轨作用边之间的距离/mm	直尖轨轨头各断面宽度/mm	直尖轨降低值/mm	其他/mm
5	50 kg单开道岔	50-9 号砼枕单开道岔	专线（02）4151-Ⅰ	1	154	6	670			0	1 450	0	23	R180
				2	213	7	840			1 469	1 483	5	14	L28 848
				3	294	8	1 032			2 937	1 515	20	3	尖 6 450
				4	397	9	1 208			4 437	1 548	50	0	基 11 492
				5	522	总横距	15 650			6 448	1 593	70	0	
6		50-12 号砼枕单开道岔	专线 4257	1	286	6	824			0	1 435	0	23	R350
				2	371	7	966			2 793	1 470	5	14	L37 907
				3	467	8	1 120			5 586	1 505	20	3	尖 13 080
				4	575	9	1 223			7 586	1 547	50	0	基 16 292
				5	694	总横距	15 268			16 285	1 864	70		
7	60 kg单开道岔	60-12 号木枕单开道岔	专线 128 专线 4190	1	207	6	685	总横距	17 416	0	1 437	0	23	R350
				2	280	7	814			2 728	1 461	5	18	L37 907
				3	364	8	956			6 011	1 506	20	4	尖 11 300
				4	459	9	1 108					50	0	基 15 700
				5	566	10	1 223			11 300	1 642	71	0	
8		60-9 号砼枕单开道岔	SC390C CZ577	1	374	6	1 195			0	1 435	0	23	R190
				2	505	总横距	9 592			2 311	1 471	5	14	L29 569
				3	657					4 622	1 506	20	3	尖 12 400
				4	831					6 622	1 564	50	0	基 15 042
				5	1025					12 393	1 826	71	0	
9		60-12 号砼枕单开道岔	SC330 CZ560	1	263	6	784			0	1 437	0	23	R350
				2	344	7	923			2 721	1 471	5	14	L37 907
				3	437	8	1 073			5 641	1 506	20	3	尖 12 480
				4	541	9	1 223			7 641	1 549	50	0	基 15 700
				5	657	总横距	15 868			12 478	1 699	71	0	

续表

序号	种类	道岔类型	道岔设计图号	支距编号	支距值/mm	支距编号	支距值/mm	支距编号	支距值/mm	离直尖轨尖端距离/mm	两基本轨作用边之间的距离/mm	直尖轨轨头各断面宽度/mm	直尖轨降低值/mm	其他/mm
10	60 kg单开道岔	60-12 号砼枕单开提速道岔	专线 4249 专线 4228	1	311	6	875			0	1 435	0	23	*R*350
				2	401	7	1 022			2 340	1 471	5	14	*L*37 800
				3	502	8	1 181			4 681	1 506	20	3	尖 12 400
				4	615	9	1 211			6 681	1 552	50	0	基 16 792
				5	739	总横距	14 369			12 369	1 747	71	0	
11		60-18 号砼枕可动心轨单开道岔	专线 4223 CZ531	1	217	6	513	11	934	0	1 435	0	23	*R*800
				2	267	7	587	12	1 033	3 837	1 471	5	14	*L*60 000
				3	321	8	666	13	1 137	7 873	1 506	20	3	尖 15 680
				4	380	9	750	14	1 233	9 873	1 535	50	0	基 19 192
				5	444	10	840	总横距	25 757	19 196	1 653	71	0	
12		43-6 号木枕对称道岔	参标线 5806 “75” 型	1	626	总横距	8 000			0	1 450			*R*180
				2	550									*L*17 457
				3	452					1 934	1 520			尖 4 500
				4	332									基 7 812
				5	190					4 500	1 650			
13		50-6 号木枕对称道岔	专线 5816	1	626	总横距	8 000			0	1 450			*R*180
				2	550									*L*17 457
				3	452					1 934	1 520			尖 4 500
				4	332									基 7 812
				5	190					4 500	1 650			

注：1. 道岔支距起点（1 号桩）位于尖轨跟端，每 2 m 设桩，尾桩横距为总横距除以 2 m 的尾数；

2. *R* 为曲线半径，*L* 为道岔全长，尖为尖轨长度，基为基本轨长度；

3. 本表格除导邮电线半径单位为 m 外，其他项目单位均为 mm。

附录七

普通单开道岔三全检查要领

（1）岔前岔后引轨填写要求：原则上顺坡接头前和岔根后两根引轨必须检查，若遇引轨长度不足两根钢轨，则以顺里程方向前一组道岔检查至后一组道岔的顺坡接头，后一组道岔从顺坡接头开始检查。

（2）尖轨相错量：方法一，可用支距尺配合 150 mm 钢尺检测。方法二，可用等腰三角形法。检测时选取直尖轨尖端为参考点，在对应的曲基本轨上做好标记点 A，以该点为定点用 5 m 钢卷尺分别向定点左右两边到直基本轨上量取等长距离，并在直基本轨上做好标记 B、C，最后通过 5 m 尺量出线段 BC 的中点 D，测量 D 点与曲尖轨尖端的距离即为尖轨相错量。

（3）尖轨、可动心轨动程：尖轨、可动心轨动程在动作杆处量取。具体标准参考道岔参数附表。

（4）尖、基本轨，顶贴不密实：用塞尺或轨缝尺检测开口处、两牵引点中间及第二牵引点处；用塞尺或轨缝尺检测顶铁和尖轨非作用边之间的距离。

（5）尖轨轨头宽 20 mm 断面处降低值：标准参考道岔参数附表。

（6）限位器：检查是否顶死（误差±7 mm）。

（7）基本轨弯折点矢距：用 2 m 弦线检测，量取方法与曲线正矢检测相同，标准参考道岔参数附表。

（8）尖轨非工作边最小轮缘槽宽 65 mm，误差−2 mm。

（9）护轨轮缘槽宽：具体尺寸参考道岔参数表。误差−1 ~ +3 mm。

（10）辙岔心轮缘槽宽：标准 46 mm，误差−1 ~ +3 mm，量取位置与轨距量取位置相同。

附录八

中级线路工理论考试复习资料

一、单选题（960道）

1. Ⅰ级铁路，在路网中起骨干作用，近期年客货运量（　）。
A. ≥20 Mt　B. ≥10 Mt且<20 Mt　C. ≥5 Mt且<10 Mt　D. <5 Mt
2. Ⅱ级铁路，在路网中起骨干作用或在路网中起联络、辅助作用，近期年客货运量（　）。
A. ≥20 Mt　B. ≥10 Mt且<20 Mt　C. ≥5 Mt且<10 Mt　D. <5 Mt
3. 近期为铁路交付运营后第（　）年。
A. 5　B. 10　C. 15　D. 20
4. 远期为铁路交付运营后第（　）年。
A. 5　B. 10　C. 15　D. 20
5. 划分轨道类型和制定轨道标准的主要依据是轨道（　）。
A. 运输条件　B. 年通过总质量　C. 最高行车速度　D. 运营条件
6. Mt是（　）的英文表示。
A. 百吨　B. 百万吨　C. 千吨　D. 万吨
7. 某正线线路年通过总质量为45 Mt，其适用轨道类型为（　）。
A. 特重型　B. 重型　C. 次重型　D. 轻型
8. 某正线线路年通过总质量为60 Mt，其适用轨道类型为（　）。
A. 特重型　B. 重型　C. 次重型　D. 轻型
9. 正线特重型轨道应采用（　）。
A. Ⅰ型木枕　B. Ⅱ型混凝土枕
C. Ⅱ型或Ⅲ型混凝土枕　D. Ⅲ型混凝土枕
10. 正线重型轨道结构，采用Ⅲ型混凝土轨枕，应铺设（　）根/km。
A. 1 667　B. 1 760　C. 1 680　D. 1 600
11. 无砟道床，板式轨道混凝土底座厚度应大于等于（　）cm。
A. 10　B. 15　C. 20　D. 25
12. 按桥梁长度（L）分，（　）为特大桥。
A. $L>500$ m　B. 100 m$<L\leqslant$500 m
C. 20 m$<L\leqslant$100 m　D. $L\leqslant$20 m
13. 按桥梁长度（L）分，（　）为大桥。
A. $L>500$ m　B. 100 m$<L\leqslant$500 m
C. 20 m$<L\leqslant$100 m　D. $L\leqslant$20 m
14. 按桥梁长度（L）分，（　）为中桥。

A. $L>500$ m　　B. 100 m$<L\leqslant500$ m

C. 20 m$<L\leqslant100$ m　　D. $L\leqslant20$ m

15. 按桥梁长度（L）分，（　）为小桥。

A. $L>500$ m　　B. 100 m$<L\leqslant500$ m

C. 20 m$<L\leqslant100$ m　　D. $L\leqslant20$ m

16. 下列桥梁种类按建筑材料分的是（　）。

A. 钢筋混凝土桥　　B. 梁桥　　C. 拱桥　　D. 斜拉桥

17. 下列桥梁种类按桥梁结构形式分为梁式桥的是。（　）

A. 钢筋混凝土桥　　B. 梁桥　　C. 拱桥　　D. 斜拉桥

18. 桥梁种类按桥面所在位置分的是（　）。

A. 梁式桥　　B. 承式桥　　C. 钢桥　　D. 石桥

19. 按隧道长度（L）分，（　）为特长隧道。

A. $L>10\ 000$ m　　B. 3 000 m$<L\leqslant10\ 000$ m

C. 500 m$<L\leqslant3\ 000$ m　　D. $L\leqslant500$ m

20. 按隧道长度（L）分，（　）为长隧道。

A. $L>10\ 000$ m　　B. 3 000 m$<L\leqslant10\ 000$ m

C. 500 m$<L\leqslant3\ 000$ m　　D. $L\leqslant500$ m

21. 按隧道长度（L）分，（　）为中隧道。

A. $L>10\ 000$ m　　B. 3 000 m$<L\leqslant10\ 000$ m

C. 500 m$<L\leqslant3\ 000$ m　　D. $L\leqslant500$ m

22. 按隧道长度（L）分，（　）为小隧道。

A. $L>10\ 000$ m　　B. 3 000 m$<L\leqslant10\ 000$ m

C. 500 m$<L\leqslant3\ 000$ m　　D. $L\leqslant500$ m

23. 涵洞类型不是按其结构形式分的是（　）。

A. 圆涵　　B. 箱涵　　C. 拱涵　　D. 石涵

24. 涵洞类型不是按其建筑材料不同分的是（　）。

A. 石涵　　B. 箱涵　　C. 混凝土涵　　D. 钢筋混凝土涵

25. 基床范围取设计标准道床底面以下。时速 200 km/h 区段，基床厚度为（　）。

A. 2 m　　B. 2.5 m　　C. 3 m　　D. 3.5 m

26. 基床范围取设计标准道床底面以下。时速 250 km 区段，基床厚度为（　）。

A. 2 m　　B. 2.5 m　　C. 3 m　　D. 3.5 m

27. 在路堤组成中（　）不属于路堤组成部分。

A. 路基面　　B. 路堤边坡　　C. 截水沟　　D. 取土坑

28. 单线路基采用梯形拱，拱高（　），顶宽为 2.1 m，底宽等于路基面宽。

A. 0.15 m　　B. 0.20 m　　C. 0.25 m　　D. 0.30 m

29. 双线路基采用三角形拱，拱高为（　）。渗水土路基一般不设路拱。

A. 0.15 m　　B. 0.20 m　　C. 0.25 m　　D. 0.30 m

30. 线路设计速度为 250 k m/h 路段，路肩宽度不应小于（　）。

A. 0.5 m　　B. 0.8 m　　C. 1.0 m　　D. 1.2 m

31. 线路设计速度为 200k m/h 路段，路肩宽度不应小于（　）。

A. 0.5 m　　B. 0.8 m　　C. 1.0 m　　D. 1.2 m

32. 线路设计速度为 160k m/h 及以下的铁路路堤路肩宽度不应小于（　），路堑不应小于 0.6 m。

A. 0.5 m　　B. 0.8 m　　C. 1.0 m　　D. 1.2 m

33. 路肩的标高不低于设计洪水位加波浪侵袭高（或斜水流局部冲高）加壅水高再加（　）。

A. 0.5 m　　B. 0.8 m　　C. 1.0 m　　D. 1.2 m

34. 路肩的作用中不含（　）。

A. 保持道床的完整　　B. 供铁路员工行走、避车

C. 便于道床排水　　D. 设置必要的线路标志和信号标志

35. 为确保路堤稳定，在路堤坡脚和取土坑（或排水沟）之间留出一道天然地面，称为护道。护道宽度不少于（　），并向外做成 2% ~ 4%的斜坡。

A. 1 m　　B. 2 m　　C. 3 m　　D. 4 m

36. 侧沟的深度和宽度均不应小于（　）。

A. 0.2 m　　B. 0.4 m　　C. 0.6 m　　D. 0.8 m

37. 侧沟平台宽度一般为 0.5 ~ 1.0 m，并向侧沟方向做成（　）的斜坡。当路堑边坡比较稳定时，也可不设侧沟平台。

A. 1% ~ 2%　　B. 1% ~ 3%　　C. 2% ~ 4%　　D. 3% ~ 4%

38. 在堑顶与弃土堆之间留出的带状地面为路堑隔带，其宽度一般为（　）。

A. 1 ~ 2 m　　B. 2 ~ 3 m　　C. 2 ~ 4 m　　D. 2 ~ 5 m

39. 常用的地面排水设备中不包含（　）。

A. 排水沟　　B. 侧沟　　C. 天沟　　D. 渗沟

40. 地下排水设备中不包含（　）。

A. 天沟　　B. 明沟与槽沟

C. 渗沟　　D. 渗水渗洞和渗井

41. 护墙的类型中不包含（　）。

A. 实体护墙　　B. 浆砌片石护墙

C. 孔窗式护墙　　D. 拱式护墙

42. 线路标志中不含（　）。

A. 公里标　　B. 曲线标　　C. 警冲标　　D. 坡度标

43. 与工务有关的信号标志中不含（　）。

A. 警冲标　　B. 站界标　　C. 坡度标　　D. 作业标

44. 司机鸣笛标，设在道口、大桥、隧道及视线不良地点的前方（　）处。司机见此标志，须长声鸣笛。

A. 500 ~ 1 000 m　　B. 800 ~ 1 000 m

C. 1 000 ~ 1 200 m　　D. 1 200 ~ 2 000 m

45. 作业标，设在施工线路及其邻线距施工地点两端（　）处（单线在列车运行方向左侧，双线在线路外侧列车运行正方向的路肩上）。

A. 500 ~ 1 000 m　　B. 800 ~ 1 000 m

C. 1 000 ~ 1 200 m　　D. 1 200 ~ 2 000 m

46. 某线路平面图，图示比例为 1∶5 000，图上量得 *AB* 两点之间水平距离 25 cm，则 AB 两点之间实际距离为（　）。

A. 50 m　　B. 75 m　　C. 100 m　　D. 125 m

47. 里程 K12 + 073.30 表示该处距线路起点的距离为（　）。

A. 1 273.3 m　　B. 1 273.3 km　　C. 12 073.3 m　　D. 12 073.3 km

48. 曲线要素不含（　）。

A. 曲线半径　　B. 切线长度　　C. 缓和曲线长度　　D. 曲线标高

49. 客货共线铁路区间双线，列车行车速度 v≤120 km/h，直线线间最小距离为（　）mm。

A. 4 000　　B. 4 200　　C. 4 400　　D. 4 600

50. 客货共线铁路区间双线，列车行车速度 120 km/h＜v≤160 km/h，直线线间最小距离为（　）mm。

A. 4 000　　B. 4 200　　C. 4 400　　D. 4 600

51. 客货共线铁路区间双线，列车行车速度 160 km/h＜v≤200 km/h，直线线间最小距离为（　）mm。

A. 4 000　　B. 4 200　　C. 4 400　　D. 4 600

52. 客运专线铁路区间正线或站内正线，列车行车速度 200 km/h，线间最小距离为（　）mm。

A. 4 000　　B. 4 200　　C. 4 400　　D. 4 600

53. 客运专线铁路区间正线或站内正线，列车行车速度 200 km/h＜v≤250 km/h，线间最小距离为（　）mm。

A. 4 400　　B. 4 600　　C. 4 800　　D. 5 000

54. 客运专线铁路区间正线或站内正线，列车行车速度 250 km/h＜v≤300 km/h，线间最小距离为（　）mm。

A. 4 400　　B. 4 600　　C. 4 800　　D. 5 000

55. 客运专线铁路区间正线或站内正线，列车行车速度 300 km/h＜v≤350 km/h，线间最小距离为（　）mm。

A. 4 400　　B. 4 600　　C. 4 800　　D. 5 000

56. 旅客站台上柱类建筑物离站台边缘至少（　）mm，建筑物离站台边缘至少 2 000 mm。

A. 1 500　　B. 2 000　　C. 2 500　　D. 3 000

57. 客货共线（v≤160 km/h），电力牵引地段，双线隧道建筑限界宽（　）mm，高 6 550 mm。

A. 6 550　　B. 8 500　　C. 8 880　　D. 10 800

58. 货物高站台边缘（只适用于线路的一侧）在高出轨面距离 1 100 ~ 4 800 mm，距线路中心线距离可按（　）mm 设计。

A. 7 175　　B. 7 500　　C. 1 850　　D. 1 500

59. 电力牵引地段，双层集装箱运输基本建筑限界，接触网导线的最低高度为（　）mm。

A. 4 880　　B. 6 330　　C. 7 300　　D. 10 500

60. 客货共线（v≤160 km/h），电力牵引地段，双线桥梁建筑限界宽（　）mm，高 6 550 mm。

A. 6 550　　B. 8 500　　C. 8 880　　D. 10 800

61. 繁忙干线和干线封锁 2 h 以内的大型上跨铁路结构物施工，属于（ ）级施工。

A. Ⅰ B. Ⅱ C. Ⅲ D. Ⅳ

62. 既有线提速 200 ~ 250 km/h 线桥设备维修，客货分线的客运线路施工天窗不小于（ ）min。

A. 60 B. 90 C. 180 D. 240

63. 既有线提速 200 ~ 250 km/h 线桥设备维修，客货共线线路施工天窗不小于（ ）min。

A. 60 B. 90 C. 180 D. 240

64. 线桥大、中修及大型机械作业施工天窗不应少于（ ）min。

A. 60 B. 90 C. 180 D. 240

65. 电气化双线维修天窗不应少于（ ）min。

A. 60 B. 90 C. 180 D. 240

66. 非电气化单线维修天窗不应少于（ ）min。

A. 60 B. 90 C. 180 D. 240

67. 施工地段放行列车时，轨道静态几何尺寸偏差不得超过经常保养（速度 v_{max}=120 km/h）容许偏差管理值。列车限速 v_{max}≤45 km/h 时，起道（含垫砟）顺坡率不小于（ ）倍。

A. 200 B. 400 C. 600 D. 800

68. 施工地段放行列车时，轨道静态几何尺寸偏差不得超过经常保养（速度 v_{max}=120 km/h）容许偏差管理值。列车限速 v_{max}≤45 km/h 时，半径大于 800 m 曲线及直线地段，混凝土轨枕可每隔（ ）根拧紧 1 根，木枕可每隔 1 根钉紧 1 根。

A. 1 B. 2 C. 3 D. 6

69. 线路大、中修，在封锁施工前 v_{max}≤45 km/h 的慢行时间内，允许每隔（ ）根轨枕（板结地段 4 根）挖开 1 根轨枕底的道砟，但必须保持两侧轨枕底的道砟不松动。

A. 1 B. 2 C. 3 D. 6

70. 破底清筛，封锁施工，大型养路机械道岔两捣作业程序，放行列车条件：第一列（ ）km/h，第二列 60 km/h，第三列 80 km/h，24 h 后恢复常速。

A. 25 B. 45 C. 60 D. 80

71. 一次起道量超过 100 mm，封锁施工，大型养路机械道岔三捣两稳作业程序，放行列车条件：第一列（ ）km/h，第二列 80 km/h，第三列 120 km/h，24 h 后恢复常速。

A. 25 B. 45 C. 60 D. 80

72. 基床换填，封锁施工，小型养路机械捣固，放行列车条件：施工结束，开通后第一列（ ）km/h，第二列 45 km/h，不少于 12 h，以后 60 km/h，80 km/h，120 km/h 各不少于 24 h，其后正常。

A. 25 B. 45 C. 60 D. 80

73. 成段更换道床（含道岔），封锁施工，人工捣固，放行列车条件：施工期间，当日第一列 15 km/h，第二列 25 km/h，第三列（ ）km/h，不少于 4 h，以后限速 60 km/h 至下次封锁前 1 h。

A. 25 B. 45 C. 60 D. 80

74. 一次拨道量超过 40 mm，不超过 150 mm，封锁施工，小型养路机械捣固，放行列车条件：施工期间，第一列 25 km/h，第二列（ ）km/h，不少于 4 h，后 60 km/h，80 km/h，

120 km/h 各不少于 24 h，其后正常

A. 25　　B. 45　　C. 60　　D. 80

75. 成段更换轨枕，封锁施工，人工捣固，放行列车条件：开通后第一列 15 km/h，第二列（　）km/h，第三列 45 km/h，不少于 12 h，以后 60 km/h，80 km/h，120 km/h 各不少于 24 h，其后正常。

A. 25　　B. 45　　C. 60　　D. 80

76. 成段更换钢轨，封锁施工，放行列车条件：开通后第一列 25 km/h，第二列（　）km/h，其后正常。

A. 25　　B. 45　　C. 60　　D. 80

77. 道口大修（不影响道床稳定的施工作业），封锁施工，开通后第一列 25 km/h，第二列（　）km/h，其后正常。

A. 25　　B. 45　　C. 60　　D. 80

78. 在线间距不足（　）m 地段进行清筛、成段更换钢轨及轨枕、成组更换道岔、成锚段更换接触网线索作业时，邻线列车应限速 160 km/h 及以下，并按规定进行防护。

A. 6.5　　B. 6　　C. 5　　D. 4

79.（　），办理封锁施工手续，设置移动停车信号防护，施工封锁完毕放行列车或单机时速度正常，线路允许速度 v_{max}>160 km/h 地段放行列车或单机时，首列速度不得超过 160 km/h。

A. 桥涵顶进　　B. 线路胀轨的紧急处理

C. 成段更换道床　　D. 单根更换钢轨

80. 警报信号的鸣示方法为（　）。

A. 一长两短声　　B. 两长一短声　　C. 一长三短声　　D. 连续短声

81. 停车信号的鸣示方法为（　）。

A. 一长两短声　　B. 两长一短声　　C. 一长三短声　　D. 连续短声

82. 撤销防护信号的鸣示方法为（　）。

A. 一长两短声　　B. 两长一短声　　C. 一短一长声　　D. 一长一短声

83. 线路施工时，驻站联络员与工地防护员应至少每（　）min 联系一次。

A. 2 ~ 3　　B. 3 ~ 4　　C. 3 ~ 5　　D. 4 ~ 5

84. 下图为在单线区间线路上施工时，使用移动停车信号的防护办法，图中 B=（　）m。

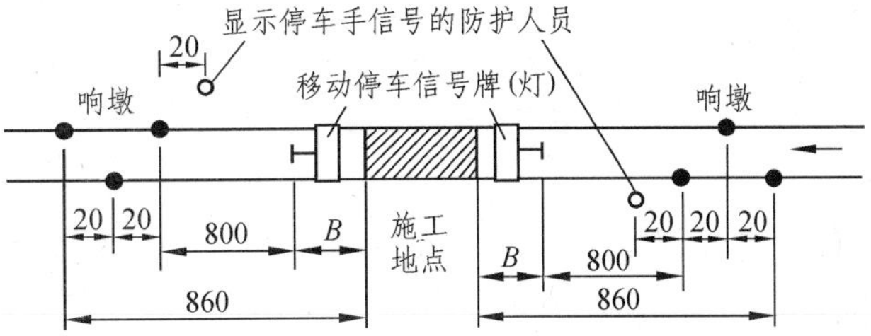

A. 20　　B. 50　　C. 80　　D. 800

85. 下图为在双线区间一条线路上施工时，使用移动停车信号的防护办法，图中 B=（　）m。

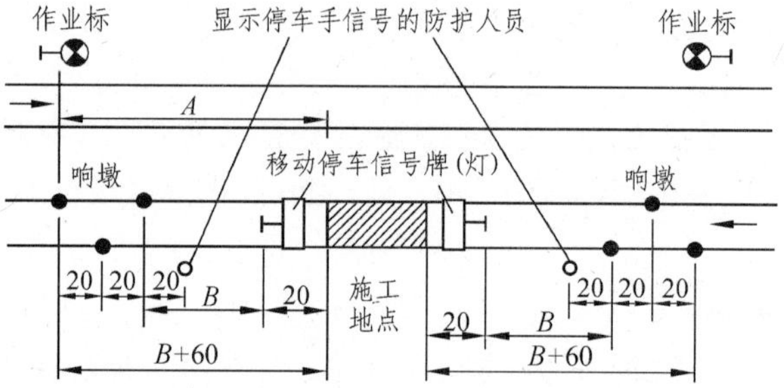

A. 20　　B. 50　　C. 80　　D. 800

86. 下图为在站内线路上施工时，使用移动停车信号的防护办法，图中 B=（　）m。

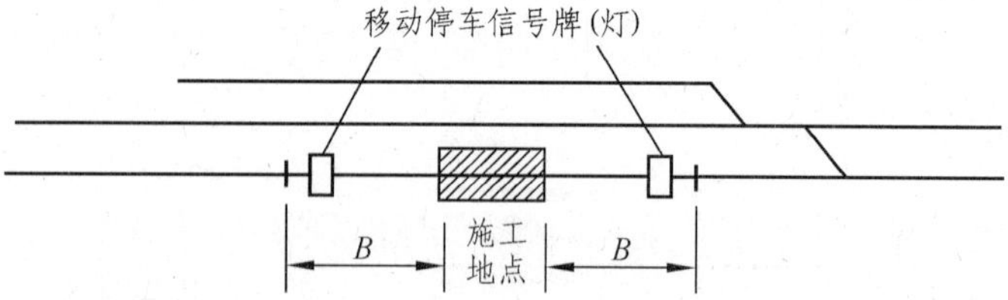

A. 20　　B. 50　　C. 80　　D. 800

87. 下图为在站内线路上施工时，使用移动停车信号的防护办法，图中 B=（　）m。

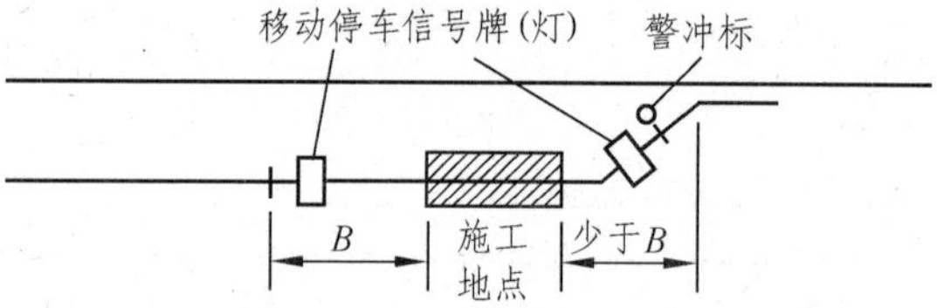

A. 20　　B. 50　　C. 80　　D. 800

88. 下图为在道岔上施工时，使用移动停车信号的防护办法，图中 B=（　）m。

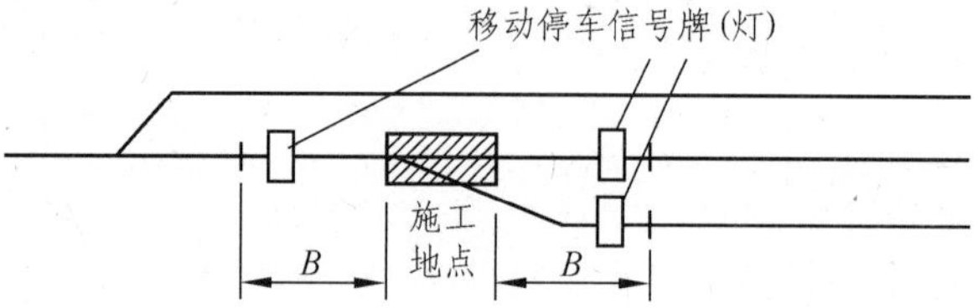

A. 20　　B. 50　　C. 80　　D. 800

89. 下图为在单线区间线路（v_{max}≤120 km/h）上施工时，使用移动减速信号的防护办法，图中 A=（　）m。

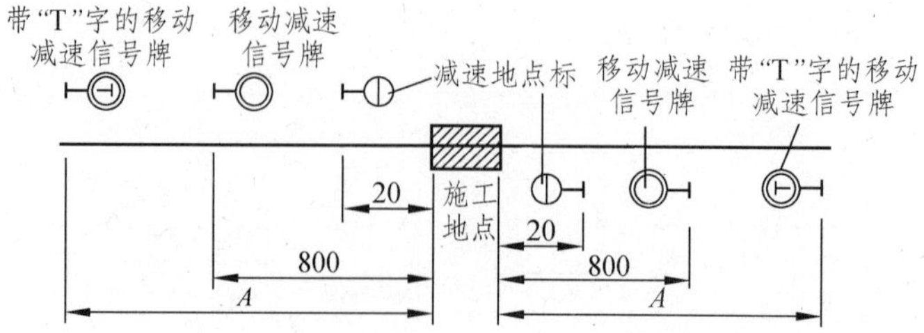

A. 20　　B. 50　　C. 80　　D. 800

90. 下图为在单线区间线路（120 km/h＜v_{max}≤160 km/h）上施工时，使用移动减速信号的防护办法，图中 A=（　）m。

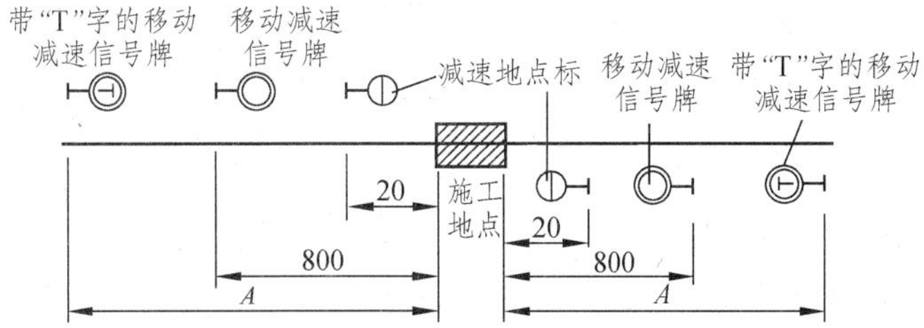

A. 800　　　　B. 1 400　　　　C. 2 000　　　　D. 3 200

91. 下图为在双线区间一条线路（160 km/h＜v_{max}≤200 km/h）上施工时，使用移动减速信号的防护办法，图中 A=（　　）m。

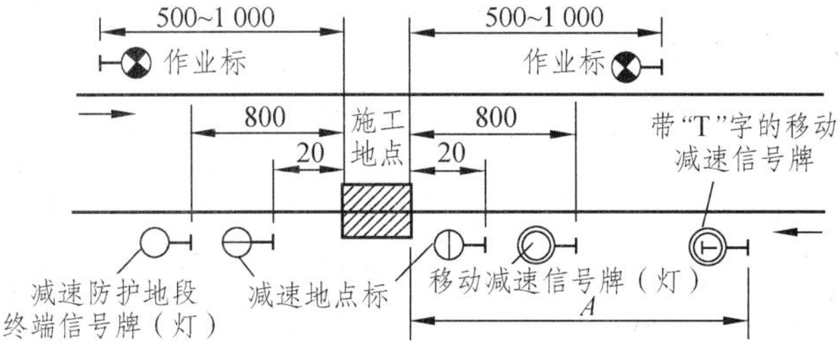

A. 800　　　　B. 1 400　　　　C. 2 000　　　　D. 3 200

92. 下图为在双线区间一条线路上施工时，使用移动减速信号的防护办法，图中 B=（　　）m。

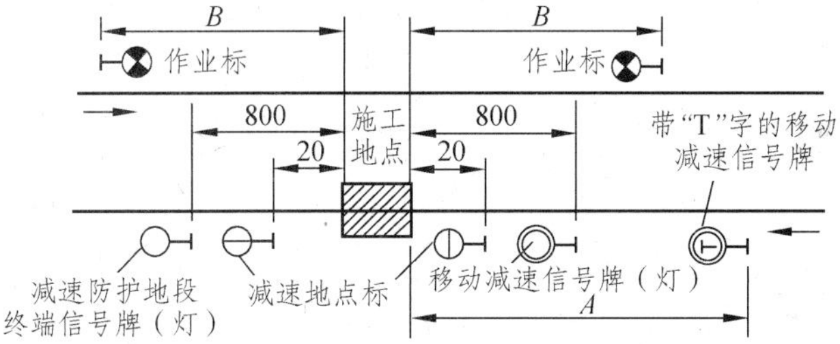

A. 500 ~ 800　　　　B. 500 ~ 1 000　　　　C. 1 400 ~ 2 000　　　　D. 2 000 ~ 3 200

93. 下图为单线区间线路上使用作业标防护办法，图中 B=（　　）m。

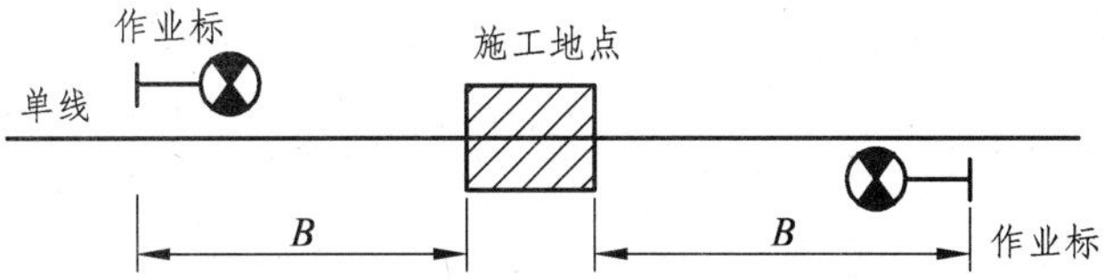

A. 500 ~ 800　　　　B. 500 ~ 1 000　　　　C. 1 400 ~ 2 000　　　　D. 2 000 ~ 3 200

94. 下图为线路（160 km/h＜v_{max}≤200 km/h）发生危及行车安全故障时的防护办法，图中 A=（　　）m。

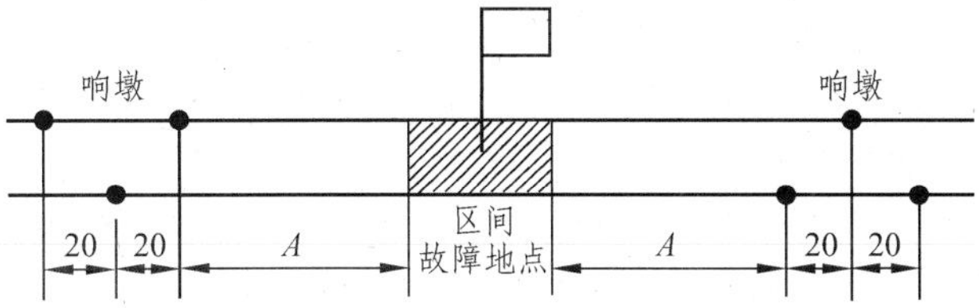

A. 800　　　　B. 1 400　　　　C. 2 000　　　　D. 3 200

95. 下列（　　）不属于电气化铁路区段线路的特点。

A. 减轻了列车的牵引阻力　　B. 减少了对钢轨及其配件的锈蚀

C. 减轻了对钢轨的振动　　D. 减轻了曲线下股钢轨的压堆程度

96. 电气化铁路电力机车受电弓与接触点的移动距离 D 为线路外轨起道高度 h 的（　）倍。

A. 1 ~ 2　　B. 2 ~ 3　　C. 3 ~ 4　　D. 4 ~ 5

97. 在电气化线路进行起道作业，起高线路单股不得超过（　）mm。

A. 5　　B. 15　　C. 30　　D. 45

98. 电气化铁路线路拨道，线路中心位移不得超过（　）mm；一侧拨道量年度累计不得大于 120 mm，并不得侵入限界。

A. ±15　　B. ±30　　C. ±45　　D. ±70

99. 在电气化区段通过或使用各种车辆、机具设备不得超过机车车辆限界，所有作业人员和工具与接触网必须保持（　）m 以上的距离。

A. 2　　B. 3　　C. 4　　D. 5

100. 在离接触网带电部分不到（　）m 的建筑物上作业时，必须按规定办理接触网停电申请手续，得到许可停电施工命令，并有接触网工区派人安设临时接地线后，方能施工。

A. 2　　B. 3　　C. 4　　D. 5

101. 在距离接触网带电部分（　）m 的导线、支柱、房顶及其他建筑物上施工时，接触网可不停电，但须有接触网工或经专门训练的人员在场监护。

A. 1 ~ 2　　B. 2 ~ 4　　C. 3 ~ 4　　D. 4 ~ 5

102. 发现接触网断线及其部件损坏或在其上挂有线头、绳索等物时，人员不准与它接触；在接触网检修人员未到达前，应距断线接地处（　）m 以外设置防护，禁止人员进入。

A. 2　　B. 5　　C. 8　　D. 10

103. 在接触网支柱及接触网带电部分（　）m 范围以内的金属结构均须接地，与接触网相连的支柱及金属结构上，若未装设接地线或接地线已损坏时，禁止人员与它接触。

A. 2　　B. 5　　C. 8　　D. 10

104. 在电气化铁路区段使用架空索道或绞车时，其钢丝绳（包括晃动量）离接触网带电部分最小距离应大于（　）m，并有接地线。

A. 2　　B. 5　　C. 8　　D. 10

105. 线路允许速度 120 km/h 及以下时，在接触网支柱不侵入建筑物接近限界的条件下，桥梁上一侧拨道量年度累计不得大于 60 mm，且应满足线路中心与桥梁中心的偏差，钢梁不大于 50 mm，圬工梁不大于（　）mm。

A. 15　　B. 30　　C. 45　　D. 70

106. 在电气化区段上，当需拉开钢轨调整轨缝时，要在拉开的轨缝间预先装设临时连接线，临时连接线的长度应使钢轨接头可能拉开（　）mm。

A. 200　　B. 100　　C. 80　　D. 50

107. 整组铺设道岔时，设于警冲标内方的钢轨绝缘，距警冲标不得少于（　）m，以保证机车车轮停在该钢轨绝缘内方时，车钩不致越过警冲标。

A. 0.5　　B. 1.5　　C. 2.5　　D. 3.5

108. 铺设道岔时，若轨道电路发生死区间（即两个绝缘节错开时），其长度不得超过（　）m。

A. 0.5　　B. 1.5　　C. 2.5　　D. 3.5

109. 铺设道岔时，若轨道电路发生死区间（即两个绝缘节错开时），两相邻死区或死区间与相邻轨道电路的间隔各不少于（　）m。

A. 5　　B. 10　　C. 15　　D. 20

110. 野外作业遇雷雨时，作业人员应放下手中的金属器具，迅速到安全处所躲避，如（　）。

A. 低凹处　　B. 大树下　　C. 电杆旁　　D. 高处

111. 线路速度 v_{max}≤120 km/h 时，作业人员下道避车时，距钢轨头部外侧一般应不小于（　）m。

A. 2　　B. 2.5　　C. 3　　D. 5

112. 线路速度 120 km/h＜v_{max}≤160 km/h 时，作业人员下道避车时，距钢轨头部外侧一般应不小于（　）m。

A. 2　　B. 2.5　　C. 3　　D. 5

113. 线路速度 160 km/h＜v_{max}时，作业人员下道避车时，距钢轨头部外侧一般应不小于（　）m。

A. 2　　B. 2.5　　C. 3　　D. 5

114. 线路速度 60 km/h＜v_{max}≤120 km/h 时，作业人员下道避车时，本线来车距离不小于（　）m 时，下道完毕。

A. 800　　B. 1 400　　C. 2 000　　D. 3 200

115. 线路速度 120 km/h＜v_{max}≤160 km/h 时，作业人员下道避车时，本线来车距离不小于（　）m 时，下道完毕。

A. 800　　B. 1 400　　C. 2 000　　D. 3 200

116. 线路速度 160 km/h＜v_{max}≤200 km/h 时，作业人员下道避车时，本线来车距离不小于（　）m 时，下道完毕。

A. 800　　B. 1 400　　C. 2 000　　D. 3 200

117. 线路速度 200 km/h＜v_{max}时，作业人员下道避车时，本线来车距离不小于（　）m 时，下道完毕。

A. 800　　B. 1 400　　C. 2 000　　D. 3 200

118. 本线不封锁，邻线（线间距小于 6.5 m）来车，速度 v_{max}>120 km/h 时，下道距离不小于（　）m。

A. 800　　B. 1 400　　C. 2 000　　D. 3 200

119. 本线封锁，邻线（线间距小于 6.5 m）来车，速度 v_{max}>160 km/h 时，本线必须下道，距离不小于（　）m。

A. 800　　B. 1 400　　C. 2 000　　D. 3 200

120. 在站内其他线路作业，躲避本线列车时，下道距离不小于（　）m。

A. 500　　B. 800　　C. 1 400　　D. 2 000

121. 绕行停留车辆时其距离应不少于（　）m，并注意车辆动态和邻线上开来的列车。

A. 2　　B. 3　　C. 5　　D. 6

122. 分组人工捣固时，前后距离应不小于（　）根轨枕，作业人员前脚不得伸出轨枕边缘。

A. 2　　B. 3　　C. 5　　D. 6

123. 多组捣固机械同时捣固时，前后距离应不小于（ ）m，走行应保持同步。

A. 2　B. 3　C. 5　D. 6

124. 分组打道钉时，前后距离应不少于（ ）根木枕。

A. 2　B. 3　C. 5　D. 6

125. 在地面（ ）m 以上的高空及陡坡上作业，必须戴好安全帽、系好安全带或安全绳，不准穿带钉或易溜滑的鞋。

A. 2　B. 3　C. 5　D. 6

126. 安全桩的埋深一般不小于（ ）m，土质山坡不小于 1.0 m，必要时适当加深。

A. 0.25　B. 0.5　C. 0.75　D. 1

127. 安全桩距陡坡边缘不得小于（ ）m。

A. 2　B. 3　C. 5　D. 6

128. 安全绳左右移动距离不得大于（ ）m。

A. 2　B. 3　C. 5　D. 6

129. 安全带、安全绳应挂在牢固的物体上并拴绑牢固，安全桩应一桩一绳。安全绳（ ）。

A. 应一绳一人　B. 应两绳一人　C. 应一绳两人　D. 根据重量确定

130. 多人同时在坡面上开挖作业时，应大致在同一高度自上而下进行，严禁上下重叠作业。开挖人相互间距不应小于（ ）m。

A. 1　B. 2　C. 3　D. 4

131. 铁路立交桥（涵）其净空不足（ ）m 且通行机动车辆的均应设置限高架。

A. 3　B. 4　C. 5　D. 6

132. 限高架的日常管理由各（ ）按各自管辖范围管理，应纳入日常检查、保养、维护范围。

A. 公安处　B. 工务（桥工）段桥梁车间

C. 车务段　D. 属地地方政府

133. 单相电路电压为（ ）V。

A. 180　B. 220　C. 350　D. 380

134. 三相电路电压为（ ）V。

A. 180　B. 220　C. 350　D. 380

135. 两相触电是人体的两个部分分别触及两根相线，这时人体承受（ ）V 的相电压。

A. 180　B. 220　C. 350　D. 380

136. 一般情况下，（ ）V 及以下电源对人体的安全不会构成威胁，所以通常称为安全电压。

A. 56　B. 36　C. 24　D. 12

137. 轨距指钢轨踏面下（ ）mm 范围内两股钢轨工作边之间的最小距离。

A. 10　B. 12　C. 14　D. 16

138. 直线上以（ ）m 弦在轨头内侧顶面下 16 mm 处量取轨向的最大矢度。

A. 5　B. 10　C. 20　D. 30

139. 我国铁路线路上直线轨底坡采用（ ），曲线轨底坡根据需要调整。

A. 1∶10　B. 1∶20　C. 1∶40　D. 1∶60

140. 轨底与铁垫板或轨枕之间存在间隙、轨枕与道砟之间存在空隙，当间隙或空隙超过（　　）mm时称为空吊板。

A. 0.5　　B. 1　　C. 2　　D. 3

141. 经常与钢轨顶面接触的车轮踏面是（　　）坡度的圆锥面。

A. 1∶10　　B. 1∶20　　C. 1∶40　　D. 1∶60

142. 下图所示为某段直线轨道各测点轨距，图中 *BB′-CC′* 轨距变化率是（　　）。

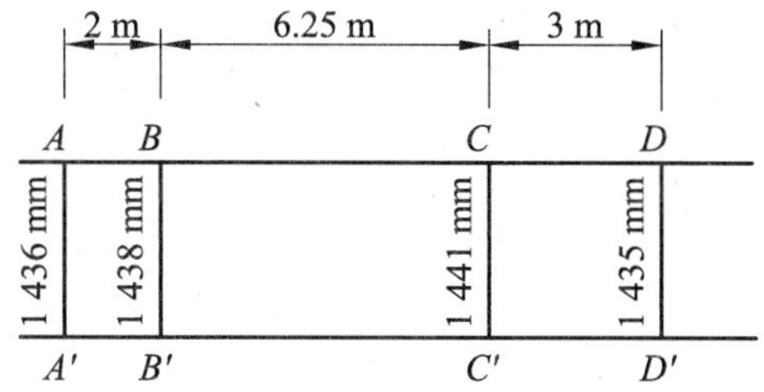

A. 0.48‰　　B. 1‰　　C. 1.5‰　　D. 2‰

143. 下图为某直线线路两股钢轨水平检查结果，则 *AA′-BB′* 段三角坑值为（　　）mm。

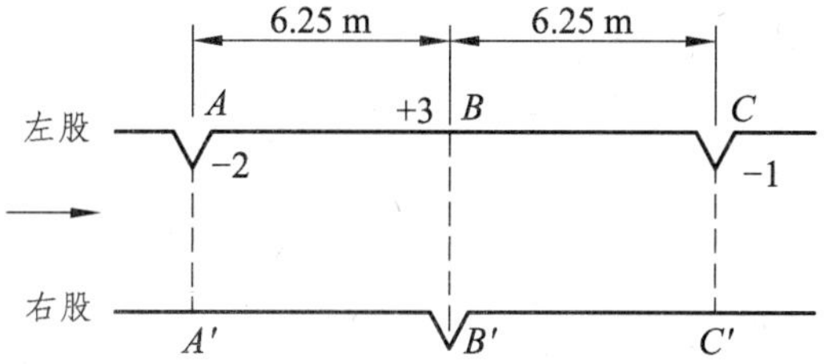

A. 4　　B. 5　　C. 6　　D. 7

144.（　　）不是决定钢轨质（重）量的主要因素。

A. 机车车辆轴重　　B. 行车速度

C. 线路养护方式　　D. 年通过总重质量

145.（　　）不是钢轨的主要参数。

A. 钢轨质量　　B. 钢轨的头部顶面宽　　C. 轨身高　　D. 轨底宽

146. 50 kg/m 钢轨截面积为（　　）cm^2。

A. 57　　B. 65.8　　C. 77.45　　D. 95.037

147. 60 kg/m 钢轨截面积为（　　）cm^2。

A. 57　　B. 65.8　　C. 77.45　　D. 95.037

148. 50 kg/m 钢轨腹厚度为（　　）mm。

A. 14.5　　B. 15.5　　C. 16.5　　D. 17.5

149. 60 kg/m 钢轨腹厚度为（　　）mm。

A. 14.5　　B. 15.5　　C. 16.5　　D. 17.5

150. 50 kg/m 钢轨头宽度为（　　）mm。

A. 65　　B. 68　　C. 70　　D. 73

151. 60 kg/m 钢轨头宽度为（　　）mm。

A. 65　　B. 68　　C. 70　　D. 73

152. 50 kg/m 钢轨高度为（　　）mm。

A. 140　　B. 152　　C. 176　　D. 192

153. 60 kg/m 钢轨高度为（　）mm。

A. 140　　B. 152　　C. 176　　D. 192

154. 75 kg/m 钢轨，钢轨高度为（　）mm。

A. 140　　B. 152　　C. 176　　D. 192

155. 50 kg/m 钢轨，轨端至 1 孔中心距为（　）mm。

A. 66　　B. 76　　C. 140　　D. 150

156. 60 kg/m 钢轨，轨端至 1 孔中心距为（　）mm。

A. 66　　B. 76　　C. 140　　D. 150

157. 50 kg/m 钢轨，轨端 1 孔至 2 孔中心距为（　）mm。

A. 66　　B. 76　　C. 140　　D. 150

158. 60 kg/m 钢轨，轨端 1 孔至 2 孔中心距为（　）mm。

A. 66　　B. 76　　C. 140　　D. 150

159.（　）不属于钢轨伤损的类型。

A. 轻伤　　B. 次重伤　　C. 重伤　　D. 折断

160. 线路允许速度 160 km/h≥v_{max}＞120 km/h，轨端或轨顶面剥落掉块，长度超过（　）mm 且深度超过 3 mm 时为轻伤钢轨。

A. 15　　B. 8　　C. 10　　D. 25

161. 线路允许速度 160 km/h≥v_{max}＞120 km/h，轨端或轨顶面剥落掉块，长度超过（　）mm 且深度超过 3 mm 时为重伤钢轨。

A. 15　　B. 10　　C. 25　　D. 30

162. 线路允许速度 v_{max}≤120 km/h，钢轨顶面擦伤深度超过（　）mm 时为轻伤钢轨。

A. 0.3　　B. 0.5　　C. 1　　D. 2

163. 线路允许速度 v_{max}≤120 km/h，钢轨顶面擦伤深度超过（　）mm 时为重伤钢轨。

A. 0.3　　B. 0.5　　C. 1　　D. 2

164. 线路允许速度 200 km/h≥v_{max}＞160 km/h，钢轨低头（用 1 m 直尺测量最低处矢度）超过（　）mm 时为轻伤钢轨。

A. 0.3　　B. 0.5　　C. 1　　D. 2

165. 线路允许速度 200 km/h≥v_{max}＞160 km/h，钢轨低头（用 1 m 直尺测量最低处矢度）超过（　）mm 时为重伤钢轨。

A. 0.5　　B. 1　　C. 2　　D. 1.5

166. 线路允许速度 160 km/h≥v_{max}＞120 km/h，波浪形磨耗谷深超过（　）mm 时为轻伤钢轨。

A. 0.3　　B. 0.5　　C. 1　　D. 2

167. 线路允许速度 v_{max}≤120 km/h，波浪形磨耗谷深超过（　）mm 时为轻伤钢轨。

A. 0.3　　B. 0.5　　C. 1　　D. 2

168. 线路允许速度 200 km/h≥v_{max}＞120 km/h，钢轨锈蚀经除锈后，轨底厚度不足 8 mm 或轨腰厚度不足（　）mm 时为重伤钢轨。

A. 8　　B. 10　　C. 14　　D. 16

169. 线路允许速度 v_{max}≤120 km/h，钢轨锈蚀经除锈后，轨底厚度不足（　）mm 或轨腰厚度不足 8 mm 时为重伤钢轨。

A. 5　　B. 8　　C. 10　　D. 14

170. 线路允许速度 200 km/h≥v_{max}＞160 km/h 的正线，60 kg/m 钢轨头部总磨耗量超过（　）mm 时为轻伤钢轨。

A. 8　　B. 9　　C. 12　　D. 14

171. 线路允许速度 160 km/h≥v_{max}＞120 km/h 正线，60 kg/m 钢轨头部总磨耗量超过（　）mm 时为轻伤钢轨。

A. 8　　B. 9　　C. 12　　D. 14

172. 线路允许速度 v_{max}≤120 km/h 的正线及到发线，60 kg/m 钢轨头部总磨耗量超过（　）mm 时为轻伤钢轨。

A. 8　　B. 9　　C. 12　　D. 14

173. 线路允许速度 v_{max}≤120 km/h 正线及到发线，50 kg/m 钢轨头部垂直磨耗量超过（　）mm 时为轻伤钢轨。

A. 8　　B. 10　　C. 12　　D. 14

174. 线路允许速度 v_{max}≤120 km/h 的正线及到发线，50 kg/m 钢轨头部总磨耗量超过（　）mm 时为轻伤钢轨。

A. 8　　B. 10　　C. 12　　D. 14

175. 线路允许速度 160 km/h≥v_{max}＞120 km/h 的正线，60 kg/m 钢轨头部侧面磨耗量超过（　）mm 时为轻伤钢轨。

A. 8　　B. 10　　C. 12　　D. 14

176. 线路允许速度 200 km/h≥v_{max}＞160 km/h 的正线，60 kg/m 钢轨头部侧面磨耗量超过（　）mm 时为重伤钢轨。

A. 10　　B. 11　　C. 12　　D. 16

177. 线路允许速度 200 km/h≥v_{max}＞160 km/h 的正线，60 kg/m 钢轨头部垂直磨耗量超过（　）mm 时为重伤钢轨。

A. 10　　B. 11　　C. 12　　D. 16

178. 线路允许速度 160 km/h≥v_{max}＞120 km/h 的正线，60 kg/m 钢轨头部侧面磨耗量超过（　）mm 时为重伤钢轨。

A. 10　　B. 11　　C. 12　　D. 16

179. 线路允许速度 160 km/h≥v_{max}＞120 km/h 的正线，60 kg/m 钢轨头部垂直磨耗量超过（　）mm 时为重伤钢轨。

A. 10　　B. 11　　C. 12　　D. 16

180. 线路允许速度 200～250 km/h，钢轨头部总磨耗超过（　）mm 时为轻伤钢轨。

A. 8　　B. 9　　C. 10　　D. 12

181. 线路允许速度 200～250 km/h，钢轨头部垂直磨耗超过（　）mm 时为轻伤钢轨。

A. 8　　B. 9　　C. 10　　D. 12

182. 线路允许速度 200～250 km/h，钢轨头部侧面磨耗超过（　）mm 时为轻伤钢轨。

A. 8　　B. 9　　C. 10　　D. 12

183. 线路允许速度 200 ~ 250 km/h，钢轨头部侧面磨耗超过（ ）mm 时为重伤钢轨。

A. 8 B. 9 C. 10 D. 12

184. 允许速度大于 160 km/h 区段钢轨顶面上有长度大于（ ）mm 且深度大于 5 mm 的掉块时为折断钢轨。

A. 15 B. 25 C. 30 D. 50

185. 线路允许速度 200 km/h≥v_{max}>120 km/h，钢轨接头顶面或内侧错牙大于（ ）mm 时，应及时处理。

A. 0.3 B. 0.5 C. 1 D. 2

186. 线路允许速度 v_{max}≤120 km/h，钢轨接头顶面或内侧错牙大于（ ）mm 时，应及时处理。

A. 0.3 B. 0.5 C. 1 D. 2

187. 线路允许速度 200 km/h≥v_{max}＞120 km/h，钢轨硬弯大于（ ）mm 时，应及时处理

A. 0.3 B. 0.5 C. 1 D. 2

188. 线路允许速度 v_{max}≤120 km/h，钢轨硬弯大于（ ）mm 时，应及时处理。

A. 0.3 B. 0.5 C. 1 D. 2

189. 波长（ ）属于波浪形磨耗波纹。

A. 30 ~ 80 mm B. 80 ~ 300 mm

C. 300 ~ 1 000 mm D. 1 000 mm 以上

190. 200 km/h≤容许速度≤250 km/h 的线路，工作边肥边大于（ ）mm 时需要及时整治。

A. 0.2 B. 0.3 C. 0.8 D. 1

191. 200 km/h≤容许速度≤250 km/h 的线路，焊缝凹陷大于（ ）mm 时需要及时整治。

A. 0.2 B. 0.3 C. 0.5 D. 0.8

192. 200 km/h≤容许速度≤250 km/h 的线路，钢轨母材轨顶面凹陷或鞍形磨耗大于（ ）mm 时需要及时整治。

A. 0.2 B. 0.3 C. 0.5 D. 0.8

193. 200 km/h≤容许速度≤250 km/h 的线路，打磨列车作业验收标准，钢轨母材轨顶面凹陷或鞍形磨耗小于等于（ ）mm。

A. 0.2 B. 0.3 C. 0.5 D. 0.8

194. 75 kg/m 钢轨使用夹板全长（ ）mm。

A. 790 B. 820 C. 900 D. 1 000

195. 60 kg/m 钢轨接头夹板两中间孔距离（ ）mm。

A. 50 B. 140 C. 150 D. 160

196. 60 kg/m 钢轨接头夹板第一孔至第二孔距离（ ）mm。

A. 50 B. 140 C. 150 D. 160

197. 60 kg/m 钢轨接头夹板第三孔至端部距离（ ）mm。

A. 50 B. 140 C. 150 D. 160

198. 50 kg/m 钢轨接头夹板两中间孔距离（ ）mm。

A. 50 B. 140 C. 150 D. 160

199. 每千米线路轨缝总误差：25 m 钢轨地段不得大于（ ）mm。

A. 40　B. 60　C. 80　D. 160

200. 每千米线路轨缝总误差：12.5 m 钢轨地段不得大于（　）mm。

A. 40　B. 60　C. 80　D. 160

201. 绝缘接头轨缝不得小于（　）mm。

A. 6　B. 8　C. 12　D. 18

202. 钢轨胶接绝缘接头不含（　）部件。

A. 胶接绝缘夹板　B. 轨端绝缘板

C. 高强度螺栓及防松螺母和高强度平垫圈　D. 绝缘套管

203. 钢梁端部，拱桥温度伸缩缝和拱顶等处前后各（　）m 范围内，不得有钢轨接头。

A. 1　B. 2　C. 3　D. 5

204. 60 kg/m 钢轨，最高、最低轨温差＞85 °C，普通线路 25 m 钢轨接头螺栓扭矩标准（　）N·m。

A. 400　B. 500　C. 600　D. 700

205. 50 kg/m 钢轨，最高、最低轨温差＞85 °C，普通线路 25 m 钢轨接头螺栓扭矩标准（　）N·m。

A. 400　B. 500　C. 600　D. 700

206. 60 kg/m 钢轨，最高、最低轨温差≤85 °C，普通线路 25 m 钢轨接头螺栓扭矩标准（　）N·m。

A. 400　B. 500　C. 600　D. 700

207. 50 kg/m 钢轨，最高、最低轨温差≤85 °C，普通线路 25 m 钢轨接头螺栓扭矩标准（　）N·m。

A. 400　B. 500　C. 600　D. 700

208. 高强度绝缘接头螺栓拧紧力矩不小于（　）N·m。

A. 400　B. 500　C. 600　D. 700

209. 60 kg/m 钢轨构造轨缝采用（　）mm。

A. 16　B. 18　C. 19　D. 20

210. 下列关于轨缝调整条件的叙述，不正确的是（　）。

A. 原设置的轨缝不符合每千米线路轨缝总误差的规定

B. 轨缝严重不均匀

C. 线路爬行量超过 50 mm

D. 轨温在《修规》规定的更换钢轨或调整轨缝轨温限制范围以内时，出现连续 3 个及以上瞎缝或轨缝大于构造轨缝

211. 最高、最低轨温差≤85 °C，普通线路 25 m 钢轨接头阻力及道床阻力限制钢轨自由伸缩的数值为（　）mm。

A. 2　B. 4　C. 6　D. 8

212. 最高、最低轨温差＞85 °C，普通线路 25 m 钢轨接头阻力及道床阻力限制钢轨自由伸缩的数值为（　）mm。

A. 2　B. 4　C. 6　D. 8

213. 最高、最低轨温差不大于 85 °C 地区，在按式 $a=\partial L(T_z-t_o)+\frac{1}{2}a_g$ 计算以后，可根据具体情况将轨缝值减小（　）mm。

A. 0 ~ 1　　B. 1 ~ 2　　C. 2 ~ 3　　D. 3 ~ 4

214. 25 m 钢轨铺设在当地历史最高、最低轨温相差大于（　）°C 的地区轨缝应个别设计。

A. 85　　B. 90　　C. 100　　D. 105

215. 某地区 T_{max}=60 °C，T_{min}=−10 °C，在轨温为 20 °C 时，调整轨缝，钢轨长度为 25 m，则预留轨缝 a_0 为（　）mm。

A. 10. 5　　B. 11　　C. 11.5　　D. 12

216. 拆开接头成段调整轨缝使用短轨头时，拉开的最大空隙不得超过（　）mm。

A. 90　　B. 110　　C. 130　　D. 150

217. Ⅰ类木枕的厚度为（　）cm。

A. 11　　B. 14.5　　C. 16　　D. 20

218. 改道用的道钉孔木片规格为（　），并经过防腐处理。

A. 长 130 mm，宽 10 mm，厚 5 ~ 10 mm

B. 长 110 mm，宽 10 mm，厚 5 ~ 10 mm

C. 长 130 mm，宽 15 mm，厚 5 ~ 10 mm

D. 长 110 mm，宽 15 mm，厚 5 ~ 10 mm

219. 机械磨损，经过削平或除去腐朽木质后，容许速度大于 120 km/h 的线路，其厚度不足（　）mm 为木枕（含木岔枕）失效标准。

A. 110　　B. 140　　C. 160　　D. 200

220. 轨道上使用的Ⅲ型混凝土轨枕长度为（　）m。

A. 2.4　　B. 2.5　　C. 2.6　　D. 2.7

221. 50 kg/m 钢轨每股内外扣板号码之和必须等于（　）。

A. 10　　B. 16　　C. 28　　D. 34

222. 43kg/m 钢轨每股内外扣板号码之和必须等于（　）。

A. 10　　B. 16　　C. 28　　D. 34

223. 混凝土宽枕采用密铺式，每千米铺（　）根。

A. 1 667　　B. 1 680　　C. 1 760　　D. 1 840

224. 轨枕配置 1667 根/km，轨枕间距为（　）mm。

A. 520.8　　B. 543.5　　C. 568.2　　D. 600

225. 60 kg/m 轨型，木枕线路接头轨枕间距为（　）mm。

A. 440　　B. 500　　C. 540　　D. 600

226. 60 kg/m 轨型，混凝土轨枕线路接头轨枕间距为（　）mm。

A. 440　　B. 500　　C. 540　　D. 600

227. 弹条Ⅱ型扣件轨距调整量为（　）mm。

A. −3 ~ +4　　B. −4 ~ +8　　C. 0 ~ +16　　D. −12 ~ +8

228. 弹条Ⅲ型扣件轨距调整量为（　）mm。

A. −3 ~ +4　　B. −4 ~ +8　　C. 0 ~ +16　　D. −8 ~ +12

229. 弹条Ⅱ型扣件调高量小于等于（　）mm。

A. 0　　B. 8.9　　C. 10　　D. 11

230. 弹条Ⅲ型扣件调高量小于等于（　）mm。

A. 0　　B. 8.9　　C. 10　　D. 11

231. 下面所列（　）不属于弹条Ⅲ型扣件中的部件。

A. 弹条　　B. 轨距挡板　　C. 预埋件　　D. 橡胶垫板

232. 扣板、轨距挡板应靠贴轨底边；扣板（弹片）扣件拧紧力矩应保持在（　）N·m。

A. 60 ~ 80　　B. 80 ~ 140　　C. 80 ~ 150　　D. 900 ~ 1 100

233. 弹条扣件的弹条中部前端下颏应靠贴轨距挡板（离缝不大于 1 mm）或拧紧力矩应保持在（　）N·m。

A. 60 ~ 80　　B. 80 ~ 140　　C. 80 ~ 150　　D. 900 ~ 1 100

234. Ⅲ型扣件后拱内侧距预埋件端部应不大于（　）mm，扣压力应保持在 8 ~ 13.2 kN。

A. 4　　B. 6　　C. 8　　D. 10

235. 橡胶垫板压溃或变形，两侧压宽合计：厚度为 7 mm 的橡胶垫板超过（　）mm 时，应进行更换。

A. 10　　B. 15　　C. 20　　D. 25

236. 橡胶垫板压溃或变形，两侧压宽合计：厚度为 10 mm 的橡胶垫板超过（　）mm 时，应进行更换。

A. 10　　B. 15　　C. 20　　D. 25

237. 混凝土枕挡肩顶角处缝宽大于（　）mm 时为失效标准。

A. 0.5　　B. 1　　C. 1.5　　D. 2

238. 混凝土枕纵向水平裂缝基本贯通，缝宽大于（　）mm 时为失效标准。

A. 0.5　　B. 1　　C. 1.5　　D. 2

239. 混凝土枕两螺栓孔间纵裂，挡肩顶角处缝宽不大于（　）mm 时为严重伤损标准。

A. 0.5　　B. 1　　C. 1.5　　D. 2

240. 混凝土枕承轨槽压溃，深度超过（　）mm 时为严重伤损标准。

A. 0.5　　B. 1　　C. 1.5　　D. 2

241. 线路大、中修时，五年内年计划通过总重 W 年≥25 Mt，木枕配置数量（　）根/km。

A. 1 840　　B. 1 760　　C. 1 680　　D. 1 667

242. 线路大、中修时，五年内年计划通过总重 W 年≥25 Mt，Ⅱ型混凝土枕配置数量（　）根/km。

A. 1 840　　B. 1 760　　C. 1 680　　D. 1 667

243. 线路大、中修时，五年内年计划通过总重 W 年≥25 Mt，Ⅲ型混凝土枕无缝线路配置数量（　）根/km。

A. 1 840　　B. 1 760　　C. 1 680　　D. 1 667

244. 线路大、中修时，五年内年计划通过总重 25 Mt＞W 年≥15 Mt，Ⅱ型混凝土枕配置数量（　）根/km。

A. 1 840　　B. 1 760　　C. 1 680　　D. 1 667

245. 提速道岔铺设木岔枕时，应用 2 600 mm×260 mm×160 mm 的木枕过渡，两端过渡均不得少于（ ）根。

A. 38　　B. 50　　C. 65　　D. 75

246. 铺设混凝土岔枕时，应用Ⅲ型混凝土枕过渡，160 km/h≥v_{max}>120 km/h 时，道岔直向两端过渡枕不得少于（ ）根。

A. 38　　B. 50　　C. 65　　D. 75

247. 铺设混凝土岔枕时，应用Ⅲ型混凝土枕过渡，18 号道岔侧向过渡枕不得少于（ ）根。

A. 38　　B. 50　　C. 65　　D. 75

248. 铺设混凝土岔枕时，应用Ⅲ型混凝土枕过渡，30 号和 38 号道岔侧向过渡枕不得少于（ ）根。

A. 38　　B. 50　　C. 65　　D. 75

249. 弹条Ⅱ型扣件单个弹条初始扣压力大于等于（ ）kN。

A. 7.8　　B. 8.9　　C. 10　　D. 11

250. 弹条Ⅲ型扣件单个弹条初始扣压力大于等于（ ）kN。

A. 7.8　　B. 8.9　　C. 10　　D. 11

251. 弹条Ⅱ型扣件纵向防爬阻力为（ ）kN。

A. 12.5　　B. 16　　C. 16. 5　　D. 17.6

252. 弹条Ⅲ型扣件纵向防爬阻力为（ ）kN。

A. 12.5　　B. 16　　C. 16.5　　D. 17.6

253. 0 号扣板螺纹道钉中心至轨底边的距离 L 为（ ）mm。

A. 33　　B. 35　　C. 37　　D. 41

254. 假如在铺设 50 kg/m 钢轨的曲线线路上，轨距要求为 1 440 mm 时，左股钢轨内外侧扣板号码分别为（ ）。

A. 6 和 10　　B. 8 和 8　　C. 10 和 6　　D. 16 和 18

255. 铺设混凝土枕地段，路基有翻浆、不均匀下沉及超过（ ）mm 的冻害时必须整治。

A. 15　　B. 20　　C. 25　　D. 30

256. 铺设木岔枕的普通道岔两端各（ ）根地段轨枕，不宜铺设混凝土枕。

A. 5　　B. 15　　C. 50　　D. 75

257. 铺设木岔枕的提速道岔两端各（ ）根地段轨枕，不宜铺设混凝土枕。

A. 5　　B. 15　　C. 50　　D. 75

258. 铺设木枕的有砟桥和无砟桥的桥台挡砟墙范围内及其两端各不少于（ ）根地段轨枕（有护轨时应延至梭头外不少于 5 根轨枕），不宜铺设混凝土枕。

A. 5　　B. 15　　C. 50　　D. 75

259. 某线路铺设 60 kg/m 钢轨，每根长度为 25 m，配置轨枕 46 根，接头轨缝采用 8 mm，接头轨枕间距为 540 mm，中间轨枕间距为（ ）mm。

A. 440　　B. 500　　C. 540　　D. 544

260. 道床横断面不包括（ ）。

A. 道床厚度　　B. 道床顶面宽度

C. 道床顶面坡度　　D. 道床边坡坡度

261. 正线无缝线路 200 km/h≥v_{max}>160 km/h，道床顶面宽度（ ）m。

A. 3.1 B. 3.4 C. 3.5 D. 3.6

262. 正线直线无缝线路 v_{max}≤160 km/h，道床顶面宽度（ ）m。

A. 3.1 B. 3.4 C. 3.5 D. 3.6

263. 正线直线普通线路年通过总重不小于 8 Mt，道床顶面宽度（ ）m。

A. 3.1 B. 3.4 C. 3.5 D. 3.6

264. 正线无缝线路道床边坡坡度为（ ）。

A. 1.5∶1 B. 1.75∶1 C. 1∶1.5 D. 1∶1.75

265. 正线无缝线路 250 km/h≥v_{max}>200 km/h，道床顶面宽度（ ）m。

A. 3.1 B. 3.4 C. 3.5 D. 3.6

266. 线路大、中修时，五年内年计划通过总重 W 年≥50 Mt，一般路基无垫层的碎石道床厚度（ ）mm。

A. 250 B. 300 C. 350 D. 450

267. 线路大、中修时，五年内年计划通过总重 50 Mt>W 年≥25 Mt，不易风化的岩石、碎石路基无垫层的碎石道床厚度（ ）mm。

A. 250 B. 300 C. 350 D. 450

268. 线路大、中修时，五年内年计划通过总重 50 Mt>W 年≥25 Mt，v_{max}≤120 km/h 有砟桥面上的碎石道床厚度（ ）mm。

A. 250 B. 300 C. 350 D. 450

269. 线路大、中修时，五年内年计划通过总重 W 年≥50 Mt，v_{max}>120 km/h 有砟桥面上的碎石道床厚度（ ）mm。

A. 250 B. 300 C. 350 D. 450

270. 线路大、中修时，特殊困难条件下道床厚度不足（ ）mm 时，应清筛至路基面，并做好排水坡。

A. 150 B. 200 C. 250 D. 300

271. Ⅰ型混凝土枕中部道床应掏空，其顶面低于枕底不得小于（ ）mm，长度为 200 ~ 400 mm。

A. 10 B. 20 C. 30 D. 40

272. 允许速度为 200 km/h 时，Ⅲ型轨枕轨底处道床顶面应低于轨枕承轨面（ ）mm。

A. 10 ~ 20 B. 20 ~ 30 C. 30 ~ 40 D. 40 ~ 50

273. 允许速度大于 200 km/h 时，Ⅲ型轨枕轨底处道床顶面应低于轨枕承轨面（ ）mm。

A. 10 ~ 20 B. 20 ~ 30 C. 30 ~ 40 D. 40 ~ 50

274.（ ）不是路基基床翻浆病害的主要原因。

A. 路基基床密实度不足 B. 维修作业不当

C. 外物脏污影响 D. 道砟级配不合理

275. 设置曲线外轨超高的目的中不含（ ）。

A. 使两股钢轨受力均匀、垂直磨耗均匀 B. 保证轨道稳定，防止车辆倾覆

C. 保证旅客的舒适度 D. 减少内外股钢轨磨耗

276. 曲线地段，未被平衡欠超高，一般应不大于（ ）mm。

A. 30　B. 50　C. 75　D. 104

277. 曲线地段，未被平衡欠超高，困难情况下应不大于（　）mm。

A. 30　B. 50　C. 75　D. 90

278. 曲线地段，未被平衡过超高，一般应不大于（　）mm。

A. 30　B. 50　C. 75　D. 90

279. 曲线地段，未被平衡过超高，困难情况下不应大于（　）mm。

A. 30　B. 50　C. 75　D. 90

280. 曲线地段，客货分线的客运线路未被平衡欠超高，一般应不大于（　）mm。

A. 30　B. 40　C. 50　D. 80

281. 曲线地段，客货分线的客运线路未被平衡过超高，困难情况下不应大于（　）mm。

A. 30　B. 40　C. 50　D. 80

282. 曲线超高应在整个缓和曲线内顺完，允许速度大于 120 km/h 的线路，顺坡坡度不应大于（　）。

A. $1/(10\,v_{max})$　B. $1/(9\,v_{max})$　C. $1/(8\,v_{max})$　D. $1/(7\,v_{max})$

283. 允许速度为 120 km/h（不含）~ 160 km/h 的线路，在直线上顺坡的超高不得大于（　）mm。

A. 8　B. 10　C. 15　D. 25

284. 其他线路，在直线上的超高顺坡，无缓和曲线时不得大于（　）mm。

A. 8　B. 10　C. 15　D. 25

285. 在直线上的超高顺坡，有缓和曲线时不得大于（　）mm。

A. 8　B. 10　C. 15　D. 25

286. 曲线超高顺坡坡度，最大不得大于（　）。

A. 0.5‰　B. 1‰　C. 1.5‰　D. 2‰

287. 两曲线间缓和曲线的长度不得短于（　）m。

A. 20　B. 50　C. 30　D. 70

288. 复曲线每个圆曲线的长度不得短于（　）m。

A. 20　B. 50　C. 30　D. 70

289. 行车速度 140 km/h，复曲线可不设中间缓和曲线的两圆曲线最大曲率差为（　）。

A. 1/6 000　B. 1/4 000　C. 1/2 000　D. 1/1 000

290. 线路允许速度 $200\ \text{km/h} < v_{max} \leqslant 250\ \text{km/h}$，一般情况，圆曲线或夹直线最小长度为（　）m。

A. 175　B. 140　C. 130　D. 60

291. 线路允许速度 160 km/h，一般情况，圆曲线或夹直线最小长度为（　）m。

A. 175　B. 140　C. 130　D. 60

292. 线路大中修时，允许速度不大于 160 km/h 的特殊困难地段两曲线间夹直线长度不应短于（　）m。

A. 20　B. 25　C. 30　D. 50

293. 测速点相距 200 m，实测时间为 5 s，则列车速度为（　）km/h。

A. 40　B. 120　C. 144　D. 150

294. 某一铁路线上，曲线半径为 600 m，列车通过该曲线时的平均速度为 66 km/h，则该曲线应设超高是（　）mm。

A. 95　　B. 90　　C. 85　　D. 80

295. 某曲线半径为 400 m，超高为 125 mm，允许最大未被平衡超高采用 75 mm，则该曲线最高允许速度为（　）km/h。

A. 45　　B. 82.3　　C. 85　　D. 90

296. 曲线半径为 800 m，列车通过该曲线时的平均速度为 70 km/h，则该曲线应设超高是（　）mm。

A. 50　　B. 60　　C. 70　　D. 80

297. 有一未改建的曲线，其半径为 450 m，缓和曲线长度为 50 m，则每 10 m 缓和曲线轨距应递减（　）mm。

A. 3　　B. 2　　C. 1　　D. 0

298. 某曲线半径为 800 m，实设超高为 70 mm，通过曲线的最高行车速度为 100 km/h，则未被平衡的欠超高为（　）mm。

A. 7.7　　B. 77.5　　C. 75　　D. 90

299. 某曲线半径为 800 m，实设超高为 70 mm，通过曲线货物列车平均速度为 65 km/h，则未被平衡的过超高为（　）mm。

A. 7.7　　B. 77.5　　C. 75　　D. 90

300. 有一未改建的曲线，其半径为 300 m，缓和曲线的长度为 50 m，每 10 m 缓和曲线轨距应递减（　）mm。

A. 1　　B. 2　　C. 3　　D. 4

301. 曲线半径 $R \geq 350$ m，曲线轨道轨距标准加宽（　）mm。

A. 0　　B. 5　　C. 10　　D. 15

302. 曲线半径 $R < 300$ m，曲线轨道轨距标准加宽（　）mm。

A. 0　　B. 5　　C. 10　　D. 15

303. 曲线轨距加宽递减率一般不得大于（　）。

A. 0.5‰　　B. 1‰　　C. 1.5‰　　D. 2‰

304. 两曲线轨距加宽按 1‰递减，其终点间的直线长度应不短于（　）m。

A. 50　　B. 20　　C. 10　　D. 5

305. 在困难条件下，站线上的轨距加宽允许按（　）递减。

A. 0.5‰　　B. 1‰　　C. 1.5‰　　D. 2‰

306. 某圆曲线，测点正好在圆曲线始终点，圆曲线计划正矢 80 mm，则圆曲线始终点正矢为（　）mm。

A. 12　　B. 24　　C. 40　　D. 50

307. 某曲线，圆曲线计划正矢 100 mm，缓和曲线长度 50 m，则缓和曲线正矢递增率（　）mm。

A. 10　　B. 20　　C. 40　　D. 50

308. 曲线半径为 650 m，圆曲线正矢连续差允许偏差作业验收为（　）mm。

A. 3　　B. 4　　C. 6　　D. 8

309. 曲线半径为 900 m，线路允许速度 v_{max}≤120 km/h，缓和曲线的正矢与计算正矢差允许偏差作业验收为（　）mm。

A. 3　　B. 4　　C. 6　　D. 8

310. 曲线半径为 1 000 m，线路允许速度 200 km/h≥v_{max}＞120 km/h，圆曲线正矢连续差允许偏差作业验收为（　）mm。

A. 3　　B. 4　　C. 6　　D. 8

311. 曲线半径为 800 m，圆曲线正矢最大最小值差允许偏差作业验收为（　）mm

A. 4　　B. 5　　C. 9　　D. 15

312. 曲线半径为 650 m 的到发线，圆曲线正矢连续差允许偏差经常保养为（　）mm。

A. 3　　B. 4　　C. 6　　D. 8

313. 某线路为直线上坡，每 500 m 水平距离高程是升 1 m，则该线路坡度为（　）。

A. 0.5‰　　B. 1‰　　C. 2‰　　D. 4‰

314. 允许速度≤160 km/h 的线路，采用抛物线型竖曲线时，若相邻坡段的坡度代数差大于（　），应设置竖曲线。

A. 0.8‰　　B. 1‰　　C. 2‰　　D. 3‰

315. 允许速度≤160 km/h 的线路，竖曲线半径困难地段不应小于（　）m。

A. 5 000　　B. 15 000　　C. 20 000　　D. 25 000

316. 160 km/h＜允许速度≤200 km/h 的线路，设置圆曲线形竖曲线半径不应小于（　）m。

A. 5 000　　B. 15 000　　C. 20 000　　D. 25 000

317. 允许速度＞200 km/h 的线路，竖曲线半径不应小于（　）m。

A. 5 000　　B. 15 000　　C. 20 000　　D. 25 000

318. 大修地段与非大修地段连接顺坡率：允许速度不大于 120 km/h 的线路不应大于（　）。

A. 0.8‰　　B. 1.0‰　　C. 1.5‰　　D. 2.0‰

319. 大修地段与非大修地段连接顺坡率：允许速度为 120 km/h（不含）~ 160 km/h 的线路不应大于（　）。

A. 0.8‰　　B. 1.0‰　　C. 1.5‰　　D. 2.0‰

320. 大修地段与非大修地段连接顺坡率：允许速度为 160 km/h（不含）~ 200 km/h 的线路不应大于（　）。

A. 0.8‰　　B. 1.0‰　　C. 1.5‰　　D. 2.0‰

321.（　）不属于产生曲线钢轨不均匀磨耗的主要原因。

A. 曲线超高设置不当　　B. 轨底坡不正确

C. 曲线方向不圆顺　　D. 钢轨缺乏涂油措施

322. 50 kg/m 及以下钢轨，基本轨垂直磨耗在正线上超过（　）mm 时，应及时修理或更换。

A. 4　　B. 6　　C. 8　　D. 10

323. 60 kg/m 及以上钢轨，基本轨垂直磨耗：在容许速 100 km/h 的正线上超过（　）mm 时，应及时修理或更换。

A. 4　　B. 6　　C. 8　　D. 10

324. 尖轨按断面形式分类中不含（　）尖轨。

A. 普通断面钢轨　　B. 高型特种断面钢轨

C. 矮型特种断面钢轨 D. 直线型和曲线型

325. 直尖轨在第一拉杆中心处的最小动程为（ ）mm。

A. 142 B. 152 C. 160 D. 180

326. 曲尖轨在第一拉杆中心处的最小动程为（ ）mm。

A. 142 B. 152 C. 160 D. 180

327. AT 型弹性可弯尖轨 12 号普通道岔尖轨在第一拉杆中心处的最小动程为（ ）mm。

A. 142 B. 152 C. 160 D. 180

328. AT 型弹性可弯尖轨 18 号道岔允许速度大于 160 km/h 时，尖轨在第一拉杆中心处的最小动程为（ ）mm。

A. 142 B. 152 C. 160 D. 180

329. 导曲线一般为圆曲线型，可根据需要设置 6 mm 超高，并在导曲线范围内按不大于（ ）顺坡。

A. 0.8‰ B. 1.0‰ C. 1.5‰ D. 2.0‰

330. 高锰钢整铸辙叉心宽 40 mm 断面处，辙叉心垂直磨耗（不含翼轨加高部分），50 kg/m 及以下钢轨，在正线上超过（ ）mm 时为轻伤标准。

A. 2 B. 4 C. 6 D. 8

331. 高锰钢整铸辙叉心宽 40 mm 断面处，辙叉心垂直磨耗（不含翼轨加高部分），50 kg/m 及以下钢轨，在到发线上超过（ ）mm 时为轻伤标准。

A. 2 B. 4 C. 6 D. 8

332. 高锰钢整铸辙叉心宽 40 mm 断面处，辙叉心垂直磨耗（不含翼轨加高部分），50 kg/m 及以下钢轨，在除正线、到发线外的其他站线上超过（ ）mm 时为轻伤标准。

A. 2 B. 4 C. 6 D. 8

333. 高锰钢整铸辙叉心宽 40 mm 断面处，辙叉心垂直磨耗（不含翼轨加高部分），60 kg/m 及以上钢轨，在容许速度大于 120 km/h 的正线上超过（ ）mm 时为轻伤标准。

A. 2 B. 4 C. 6 D. 8

334. 高锰钢整铸辙叉心宽 40 mm 断面处，辙叉心垂直磨耗（不含翼轨加高部分），60 kg/m 及以上钢轨，在容许速度不大于 120 km/h 的正线上超过（ ）mm 时为轻伤标准。

A. 2 B. 4 C. 6 D. 8

335. 可动心轨宽 40 mm 断面及可动心轨宽 20 mm 断面对应的翼轨垂直磨耗（不含翼轨加高部分）超过（ ）mm 时为轻伤标准。

A. 2 B. 4 C. 6 D. 8

336. 辙叉心、辙叉翼轨面剥落掉块，在容许速度大于 120 km/h 的线路上长度超过 15 mm，深度超过（ ）mm 时为轻伤标准。

A. 1.5 B. 2 C. 2.5 D. 3

337. 辙叉心、辙叉翼轨面剥落掉块，在容许速度不大于 120 km/h 的线路上长度超过 15 mm，深度超过（ ）mm 时为轻伤标准。

A. 1.5 B. 2 C. 2.5 D. 3

338. 高锰钢整铸辙叉心宽 40 mm 断面处，辙叉心垂直磨耗（不含翼轨加高部分），50 kg/m 及以下钢轨，在正线上超过（ ）mm 时为重伤标准。

A. 6　　B. 8　　C. 10　　D. 12

339. 高锰钢整铸辙叉心宽 40 mm 断面处，辙叉心垂直磨耗（不含翼轨加高部分），50 kg/m 及以下钢轨，在到发线上超过（　）mm 时为重伤标准。

A. 6　　B. 8　　C. 10　　D. 12

340. 高锰钢整铸辙叉心宽 40 mm 断面处，辙叉心垂直磨耗（不含翼轨加高部分），50 kg/m 及以下钢轨，在除正线、到发线外的其他站线上超过（　）mm 时为重伤标准。

A. 6　　B. 8　　C. 10　　D. 12

341. 高锰钢整铸辙叉心宽 40 mm 断面处，辙叉心垂直磨耗（不含翼轨加高部分），60 kg/m 及以上钢轨，在容许速度大于 120 km/h 的正线上超过（　）mm 时为重伤标准。

A. 6　　B. 8　　C. 10　　D. 12

342. 高锰钢整铸辙叉心宽 40 mm 断面处，辙叉心垂直磨耗（不含翼轨加高部分），60 kg/m 及以上钢轨，在容许速度不大于 120 km/h 的正线上超过（　）mm 时为重伤标准。

A. 6　　B. 8　　C. 10　　D. 12

343. 高锰钢整铸辙叉心宽 40 mm 断面处，辙叉心垂直磨耗（不含翼轨加高部分），60 kg/m 及以上钢轨，在到发线上超过（　）mm 时为重伤标准。

A. 6　　B. 8　　C. 10　　D. 12

344. 50 kg/h 钢轨，12 号道岔，辙叉前长 1 849 mm，辙叉后长 2 708 mm，辙叉前开口量、后开口量分别为（　）。

A. 154、226　　B. 171、228　　C. 154、228　　D. 71、226

345. 道岔查照间隔不得（　）。

A. 小于 1 391 mm　　B. 大于 1 391 mm

C. 小于 1 348 mm　　D. 大于 1 348 mm

346. 道岔护背距离不得（　）。

A. 小于 1 391 mm　　B. 大于 1 391 mm

C. 小于 1 348 mm　　D. 大于 1 348 mm

347. 查照间隔和护背距离的测量位置，12 号 60 kg/m 钢轨普通道岔设计图纸规定为心轨顶宽（　）mm 断面处。

A. 25　　B. 20 ~ 30　　C. 30　　D. 50

348. 查照间隔和护背距离的测量位置，12 号 60 kg/m 钢轨提速道岔设计图纸规定为心轨顶宽（　）mm 断面处。

A. 25　　B. 20 ~ 30　　C. 30　　D. 50

349. 查照间隔和护背距离的测量位置，一般道岔为心轨顶宽（　）mm 范围内。

A. 25　　B. 20 ~ 30　　C. 30　　D. 50

350. 护轨平直段轮缘槽标准宽度为（　）mm。

A. 40　　B. 42　　C. 48　　D. 50

351. 辙叉心理论尖端至心轨顶面宽 50 mm 处翼轨轮缘槽标准宽度为（　）mm。

A. 40　　B. 46　　C. 48　　D. 50

352. 尖轨非工作边与基本轨工作边的最小距离为（　）mm。

A. 65　　B. 42　　C. 48　　D. 50

353. 50 kg/m 钢轨 9 号普通单开道岔全长为（　　）mm。

A. 28 848　　B. 29 569　　C. 36 815　　D. 37 907

354. 12 号普通单开道岔的尖轨尖端轨距为（　　）mm。

A. 1 435　　B. 1 440　　C. 1 445　　D. 1 450

355. 普通单开道岔辙叉部分轨距，直、侧向均为（　　）mm。

A. 1 435　　B. 1 440　　C. 1 445　　D. 1 450

356. 普通单开 12 号道岔 AT 弹性可弯尖轨，道岔允许速度不大于 120 km/h，尖轨尖端轨距为（　　）mm。

A. 1 435　　B. 1 437　　C. 1 445　　D. 1 450

357. 普通单开道岔直线型尖轨，尖轨跟端轨距（　　）mm。

A. 1 435　　B. 1 437　　C. 1 439　　D. 1 440

358. 容许速度大于 120 km/h 的线路其尖轨尖端如有轨距加宽，则按不大于（　　）的递减率递减至基本轨接头。

A. 0.7‰　　B. 2‰　　C. 3‰　　D. 6‰

359. 道岔前端与另一道岔后端相连时，容许速度不大于 120 km/h 的线路，尖轨尖端轨距递减率应不大于（　　）。

A. 1‰　　B. 2‰　　C. 3‰　　D. 6‰

360. 用于侧向通过列车速度超过 80 km/h 的单开道岔，辙叉号数不得小于（　　）号。

A. 6　　B. 12　　C. 18　　D. 30

361. 用于侧向通过列车，速度 50 ~ 80 km/h 的单开道岔，不得小于（　　）号。

A. 6　　B. 12　　C. 18　　D. 30

362. 用于侧向通过列车，速度不超过 50 km/h 的单开道岔，不得小于（　　）号。

A. 6　　B. 12　　C. 18　　D. 30

363. 段管线采用对称道岔，不得小于（　　）号。

A. 6　　B. 12　　C. 18　　D. 30

364. 50 kg/m 钢轨 9 号道岔导曲线终点横距为（　　）mm。

A. 15 650　　B. 15 793　　C. 17 416　　D. 21 280

365. 60 kg/m 钢轨过渡型 12 号道岔导曲线终点横距为（　　）mm。

A. 15 650　　B. 15 793　　C. 17 416　　D. 21 280

366. 60 kg/m 钢轨 AT 尖轨 12 号道岔导曲线终点横距为（　　）mm。

A. 15 650　　B. 15 793　　C. 17 416　　D. 21 280

367. 12 号普通单开道岔，轨距 S=1 435 mm，导曲线终端直线段长度 K=2 486 mm，导曲线终点支距为（　　）mm。

A. 1 201　　B. 1 223　　C. 1 228　　D. 1 248

368. 9 号普通单开道岔，轨距 S=1 435 mm，导曲线终端直线段长度 K=2 115 mm，导曲线终点支距为（　　）mm。

A. 1 201　　B. 1 223　　C. 1 228　　D. 1 248

369. 道岔连接曲线为圆曲线（不设缓和曲线），其长度不小于（　　）m。

A. 15　　B. 20　　C. 25　　D. 40

370. 正线道岔（直向）与曲线超高顺坡终点之间的直线段长度：v_{max}＞200 km/h 的线路，一般情况不应小于（　）m。

A. 150　B. 100　C. 70　D. 40

371. 正线道岔（直向）与曲线超高顺坡终点之间的直线段长度：200 km/h≥v_{max}＞160 km/h 的线路，一般情况不应小于（　）m。

A. 150　B. 100　C. 70　D. 40

372. 正线道岔（直向）与曲线超高顺坡终点之间的直线段长度：线路允许速度为 120 km/h（不含）~ 160 km/h 时，一般情况不应小于（　）m。

A. 150　B. 100　C. 70　D. 40

373. 用 10 m 弦量，连接曲线连续正矢差保养质量评定值不得超过（　）mm。

A. 2　B. 3　C. 4　D. 5

374. 提速道岔侧向各类列车允许通过速度均为（　）km/h。

A. 25　B. 30　C. 50　D. 60

375. 提速道岔尖轨设置两个牵引点，采用分动外锁闭转换装置，第一牵引点动程为（　）mm。

A. 160　B. 75　C. 180　D. 117

376. 提速道岔可动心轨设置两个牵引点，采用外锁闭装置，第一牵引点动程为（　）mm。

A. 160　B. 75　C. 180　D. 117

377. 提速道岔护轨顶面高出基本轨（　）mm。

A. 10　B. 12　C. 15　D. 16

378. 提速道岔可动心轨辙叉道岔，只设侧向护轨，长度为（　）mm。

A. 4 800　B. 5 400　C. 6 900　D. 8 000

379. 提速道岔钢轨下设置（　）mm 厚橡胶垫板。

A. 5　B. 6　C. 10　D. 12

380. 提速道岔混凝土岔枕道岔各垫板下设置（　）mm 厚橡胶垫板。

A. 5　B. 6　C. 10　D. 12

381. 12 号提速道岔尖轨非工作边与基本轨工作边的最小距离为（　）mm，容许误差“+”不限，“-”为 2 mm。

A. 66　B. 65　C. 62　D. 60

382. 60 kg/m 钢轨 12 号（Vz200）Ⅰ型提速道岔全长 L =（　）mm。

A. 28 848　B. 36 815　C. 43 200　D. 69 000

383. 提速道岔尖轨与基本轨、可动心轨与翼轨、叉跟尖轨与短心轨应密贴，不密贴时缝隙不大于（　）mm。

A. 3　B. 2　C. 1　D. 0.5

384. 提速道岔查照间隔和护背距离在固定型或可动心轨辙叉的心轨顶宽（　）mm 处测量。

A. 0 ~ 10　B. 10 ~ 20　C. 20 ~ 30　D. 30 ~ 40

385. 提速道岔顶铁与尖轨、可动心轨轨腰应顶严，有间隙时亦不大于（　）mm。

A. 3　B. 2　C. 1　D. 0.5

386. 提速道岔尖轨及可动心轨轨底应与滑床台密贴，不密贴时缝隙不大于（　）mm。

A. 4　　B. 3　　C. 2　　D. 1

387. 提速道岔弹片及其销钉、挡板损坏，或弹片与滑床板档肩离缝大于（　）mm，应进行修理或更换。

A. 4　　B. 3　　C. 2　　D. 1

388. 提速道岔挡板前后离缝大于 2 mm 及销钉帽内侧距滑床板边缘大于（　）mm 时，应进行修理或更换。

A. 1　　B. 3　　C. 4　　D. 5

389. 提速道岔混凝土岔枕固定垫板的立螺栓（ϕ30 mm、长 165 mm）拧紧扭力矩为（　）N・m。

A. 80 ~ 140　　B. 80 ~ 150　　C. 1 100 ~ 1 300　　D. 250 ~ 300

390. 提速道岔内个别处轨道水平不良，可采取调换不同厚度轨下垫板的方法进行，调高垫板数量不超过（　）块。

A. 1　　B. 2　　C. 3　　D. 4

391. 提速道岔改道作业时，应采用调整不同号码轨距块的方法进行。调整量不足时可加垫片调整，但厚度不得超过（　）mm。

A. 1　　B. 2　　C. 3　　D. 4

392. 关于提速道岔防松螺母养护，（　）的提法是不正确的。

A. 防松螺母松动后，应先松开上螺母，按扭矩拧紧下螺母后，再拧紧上螺母

B. 严禁上、下螺母一起拧紧

C. 严禁只拧紧上螺母

D. 上、下螺母的间隙可以挤死

393. 在提速道岔上进行养护维修时，应注意观察尖轨跟部限位器 A．B 块的间隙变化。道岔位于跨区间无缝线路区段，在锁定温度下，间隙应符合（　）的要求。

A.（7.0±1.5）mm　　B.（6.0±1.5）mm

C.（7.0±2）mm　　D.（6.0±2）mm

394. 下列关于尖轨与基本轨不密贴原因的叙述，（　）是不确切的。

A. 尖轨顶铁过长，补强板螺栓凸出

B. 曲基本轨弯折点位置不对，造成转辙器部分轨向不良

C. 基本轨或尖轨本身有硬弯

D. 基本轨、轨撑、滑床板挡肩之间存在“三道缝”

395. 钢轨胶接绝缘接头整体剪切强度不小于（　）kN。

A. 900　　B. 1 100　　C. 1 300　　D. 4 000

396. 直线及 $R \geq 2\,000$ m 地段，起道高度不超过 30 mm，混凝土枕（含混凝土宽枕）无缝线路维修作业轨温条件为（　）°C。

A. +20 °C　　B. +25 °C　　C. −30 °C　　D. −20 °C

397. 混凝土枕（含混凝土宽枕）无缝线路，当轨温在实际锁定轨温（　）以下时，伸缩区和缓冲区禁止进行维修作业。

A. +20 °C　　B. +25 °C　　C. −30 °C　　D. −20 °C

398. 木枕地段无缝线路作业，当轨温在实际锁定轨温（　）以下时，禁止在伸缩区和缓

冲区进行维修作业。

A. +20 °C　　B. +25 °C　　C. −30 °C　　D. −20 °C

399. 无缝线路重伤临时处理插入短轨后，在短轨前后各（　）m 范围内，拧紧扣件后，按正常速度放行列车，但不得大于 160 km/h。

A. 50　　B. 75　　C. 100　　D. 150

400. 无缝线路当两股钢轨的轨向偏差平均值达到（　）mm 时，必须设置慢行信号。

A. 6　　B. 8　　C. 10　　D. 12

401. 无缝线路当两股钢轨的轨向偏差平均值达到（　）mm 时，在轨温不变的情况下，过车后线路弯曲变形突然扩大时，必须立即设置停车信号防护。

A. 6　　B. 8　　C. 10　　D. 12

402. 无缝线路重伤临时处理或紧急处理时，应先在断缝两侧轨头非工作边做出标记，标记间距离约为（　）m。

A. 6　　B. 7.5　　C. 8　　D. 10

403. 在线路上焊接时，气温不应低于（　）。

A. −5 °C　　B. 0 °C　　C. 5 °C　　D. 10 °C

404. 在线路上焊接，放行列车时，焊缝温度应低于（　）。

A. 0 °C　　B. 250 °C　　C. 50 °C　　D. 300 °C

405. 在车站内使用单轨小车及人力推运的轻型车辆时，必须与车站值班员办理承认手续，并在其前后各（　）m 处显示停车手信号，随车移动，进行防护。

A. 20　　B. 50　　C. 500　　D. 800

406. 道口是指铁路上铺面宽度在（　）m 及以上，直接与道路贯通的平面交叉。

A. 2　　B. 2.5　　C. 4.5　　D. 6

407. 允许速度大于（　）km/h 的线路应采取立体交叉。

A. 80　　B. 100　　C. 120　　D. 160

408. 在车站内，桥梁、隧道两端及进站信号机外方（　）m 范围内，不应设置道口。

A. 50　　B. 100　　C. 500　　D. 1 000

409. 道口之间的距离不应小于（　）km。

A. 0.5　　B. 1　　C. 2　　D. 3

410. 道口铺面应与钢轨顶面同水平，钢轨外侧路面距钢轨外侧 50 mm 范围内，应较钢轨面低（　）mm。

A. 5　　B. 16　　C. 22　　D. 23

411. 道口护轨轮缘槽宽度，直线上应为（　）mm。

A. 70　　B. 70 ~ 100　　C. 90　　D. 90 ~ 100

412. 在铁路上距道口（　）m（站内或站内道口两端不设），列车运行方向的左侧的钢轨头部外侧不少于 2 m 处，设置司机鸣笛标。

A. 500　　B. 1 000　　C. 500 ~ 1 000　　D. 800 ~ 1 000

413. 在电气化铁路上道口通路两侧应设置限界架，限界架高度为（　）m。

A. 3.5　　B. 4　　C. 4.5　　D. 5

414. XYD-2 型液压捣固机，捣镐下插深度为（　）mm（轨枕底面以下）。

A. 70　　B. 80　　C. 120　　D. 150

415. XYD-2 型液压捣固机，捣固作业时，镐板应下插至其上缘位于轨枕面下（　）mm。

A. 10 ~ 20　　B. 20 ~ 30　　C. 30 ~ 40　　D. 40 ~ 50

416. ND-4.5 型内燃捣固镐，捣固时，将道砟捣入轨枕下约（　）mm，再稍许停留，捣固镐振动迫使道砟流动密实。

A. 30　　B. 40　　C. 50　　D. 70

417. 捣固车在圬工桥面作业时，如厚度不足（　）mm 时，不得进行捣固。

A. 60　　B. 100　　C. 150　　D. 250

418. 捣固车一次起道量超过（　）mm 时应分两次起道捣固。

A. 40　　B. 50　　C. 80　　D. 100

419. 捣固车一次拨道量不宜超过（　）mm，曲线地段上挑、下压量应接近。

A. 40　　B. 50　　C. 80　　D. 100

420. 线路大中修及大型养路机械作业的施工天窗不少于（　）min。

A. 70　　B. 90　　C. 180　　D. 240

421.《铁路线路修理规则》规定，在线路允许速度 v_{max}＞160 km/h 正线上，线路轨道静态几何尺寸容许偏差管理值中，轨距的作业验收标准为（　）。

A. +4 mm，−2 mm　　B. ±2 mm　　C. 5 mm　　D. +6 mm，−4 mm

422.《铁路线路修理规则》规定，在线路允许速度 v_{max}＞160 km/h 正线上，线路轨道静态几何尺寸容许偏差管理值中，轨距的经常保养标准为（　）。

A. +4 mm，−2 mm　　B. ±2 mm　　C. 5 mm　　D. +6 mm，−4 mm

423.《铁路线路修理规则》规定，在线路允许速度 v_{max}＞160 km/h 正线上，线路轨道静态几何尺寸容许偏差管理值中，水平的经常保养标准为（　）mm。

A. +4 mm，−2 mm　　B. ±2 mm　　C. 5 mm　　D. +6 mm，−4 mm

424.《铁路线路修理规则》规定，在线路允许速度 v_{max}＞160 km/h 正线上，线路轨道静态几何尺寸容许偏差管理值中，高低的经常保养标准为（　）mm。

A. +4 mm，−2 mm　　B. ±2 mm　　C. 5 mm　　D. +6 mm，−4 mm

425.《铁路线路修理规则》规定，在线路允许速度 160 km/h≥v_{max}＞120 km/h 的正线上，线路轨道静态几何尺寸容许偏差管理值中，轨距的经常保养标准为（　）。

A. +4 mm，−2 mm　　B. ±2 mm　　C. 5 mm　　D. +6 mm，−4 mm

426.《铁路线路修理规则》规定，在线路允许速度 160 km/h≥v_{max}＞120 km/h 正线上，线路轨道静态几何尺寸容许偏差管理值中，水平的经常保养标准为（　）mm。

A. 4　　B. 6　　C. 8　　D. 10

427.《铁路线路修理规则》规定，在线路允许速度 160 km/h≥v_{max}＞120 km/h 正线上，线路轨道静态几何尺寸容许偏差管理值中，高低的经常保养标准为（　）mm。

A. 4　　B. 6　　C. 8　　D. 10

428.《铁路线路修理规则》规定，在线路允许速度 160 km/h≥v_{max}＞120 km/h 正线上，线路轨道静态几何尺寸容许偏差管理值中，水平的临时补修标准为（　）mm。

A. 4　　B. 6　　C. 8　　D. 10

429.《铁路线路修理规则》规定，正线及到发线钢轨接头错牙，轨面及内侧错牙不大于(　　)mm。

A. 0.5　　B. 1　　C. 2　　D. 3

430.《铁路线路修理规则》规定，正线及到发线轨枕位置、间距偏差或偏斜不大于（　　）mm。

A. 50　　B. 80　　C. 100　　D. 120

431.《铁路线路修理规则》规定，在线路允许速度 160 km/h≥v_{max}>120 km/h 正线上，道岔轨道静态几何尺寸容许偏差管理值中，高低的经常保养标准为（　　）。

A. 4　　B. 5　　C. 6　　D. 8

432.《铁路线路修理规则》规定，在线路允许速度 160 km/h≥v_{max}>120 km/h 正线上，道岔轨道静态几何尺寸容许偏差管理值中，轨距的经常保养标准为（　　）。

A. +3 mm，−2 mm　　B. +4 mm，−2 mm

C. +5 mm，−2 mm　　D. +6 mm，−3 mm

433.《铁路线路修理规则》规定，在线路允许速度 v_{max}>160 km/h 的正线上，道岔轨道静态几何尺寸容许偏差管理值中，轨距的临时补修标准为（　　）。

A. +3 mm，−2 mm　　B. +4 mm，−2 mm

C. +5 mm，−2 mm　　D. +6 mm，−3 mm

434.《铁路线路修理规则》规定，在线路允许速度 v_{max}>160 km/h 的正线上，道岔轨道静态几何尺寸容许偏差管理值中，水平的临时补修标准为（　　）。

A. 3 mm　　B. 5 mm　　C. 6 mm　　D. 7 mm

435.《铁路线路修理规则》规定，在线路允许速度 v_{max}≤120 km/h 的正线及到发线，道岔轨道静态几何尺寸容许偏差管理值中，水平的经常保养标准为（　　）。

A. 3 mm　　B. 5 mm　　C. 6 mm　　D. 7 mm

436.《铁路线路修理规则》规定，在线路允许速度 v_{max}≤120 km/h 的正线及到发线，道岔轨道静态几何尺寸容许偏差管理值中，轨向（支距）的经常保养标准为（　　）。

A. 3 mm　　B. 5 mm　　C. 6 mm　　D. 7 mm

437.《铁路线路修理规则》规定，在线路允许速度 v_{max}≤120 km/h 的正线及到发线，道岔轨道静态几何尺寸容许偏差管理值中，轨向（直线）的临时补修标准为（　　）。

A. 3 mm　　B. 5 mm　　C. 9 mm　　D. 10 mm

438.《铁路线路修理规则》规定，道岔导曲线下股高于上股的限值，经常保养为（　　）mm。

A. 0　　B. 1　　C. 2　　D. 3

439. 线路设备大、中修验收时轨顶标高与设计标高误差不得大于（　　）mm。

A. 10　　B. 20　　C. 30　　D. 50

440. 线路设备大、中修验收时三角坑应符合（　　）标准。

A. 作业验收　　B. 经常保养　　C. 临时补修　　D. 其他验收

441. 线路设备大、中修完毕后，混凝土枕扣件位置正确，平贴轨底，顶紧挡肩，扣板歪斜及不密贴大于 2 mm 者不得超过（　　）（连续检查 100 头）。

A. 0.06　　B. 0.08　　C. 0.1　　D. 0.12

442. 线路设备大、中修完毕后，混凝土橡胶垫板、胶垫片及衬垫无缺少、损坏，歪斜者不得超过（　）（连续检查 100 头）。

A. 0.06　　B. 0.08　　C. 0.1　　D. 0.12

443.《更换新道岔验收标准》规定，平均轨缝误差不得大于（　）mm。

A. 3　　B. 6　　C. 5　　D. 40

444.《更换新道岔验收标准》规定，绝缘接头轨缝不得小于（　）mm。

A. 3　　B. 6　　C. 5　　D. 40

445.《无缝线路铺设验收标准》规定，轨条轨端相错量不得超过（　）mm。

A. 3　　B. 6　　C. 5　　D. 40

446.《无缝线路铺设验收标准》规定，无缝线路位移量铺设后 5 天内观测，伸缩区两端不得大于 20 mm，固定区不得大于（　）mm。

A. 3　　B. 6　　C. 5　　D. 40

447.《无缝线路铺设验收标准》规定，轨枕位置轨枕方正、均匀，其误差不超过（　）mm。

A. 3　　B. 6　　C. 5　　D. 40

448. 每千米线路动态评定标准，扣分总数在（　）分及以内为优良。

A. 50　　B. 100　　C. 200　　D. 300

449. 每千米线路动态评定标准，扣分总数在（　）为合格。

A. 51 ~ 300 分　　B. 101 ~ 300 分　　C. 201 ~ 300 分　　D. 300 分及以内

450. 轨距尺由工务段（大修段）负责检定，轨距尺检定周期为（　）。

A. 一个月　　B. 一个季度　　C. 半年　　D. 一年

451. 支距尺由工务段（大修段）负责检定，支距尺检定周期为（　）。

A. 一个月　　B. 一个季度　　C. 半年　　D. 一年

452.《线路保养质量评定标准》规定：钢轨接头顶面或内侧面错牙大于 2 mm 时，每处扣（　）分。

A. 1　　B. 2　　C. 4　　D. 16

453.《线路保养质量评定标准》规定：容许速度大于 120 km/h 的线路轨距变化率大于 1‰，其他线路大于 2‰（不含规定的递减率），每处扣（　）分。

A. 1　　B. 2　　C. 4　　D. 16

454.《线路保养质量评定标准》规定：无缝线路钢轨折断未及时进行临时处理或插入短轨未及时进行永久性处理，每处扣（　）分。

A. 1　　B. 2　　C. 4　　D. 16

455.《线路保养质量评定标准》规定：每处调高垫板超过 2 块或总厚度超过 10 mm，每处扣（　）分。

A. 1　　B. 2　　C. 4　　D. 16

456.《线路保养质量评定标准》规定：200 km/h ≥ v_{max} > 160 km/h 地段道床翻浆冒泥，每孔扣（　）分。

A. 2　　B. 5　　C. 16　　D. 41

457. 道岔保养质量评定标准》规定：查照间隔、护背距离、尖趾距离超过容许限度时，每组扣（　）分。

A. 2　　B. 5　　C. 16　　D. 41

458.《道岔保养质量评定标准》规定：道岔长心轨与短心轨联结螺栓松动，每个扣（ ）分。

A. 2　B. 5　C. 16　D. 41

459.《道岔保养质量评定标准》规定：道岔尖轨、可动心轨与滑床板间缝隙大于 2 mm，每块扣（ ）分。

A. 2　B. 5　C. 16　D. 41

460. 轨检车对线路局部不平顺（峰值管理）检查，偏差等级一般分四级，其中Ⅲ级为临时补修标准，每处扣（ ）分。

A. 1　B. 5　C. 100　D. 301

461. 200 km/h $\geqslant v_{max} >$ 160 km/h 的正线，轨道动态质量容许偏差管理值，轨距Ⅰ级偏差管理值为（ ）mm。

A. +4、−3　B. +6、−4　C. +8、−4　D. +10、−7

462. 200 km/h $\geqslant v_{max} >$ 160 km/h 的正线，轨道动态质量容许偏差管理值，轨距Ⅱ级偏差管理值为（ ）mm。

A. +4、−3　B. +6、−4　C. +8、−4　D. +10、−7

463. 160 km/h $\geqslant v_{max} >$ 120 km/h 的正线，轨道动态质量容许偏差管理值，轨距Ⅱ级偏差管理值为（ ）mm。

A. +4、−3　B. +6、−4　C. +8、−4　D. +10、−7

464. 160 km/h $\geqslant v_{max} >$ 120 km/h 的正线，轨道动态质量容许偏差管理值，轨距Ⅰ级偏差管理值为（ ）mm。

A. +4、−3　B. +6、−4　C. +8、−4　D. +10、−7

465. 200 km/h $\geqslant v_{max} >$ 160 km/h 的正线，轨道动态质量容许偏差管理值，水平Ⅰ级偏差管理值为（ ）mm。

A. 5　B. 7　C. 8　D. 10

466. 200 km/h $\geqslant v_{max} >$ 160 km/h 的正线，轨道动态质量容许偏差管理值，水平Ⅱ级偏差管理值为（ ）mm。

A. 5　B. 7　C. 8　D. 10

467. 160 km/h $\geqslant v_{max} >$ 120 km/h 的正线，轨道动态质量容许偏差管理值，水平Ⅱ级偏差管理值为（ ）mm。

A. 5　B. 7　C. 8　D. 10

468. 160 km/h $\geqslant v_{max} >$ 120 km/h 的正线，轨道动态质量容许偏差管理值，水平Ⅰ级偏差管理值为（ ）mm。

A. 6　B. 7　C. 8　D. 10

469. 200 km/h $\geqslant v_{max} >$ 160 km/h 的正线，轨道动态质量容许偏差管理值，高低Ⅱ级偏差管理值为（ ）mm。

A. 5　B. 7　C. 8　D. 10

470. 160 km/h $\geqslant v_{max} >$ 120 km/h 的正线，轨道动态质量容许偏差管理值，高低Ⅰ级偏差管理值为（ ）mm。

A. 6　B. 7　C. 8　D. 10

471. 200 km/h $\geqslant v_{max} >$ 160 km/h 的正线，轨道动态质量容许偏差管理值，轨向Ⅱ级偏差

管理值为（　）mm。

A. 5　　B. 7　　C. 8　　D. 10

472. 160 km/h≥v_{max}＞120 km/h 的正线，轨道动态质量容许偏差管理值，轨向Ⅰ级偏差管理值为（　）mm。

A. 5　　B. 7　　C. 8　　D. 10

473. 200 km/h≤v_{max}≤250 km/h 的正线，轨道动态质量容许偏差管理值，轨距Ⅰ级偏差管理值为（　）mm。

A. +4、−3　　B. +6、−4　　C. +8、−4　　D. +10、−7

474. 200 km/h≤v_{max}≤250 km/h 的正线，轨道动态质量容许偏差管理值，水平Ⅰ级偏差管理值为（　）mm。

A. 5　　B. 6　　C. 7　　D. 8

475. 200 km/h≤v_{max}≤250 km/h 的正线，轨道动态质量容许偏差管理值，三角坑（基长 2.5 m）Ⅱ级偏差管理值为（　）mm。

A. 5　　B. 6　　C. 7　　D. 8

476. 200 km/h≤v_{max}≤250 km/h 的正线，轨道动态质量容许偏差管理值，波长为 1.5 ~ 42 m，高低Ⅱ级偏差管理值为（　）mm。

A. 5　　B. 6　　C. 7　　D. 8

477. 200 km/h≤v_{max}≤250 km/h 的正线，轨道动态质量容许偏差管理值，波长为 1.5 ~ 42 m，轨向Ⅱ级偏差管理值为（　）mm。

A. 5　　B. 6　　C. 7　　D. 8

478. 200 km/h≤v_{max}≤250 km/h 的正线，轨道动态质量容许偏差管理值，波长为 1.5 ~ 70 m，轨向Ⅱ级偏差管理值为（　）mm。

A. 5　　B. 8　　C. 10　　D. 15

479. 200 km/h≤v_{max}≤250 km/h 的正线，轨道动态质量容许偏差管理值，波长为 1.5 ~ 70 m，高低Ⅲ级偏差管理值为（　）mm。

A. 5　　B. 8　　C. 10　　D. 15

480. 200 km/h≥v_{max}＞160 km/h 的正线，轨道动态质量容许偏差管理值，扭曲（三角坑）Ⅰ级偏差管理值为（　）mm。

A. 4　　B. 5　　C. 10　　D. 14

481. v_{max}≤120 km/h 正线，轨道动态质量容许偏差管理值，扭曲（三角坑）Ⅲ级偏差管理值为（　）mm。

A. 4　　B. 5　　C. 10　　D. 14

482. 200 km/h≥v_{max}＞160 km/h 正线，轨道动态质量容许偏差管理值，车体垂向加速度Ⅰ级偏差管理值为（　）g。

A. 0.06　　B. 0.09　　C. 0.1　　D. 0.15

483. 200 km/h≥v_{max}＞160 km/h 正线，轨道动态质量容许偏差管理值，车体垂向加速度Ⅲ级偏差管理值为（　）g。

A. 0.06　　B. 0.09　　C. 0.1　　D. 0.20

484. 160 km/h≥v_{max}＞120 km/h 正线，轨道动态质量容许偏差管理值，车体横向加速度

Ⅱ级偏差管理值为（　　）g。

A. 0.06　　B. 0.09　　C. 0.1　　D. 0.15

485. v_{max}≤120 km/h 正线，轨道动态质量容许偏差管理值，车体横向加速度Ⅰ级偏差管理值为（　　）g。

A. 0.06　　B. 0.09　　C. 0.1　　D. 0.15

486. 无缝线路断缝为垂直断裂且断缝拉开（　　）、上下左右无严重错牙时，应采用鼓包夹板及急救器（快速夹具）进行临时加固。

A. 不大于 30 mm　　B. 不大于 50 mm

C. 不小于 30 mm　　D. 不小于 50 mm

487. 道床顶面宽度是指（　　）。

A. 轨枕长度路基面无道砟覆盖部分　　B. 轨枕长度与其两端道床肩宽之和

C. 路基面无道砟覆盖部分　　D. 路基面有道砟覆盖部分

488. 水平差和三角坑是（　　）。

A. 同一性质钢轨水平误差

B. 水平差是钢轨水平误差，三角坑不是钢轨水平误差

C. 三角坑是钢轨水平误差，水平差不是钢轨水平误差

D. 两种性质不同的钢轨水平误差

489. 轨检车检测中三率是指（　　）。

A. 水平变化率、横加变化率和曲率

B. 轨距变化率、垂加变化率和曲率

C. 轨距变化率、横加变化率和曲率

D. 高低变化率、横加变化率和曲率

490. 现场复核病害常用的方法有：直接复核法、特征点复核法、参照复核法。直接复核法适用于（　　）。

A. 复合偏差　　B. 道岔偏差

C. 曲线偏差现场病害明显　　D. 超限项目单一的偏差

491. 使用液压捣固机捣固时，要对位准、下插稳、夹实快。按（　　）的顺序进行作业。

A. 下插—张开—夹实—提升—转移

B. 下插—夹实—张开—提升—转移

C. 张开—下插—夹实—提升—转移

D. 张开—夹实—下插—提升—转移

492. 液压捣固机操作者在（　　）后，方准推机上道。

A. 检查、试机　　B. 确认施工领导人发出上道作业信号

C. 起道完成　　D. 列车通过

493. 使用液压捣固机捣固时，上道前，应对捣固机进行全面检查并试运转（　　）。

A. 30 s ~ 1 min　　B. 1 ~ 2 min　　C. 3 ~ 5 min　　D. 5 min 以上

494. 使用液压捣固机捣固夹实时，镐板夹到行程终点以后，应持续夹实（　　）。

A. 1 ~ 2 s　　B. 3 ~ 5 s　　C. 5 ~ 6 s　　D. 8 ~ 10 s

495. 液压捣固机下道后，应将镐板（　　），把捣固机固定好。

A. 提到最高位置　　B. 降到最低位置

C. 放到合适位置　　D. 降到最低位置并将夹实油缸活塞全部压在缸筒之内

496. 使用液压捣固机捣固时，一般情况下，小腰（三根）夹 1 次，大腰夹 2 次，接头两侧各夹（　）。

A. 1 次　　B. 2 ~ 3 次　　C. 3 ~ 4 次　　D. 4 ~ 5 次

497. 捣镐捣固作业镐窝长度自轨底中心向两侧各扒（　）。

A. 100 ~ 200 mm　　B. 200 ~ 300 mm　　C. 300 ~ 400 mm　　D. 400 ~ 500 mm

498. 捣镐捣固作业起道 10 mm 左右时，镐窝深度扒至（　）。

A. 轨枕底以下 10 ~ 20 mm　　B. 与轨枕底齐平

C. 轨枕底以上 20 mm　　D. 留砟量是起道量的二倍

499. 捣镐捣固作业起道超过 10 mm 时，镐窝深度（　）。

A. 轨枕底以下 10 ~ 20 mm　　B. 与轨枕底平

C. 轨枕底 20 mm 以上　　D. 留砟量是起道量的二倍

500. 捣镐捣固作业不起道捣固时，镐窝深度（　）。

A. 轨枕底以下 10 ~ 20 mm　　B. 与轨枕底平

C. 轨枕底 20 mm 以上　　D. 留砟量是起道量的二倍

501. 捣镐捣固作业时，镐窝宽度扒至距待捣固的轨枕侧面一般为（　）。

A. 50 mm　　B. 100 mm　　C. 200 mm　　D. 400 mm

502. 手提电镐（内燃机）捣固作业，起道量在 20 mm 以下时，一般时应扒出轨枕盒内（　）道砟。

A. 不扒　　B. 1/3　　C. 1/2　　D. 全部

503. 手提电镐（内燃机）捣固作业，起道量在 20 ~ 30 mm 时，一般时应扒出轨枕盒内（　）道砟。

A. 不扒　　B. 1/3　　C. 1/2　　D. 全部

504. 手提电镐（内燃机）捣固作业，起道量在 20 mm 以下时，每根捣固时间一般为（　）。

A. 20 s　　B. 30 s　　C. 40 s　　D. 50 s

505. 量具（水平）校对应（　）作业前进行校对。

A. 每月　　B. 每周　　C. 每天每次　　D. 每次

506. 起道作业：直线上以（　）的一股为标准股。

A. 水平低　　B. 水平高　　C. 左侧　　D. 右侧

507. 起道作业：曲线地段以（　）股为标准股。

A. 曲上　　B. 曲下　　C. 左侧　　D. 右侧

508. 道岔起道以（　）股为标准股。

A. 曲上　　B. 曲下　　C. 直外和导曲线上　　D. 直内

509. 找小坑时，看道者俯身在标准股上，一般距起道机（　）处，看轨头外侧下颏水平线。

A. 10 ~ 20 m　　B. 20 ~ 30 m　　C. 30 ~ 40 m　　D. 40 ~ 50 m

510. 起道时，起道机必须放平放稳，直线放在（　）。

A. 钢轨外口　　B. 钢轨里口　　C. 撬头　　D. 撬尾

511. 起道时，起道机必须放平放稳，曲线上放在（　）。

A. 钢轨外口　　B. 钢轨里口

C. 撬头　　D. 上股放在外口，曲线下股放在里口

512. 在有轨道电路区段道岔转辙部分和可动心轨部分起道时，应（　）要求配合。

A. 提前口头通知电务人员　　B. 提前书面通知电务人员

C. 起道时通知电务人员起道后通知电务人员　　D. 起道后通知电务人员

513. 道岔起道应做到（　）。

A. 直股高于曲股　　B. 曲股高于直股直上股高于曲上股

C. 直上股高于曲上股　　D. 四股平，水平好。

514. 道岔导曲线反超高是指（　）。

A. 直股高于曲股　　B. 曲股高于直股

C. 曲上股高于曲下股　　D. 曲下股高于曲上股

515. 起道时，当标准股起出一段之后，起道机返回找对股水平时，起道机和轨距道尺应放在（　）一侧。

A. 起道始点（起完的一端），道尺放在起道机前

B. 起道地段中部，道尺放在起道机后

C. 未起的一端，道尺放在起道机前

D. 起道始点，道尺可靠近起道机。

516. 轨温超过锁定轨温 20 °C 时（　）。

A. 起道量应小于 10 mm　　B. 起道量应小于 20 mm

C. 起道量应小于 30 mm　　D. 禁止作业

517. 拨道作业，直线地段以（　）的一股为标准股。

A. 方向较好　　B. 方向不好　　C. 左侧　　D. 右侧

518. 拨道作业，曲线地段以（　）一股为标准股。

A. 曲上　　B. 曲下　　C. 左侧　　D. 右侧

519. 拨小方向时，指挥者距拨道人员一般为（　）。

A. 20 ~ 30 m　　B. 30 ~ 40 m　　C. 40 ~ 50 m　　D. 70 ~ 100 m

520. 拨大方向时，指挥者距拨道人员一般为（　）。

A. 20 ~ 30 m　　B. 30 ~ 40 m　　C. 40 ~ 50 m　　D. 70 ~ 100 m

521. 使用拨道器拨道，一般使用 3 台拨道器，拨道器（　）。

A. 前移方向一股均匀放置 2 台，另一股放在 2 台中间的相对处

B. 前移方向一股放置 1 台，另一股均匀放在 2 台

C. 三台一字排开

D. 三台同放前移方向

522. 在曲线上拨道时（　）。

A. 上挑量应大于下压量

B. 上挑量应等于下压量

C. 上挑量应小于下压量

D. 上挑量和下压量与线路无关

523. 在有轨道电路区段，道岔转辙部分和可动心轨部分拨道时，应（　）要求配合。

A. 提前口头通知电务人员　　B. 提前书面通知电务人员

C. 起道时通知电务人员　　D. 起道后通知电务人员

524. 在曲线拨道时应（　）。

A. 先目测圆顺度，再进行拨道

B. 先对曲线正矢调查，再压大、挑小

C. 先调查现场正矢，并计算拨道量，再进行全面整正

D. 将正矢误差向直线段均匀顺出

525. 在电气化铁路线路上拨道作业，一侧拨道量年度累计不得大于（　），并不得侵入限界。

A. 40 mm　　B. 80 mm　　C. 100 mm　　D. 120 mm

526. 改道作业时，直线上以（　）的一股为标准股。

A. 方向较好　　B. 方向不好　　C. 左侧　　D. 右侧

527. 改道作业时，曲线地段以（　）股为标准股。

A. 曲上　　B. 曲下　　C. 左　　D. 右

528. 道岔改道作业时，以（　）股为标准股。

A. 导曲上　　B. 导曲下　　C. 直外和导曲线上　　D. 直内

529. 改动轨距，要以调整零部件为主、加垫三角铁块片为辅的方法，三角铁片数量不得超过（　）片。

A. 1　　B. 2　　C. 3　　D. 4

530. 弹条扣件的拧紧力矩保持在（　）。

A. 80 ~ 140 N · m　　B. 80 ~ 150 N · m

C. 80 ~ 160 N · m　　D. 8 ~ 13.2 kN

531. III 型扣件扣压力应保持在（　）。

A. 80 ~ 140 N · m　　B. 80 ~ 150 N · m

C. 80 ~ 160 N · m　　D. 8 ~ 13.2 kN

532. 接头螺栓拧紧力矩：60 kg/m 及以上 25 m 钢轨，在最高、最低轨温差＞85 °C 使用 10.9 级螺栓时扭矩为（　）。

A. 400 N · m　　B. 500 N · m

C. 600 N · m　　D. 700 N · m

533. 12 级接头防松螺母拧紧力矩为（　）。

A. 500 N · m　　B. 600 N · m

C. 700 N · m　　D. 900 ~ 1 100 N · m

534. 可动心轨辙叉道岔的改道作业，应采用调整不同号码轨距挡块的方法进行。调整量不足时可加垫片调整，但厚度不得超过（　）。

A. 1 mm　　B. 2 mm　　C. 3 mm　　D. 4 mm

535. 提速道岔限位器中 π 形铁和 T 形铁之间的间隙为前后各为（　）。

A. 4 mm　　B. 5 mm　　C. 6 mm　　D. 7 mm

536. 调高垫板应垫在轨底与轨下橡胶垫板之间，一般情况下，每处调高垫板不得超过（　）块，总厚度不得超过 10 mm。

A. 1 B. 2 C. 3 D. 4

537. 垫板作业实际垫高量等于（ ）。

A. 低洼量

B. 低洼量+轨枕空吊板量

C. 低洼量+轨枕空吊板量+弦线下垂量

D. 低洼量+轨枕空吊板量+预留下沉量

538. 清筛作业宜采用分段倒筛法，板结地段每组间隔至少（ ）根轨枕。

A. 1 B. 3 C. 4 D. 6

539. 单线线路：道心筛至深度为枕底下（ ）。

A. 20 ~ 50 mm B. 30 ~ 50 mm

C. 40 ~ 50 mm D. 50 ~ 100 mm

540. 无缝线路地段，当预测施工轨温高于原锁定轨温（ ）以上时，清筛前必须进行应力放散。

A. 5 °C B. 10 °C C. 15 °C D. 20 °C

541. 清筛后道床断面应符合规定标准，无缝线路肩砟要有（ ）的堆高，道砟不足应及时补充。

A. 0.05 B. 0.1 C. 0.15 D. 0.2

542. 单根更换混凝土轨枕，布枕时，复线应放在（ ）。

A. 线路外侧路肩上 B. 二线间

C. 道心里 D. 轨枕头上

543. 单根更换混凝土轨枕，整平道床时，新枕位置的道床应（ ）。

A. 高于旧枕 B. 平于旧枕

C. 低于旧枕 D. 略深略宽于旧枕

544. 新枕位置方正，均匀，间距和偏斜误差不得超过（ ）。

A. 30 mm B. 40 mm C. 50 mm D. 60 mm

545. 新换上轨枕应在（ ）后进行八面镐捣固。

A. 更换 2 ~ 3 天 B. 换枕一周

C. 方正位置，检查轨距无偏差，上紧扣件 D. 全部换完

546. 弹条扣件扭矩应保持在（ ）。

A. 80 ~ 140 N · m B. 80 ~ 150 N · m

C. 80 ~ 160 N · m D. 8 ~ 13.2 kN

547. 混凝土枕（含混凝土宽枕、混凝土岔枕及短轨枕）挡肩顶角处缝宽大于（ ）可判断为失效。

A. 0.5 mm B. 1.0 mm C. 1.5 mm D. 2.0 mm

548. 混凝土枕（含混凝土宽枕、混凝土岔枕及短轨枕）纵向水平裂纹基本贯通，缝宽大于（ ）可判断为失效。

A. 0.5 mm B. 1.0 mm C. 1.5 mm D. 2.0 mm

549. 无疑线路铺设Ⅲ型混凝土轨枕，按 1 667 根/千米配置时，轨枕间距为（ ）。

A. 520.8 mm B. 543.5 mm C. 568.2 mm D. 600 mm

550. 钢轨端面的斜度（水平、垂直方向）：不应大于（　　）。

A. 0.50 mm　B. 1.0 mm　C. 1.5 mm　D. 2.0 mm

551. 钢轨端面的斜度轨头部分不应大于（　　）。

A. 0.50 mm　B. 1.0 mm　C. 1.5 mm　D. 2.0 mm

552. 截锯长度 12.5 m 以上钢轨再用轨，长度允许偏差：（　　）。

A. ±6 mm　B. ±8 mm　C. ±10 mm　D. ±15 mm

553. 截锯长度 12.5 m 以下钢轨再用轨，长度允许偏差（　　）。

A. ±6 mm　B. ±8 mm　C. ±10 mm　D. ±15 mm

554. 使用钻孔机钻孔前，应发动机器试运转，最少（　　），观察机械运转是否正常。

A. 10 s　B. 20 s　C. 30 s　D. 40 s

555. 线上钢轨用夹板加固，使用定位架配合钻孔时，应划出轨端位置，第一螺孔至轨端尺寸应（　　）。

A. −4 mm　B. +4 mm　C. −8 mm　D. +8 mm

556. 螺栓位置（中心螺栓孔中心位置上下、接头螺栓孔至轨端距离、两相邻螺栓孔中心距离）容许偏差（　　）。

A. ±0.5 mm　B. ±1.0 mm　C. ±2.0 mm　D. ±3.0 mm

557. 螺栓孔径容许偏差（　　）。

A. ±0.5 mm　B. +1.0 mm，−0 mm　C. ±1 mm　D. ±2 mm

558. 使用小型打磨机打磨钢轨肥边要控制一定的打磨量，应（　　），防止打磨过量。

A. 先少后多，由厚到薄　B. 先多后少，由薄到厚

C. 先多后少，由厚到薄　D. 先少后多，由薄到厚

559. v_{max} > 120 km/h 线路上，使用小型打磨机打磨后工作边肥边应小于（　　）。

A. 0.1 mm　B. 0.2 mm　C. 0.3 mm　D. 0.5 mm

560. 弯曲处用 1m 直尺测量矢度大于（　　）的为钢轨硬弯。

A. 0.1 mm　B. 0.2 mm　C. 0.3 mm　D. 0.5 mm

561. 钢轨矫直，一般矫直量为硬弯矢度的（　　）倍。

A. 1　B. 1.6 ~ 1.9　C. 2 ~ 3　D. 3 ~ 4

562. 钢轨硬弯矫直到位后，要保压（　　），松开油阀动作要缓和，以确保矫直效果。

A. 2 s　B. 5 ~ 10 s　C. 10 ~ 20 s　D. 20 ~ 30 s

563. 矫直钢轨作业轨温应高于（　　）。

A. 15 °C　B. 20 °C　C. 25 °C　D. 30 °C

564. 矫直钢轨时，将弯臂钩对正硬弯始点，液压顶放在弯臂钩前端，一般每隔（　　）向前矫直一处为宜。

A. 100 ~ 200 mm　B. 200 ~ 250 mm

C. 250 ~ 300 mm　D. 300 ~ 350 mm

565. 更换绝缘接头夹板作业时，应（　　）。

A. 办理封锁施工手续，设置移动停车信号防护，施工封锁完毕后放行列车或单机时速度正常

B. 办理临时施工封锁手续，设置移动停车信号防护，施工封锁完毕后放行列车或

单机时速度正常

C. 利用列车间隔更换

D. 办理封锁施工手续，设置移动停车信号防护，施工封锁完毕后放行列车或单机时速度正常，线路允许速度 v_{max} ＞160 km/h 地段放行列车或单机时首列速度不得超过 160 km/h

566. 紧固螺栓时，直线上钢轨接头 6 孔螺栓，(　　) 全部螺栓上紧后应复紧一遍。

A. 先紧 1、6 螺栓，再紧 3、4 螺栓，最后紧 2、5 螺栓

B. 先紧 1、6 螺栓，再紧 2、5 螺栓，最后紧 3、4 螺栓

C. 先紧 2、5 螺栓，再紧 3、4 螺栓，最后紧 1、6 螺栓

D. 先紧 3、4 螺栓，再紧 2、5 螺栓，最后紧 1、6 螺栓

567. 接头螺栓拧紧力矩：60 kg/m 及以上 25 m 钢轨，在最高、最低轨温差＞85 °C 使用 10. 9 级螺栓时拧紧力矩为 (　　)。

A. 400 N · m　　B. 500 N · m　　C. 600 N · m　　D. 700 N · m

568. 使用液压轨缝调整器串动钢轨时，25 m 钢轨每次串动不超过 (　　)。

A. 1 根　　B. 2 根　　C. 3 根　　D. 4 根

569. 使用液压轨缝调整器串动钢轨时，12.5 m 钢轨每次串动不超过 (　　)。

A. 1 根　　B. 2 根　　C. 3 根　　D. 4 根

570. 接头应相对，正线及到发线直线地段误差不超过 (　　)。

A. 20 mm　　B. 40 mm

C. 80 mm　　D. 40 mm+缩短量的一半

571. 接头应相对，正线及到发线曲线地段误差不超过 (　　)。

A. 20 mm　　B. 40 mm

C. 80 mm　　D. 40 mm+缩短量的一半

572. 线路发生爬行，接头错差超限，轨缝设置不当，每千米总误差 25 m 轨超过 (　　) 时应调整轨缝。

A. 4/0 mm　　B. 80 mm　　C. 120 mm　　D. 160 mm

573. 线路发生爬行，接头错差超限，轨缝设置不当，每千米总误 12.5 m 轨超过 (　　) 时应调整轨缝。

A. 40 mm　　B. 80 mm　　C. 120 mm　　D. 160 mm

574. 轨缝不均匀，连续 (　　) 以上瞎缝时应调整轨缝。

A. 2 个　　B. 3 个　　C. 4 个　　D. 5 个

575. 列车限速 v_{max}≤45 km/h 时，每个接头螺栓至少拧紧 (　　)。

A. 2 个 (每端 1 个)　　B. 4 个

C. 6 个　　D. 4 个 (每端 2 个)

576. 无缝线路实际锁定轨温不在设计锁定轨温范围以内，或左右股长轨条的实际锁定轨温相差超过 (　　) 时，必须做好放散或调整。

A. 5 °C　　B. 10 °C　　C. 15 °C　　D. 20 °C

577. 跨区间和全区间无缝线路的两相邻单元轨条的锁定温差超过 (　　) 时，必须做好放散或调整。

A. 5 °C　　B. 10 °C　　C. 15 °C　　D. 20 °C

578. 同一区间内单元轨条的最低、最高锁定轨温相差（　）时，必须做好放散或调整。

A. 5 °C　　B. 10 °C　　C. 15 °C　　D. 20 °C

579. 利用列车碾压法进行应力调整，需要在限速不超过（　）的条件下进行。

A. 5 km/h　　B. 15 km/h　　C. 25 km/h　　D. 45 km/h

580. 无缝线路夏季线路轨向严重不良，碎弯多，应采取（　）进行整治。

A. 加强拨道　　B. 加强改道　　C. 应力放散或调整　　D. 补充道砟

581 现场胶接前应对轨端、螺栓孔应打磨去毛刺，对钢轨胶接面接头处两侧各（　）处，进行除锈打磨清洁处理，要求无锈斑，无油污、无水气。

A. 250 mm　　B. 350 mm　　C. 450 mm　　D. 550 mm

582. 现场胶接前应顶紧绝缘端片，对轨应用 1 m 直尺检查，轨顶垂直凸起及轨头工作边偏差不超过（　）。

A. +0.8 mm　　B. −0.8 mm　　C. ±0.3 mm　　D. ±0.5 mm

583. 现场胶接前，应用毛刷清除钢轨打磨面的铁质灰粒，检查胶接绝缘夹板绝缘电阻，当电阻（　）以上才可实施组装。

A. 10 MΩ　　B. 20 MΩ　　C. 30 MΩ　　D. 40 MΩ

584. 胶接绝缘接头前后（　）范围内，用 1 m 直尺检查，不得有大于 0. 3 mm 的硬弯。

A. 20 m　　B. 25 m　　C. 30 m　　D. 350 m

585. 尖轨尖端轨距加宽，允许速度不大于 120 km/h 的道岔应按不大于（　）的递减率递减至基本轨接头。

A. 2‰　　B. 4‰　　C. 6‰　　D. 8‰

586. 护轨平直部分轮缘槽标准宽度为 42 mm。容许误差为（　）。

A. −1 mm　　B. +3 mm　　C. ±3 mm　　D. +3 mm，−1 mm

587. 辙叉心轮缘槽标准宽度（测量位置按标准图或设计图规定）为 46 mm，容许误差为（　）。

A. −1 mm　　B. +3 mm　　C. ±3 mm　　D. +3 mm，−1 mm

588. 尖轨非工作边与基本轨工作边的最小距离为 65 mm，容许误差为（　）。

A. −1 mm　　B. −2 mm　　C. ±3 mm　　D. +3 mm，−1 mm

589. 在有轨道电路区段更换普通道岔尖轨、基本轨、辙叉时，应（　）要求配合。

A. 提前口头通知电务人员　　B. 提前书面通知电务人员

C. 起道时通知电务人员　　D. 更换后通知电务人员

590. 固定型辙叉接头冻结应采用高强螺栓，拧紧力矩应保持（　）。

A. 400 N · m　　B. 500 N · m

C. 700 N · m　　D. 1 100 ~ 1 400 N · m

591. 12 号可动心轨道岔的长心轨实际尖端至翼轨趾端的距离（简称尖趾距离），容许误差（　）。

A. +10 mm，−0 mm　　B. +15 mm，−0

C. +25 mm，−0　　D. ±15 mm

592. 允许速度大于 120 km/h 区段，钢轨硬弯用 1m 直尺测量，矢度不得大于（　）。

A. 0.3 mm　　B. 0.5 mm　　C. 1 mm　　D. 2 mm

593. P60-12#提速道岔防松螺母的安装标准是（　）。

A. 先紧固内螺母，使其达到标准扭矩，再紧固外螺母。使外螺母与内螺母基本密靠

B. 先紧固内螺母，再紧固外螺母，使其达到标准扭矩

C. 先紧固内螺母，使其达到标准扭矩，再紧固外螺母，并使其达到标准扭矩

D. 内螺母和外螺母同时紧固并使其达到标准扭矩

594. 导轨、辙叉、心轨、翼轨的扣件拧紧力矩应保持（　）。

A. 60 ~ 80 N·m　　B. 80 ~ 120 N·m

C. 120 ~ 150 N·m　　D. 160 N·m

595. 尖轨及其前后各 25m 范围内的基本轨扣件拧紧力矩应保持在（　）。

A. 60 ~ 80 N·m　　B. 80 ~ 120 N·m

C. 120 ~ 150 N·m　　D. 160 N·m

596. 可动心轨道岔的普通钢轨接头应使用 10. 9 级螺栓，拧紧力矩应保持（　）。

A. 400 N·m　　B. 500 N·m

C. 700 ~ 900 N·m　　D. 1100 ~ 1400 N·m

597. 测量钢轨磨耗时，应选择钢轨磨耗最大处，侧面磨耗在（　）测量。

A. 轨顶踏面上　　B. 轨顶踏面下

C. 钢轨踏面（按标准断面）下 16 mm 处　　D. 距标准工作边钢轨顶面宽 1/3 处

598. 测量钢轨磨耗时应选择钢轨磨耗最大处，垂直磨耗在（　）测量。

A. 轨顶踏面上　　B. 轨顶踏面下

C. 钢轨踏面（按标准断面）下 16 mm 处　　D. 距标准工作边钢轨顶面宽 1/3 处

599. 测量高锰钢整铸辙叉垂直磨耗（不含翼轨加高部分）在辙叉心宽（　）处断面处测量。

A. 20 mm　　B. 40 mm　　C. 50 mm　　D. 60 mm

600. 可动心轨垂直磨耗在心轨宽（　）断面处测量。

A. 20 mm　　B. 40 mm　　C. 50 mm　　D. 60 mm

601. 翼轨垂直磨耗在可动心轨宽（　）断面对应处测量。

A. 20 mm　　B. 40 mm　　C. 50 mm　　D. 60 mm

602. 波浪形磨耗按波长长度分为波纹、短波波浪和长波波浪。波纹多发生在（　）。

A. 直线线路钢轨上　　B. 曲线下股钢轨上

C. 曲线上股钢轨上　　D. 单一型号的车辆运行的线路上

603. 单开道岔检查时水平时，首先应确定道岔直、曲标准股。直股以（　）为标准股。

A. 直外股　　B. 直内股　　C. 导曲上股　　D. 导曲下股

604. 单开道岔检查时水平时，首先应确定道岔直、曲标准股。曲股以（　）为标准股。

A. 直外股　　B. 直内股　　C. 导曲上股　　D. 导曲下股

605. 普通单开道岔直股前部应在（　）处检查。

A. 距尖轨跟端 1.5 m　　B. 距导曲线起点 3 m

C. 距导曲线终点 4 m　　D. 钢轨接头

606. 普通单开道岔导曲线前部应在（　）处检查。

A. 距尖轨跟端 1.5 m　　B. 距导曲线起点 3 m

C. 距导曲线终点 4 m　　D. 钢轨接头

607. 普通单开道岔导曲线后部应在（　）处检查。

A. 距尖轨跟端 1.5 m　　B. 距导曲线起点 3 m

C. 距导曲线终点 4 m　　D. 钢轨接头

608. 普通单开道岔查照间隔及护背距离在辙叉心宽（　）断面处丈量。

A. 0 ~ 50 mm　　B. 25 mm　　C. 40 mm　　D. 20 ~ 30 mm

609. AT 型单开道岔查照间隔及护背距离在辙叉心宽（　）断面处丈量。

A. 0 ~ 50 mm　　B. 25 mm　　C. 40 mm　　D. 20 ~ 30 mm

610. 警冲标埋设高度应从两线较高线路枕面量起至警冲标顶面（　）。

A. 200 ~ 300 mm　　B. 300 ~ 320 mm

C. 300 ~ 350 mm　　D. 300 ~ 500 mm

611. 当断缝小于 30 mm 时，应立即进行紧急处理。在断缝处上好夹板或鼓包夹板，用急救器固定，在断缝前后各 50m 拧紧扣件，并派人看守，限速放行（　）列车。

A. 5 ~ 10 km/h　　B. 15 ~ 25 km/h

C. 25 ~ 35 km/h　　D. 35 ~ 45 km/h

612. 当断缝不大于 50 mm 时，应立即进行紧急处理。在断缝处上好夹板或鼓包夹板，用急救器固定，在断缝前后各 50 m 拧紧扣件，并派人看守，限速放行（　）列车。

A. 5 km/h　　B. 15 km/h　　C. 25 km/h　　D. 45 km/h

613. 在非自动闭塞的电气化区段上更换钢轨时，换轨前应在被换钢轨（　）安设一条截面不小于 70 mm^2 的铜导线。

A. 两端轨节间横向　　B. 两端轨节间纵向

C. 横向和纵向各　　D. 两端的左右轨节间横向各

614. 在自动闭塞的电气化区段上更换钢轨时，换轨前应在被换钢轨（　）设一条截面不小于 70 mm^2 的铜导线。

A. 两端轨节间横向　　B. 两端轨节间纵向

C. 横向和纵向各　　D. 两端的左右轨节间横向各

615. 当轨温高于锁定轨温时，无缝线路钢轨断面上要承受温度压力。温度压力达到了一定值，无缝线路轨道就会出现横向变形。变形的发生与发展过程基本上可分为（　）三个阶段。

A. 持稳—胀轨—跑道　　B. 胀轨—持稳—跑道

C. 持稳—跑道—胀轨　　D. 跑道—持稳—胀轨

616. 当发现无缝线路连续出现碎弯并有胀轨迹象时，必须加强巡查或派专人监视，观测轨温和线路方向的变化。若碎弯继续扩大，应设置（　）防护，进行紧急处理。

A. 移动停车信号　　B. 移动减速信号

C. 作业标　　D. 现场防护

617. 无缝线路作业中如发现轨向、高低不良，起道、拨道省力，轨端道砟离缝等胀轨迹象，必须（　），及时采取防胀措施。

A. 停止作业　　B. 注意观察

C. 拨道但不可起道　　D. 起道但不可拨道

618. 无缝线路作业中作业中或作业后，发现线路轨向不良，用长 10 m 弦测量两股钢轨的轨向偏差。当两股钢轨的轨向偏差平均值达到 12 mm 时，在轨温不变情况下，过车后线路弯曲变形突然扩大，必须立即设置（　）信号，及时通知车站，并采取钢轨降温等紧急措施，消除故障后放行列车。

A. 移动停车信号　B. 移动减速信号　C. 作业标　D. 现场防护

619. 紧固螺栓时，曲线上钢轨接头 6 孔螺栓，（　）全部螺栓上紧后应复紧一遍。

A. 先紧 1、6 螺栓，再紧 3、4 螺栓，最后紧 2、5 螺栓

B. 先紧 1、6 螺栓，再紧 2、5 螺栓，最后紧 3、4 螺栓

C. 先紧 2、5 螺栓，再紧 3、4 螺栓，最后紧 1、6 螺栓

D. 先紧 3、4 螺栓，再紧 2、5 螺栓，最后紧 1、6 螺栓

620. 道岔钢轨伤损达到钢轨轻伤标准时，应（　）。

A. 注意观察　B. 定期检查　C. 及时修理或更换　D. 不需更换

621. 普通道岔尖轨尖端与基本轨或可动心轨尖端与翼轨不靠贴大于（　）时，应及时修理或更换。

A. 1 mm　B. 2 mm　C. 3 mm　D. 4 mm

622. 尖轨、可动心轨顶面宽 50 mm 及以上断面处，尖轨顶面低于基本轨顶面、可动心轨顶面低于翼轨顶面（　）时，应及时修理或更换。

A. 1 mm　B. 2 mm　C. 3 mm　D. 2 mm 及以上

623. 尖轨、可动心轨顶面宽 50 mm 及以下断面处，尖轨顶面高于基本轨顶面、可动心轨顶面高于翼轨顶面（　）时，应及时修理或更换。

A. 1 mm　B. 2 mm　C. 3 mm　D. 2 mm 及以上

624. 可动心轨宽 40 mm 断面及可动心轨宽 20 mm 断面对应的翼轨垂直磨耗（不含翼轨加高部分）（　）时为重伤标准。

A. 等于 6 mm　B. 4 mm　C. 5 mm　D. 超过 6 mm

625. 高锰钢整铸辙叉叉趾、叉跟轨头及下颏部位裂纹（　）时为重伤标准。

A. 超过 15 mm　B. 超过 30 mm　C. 20 mm　D. 25 mm

626. 高锰钢整铸辙叉叉趾、叉跟浇注断面变化部位斜向或水平裂纹长度超过时（　）为重伤标准。

A. 40 mm　B. 60 mm　C. 80 mm　D. 120 mm

627. 高锰钢整铸辙叉辙叉心、辙叉翼轨面剥落掉块长度超过 30 mm，且深度超过 6 mm 时，（　）。

A. 为重伤标准　B. 为轻伤标准

C. 应注意检查观测　D. 为轻伤发展

628. 滑床板损坏、变形或滑床台磨耗大于（　）时，应有计划地进行修理或更换。

A. 1 mm　B. 2 mm　C. 3 mm　D. 6 mm

629. 轨撑损坏、松动，轨撑与轨头下颚或轨撑与垫板挡肩离缝（　）时，应应有计划地进行修理或更换。

A. 1 mm　B. 2 mm　C. 3 mm　D. 大于 2 mm

630. 弹片与滑床板挡肩离缝、挡板前后离缝大于 2 mm，销钉帽内侧距滑床板边缘大于（　）时，应有计划地进行修理或更换。

A. 1 mm　　B. 2 mm　　C. 5 mm　　D. 6 mm

631. 75 型道岔尖轨由尖轨尖端至整断面的长度范围内进行淬火处理，以提高（　）。

A. 强度　　B. 耐磨性　　C. 抗挠度　　D. 刚度

632. AT 型尖轨的纵坡是在尖轨跟端和尖轨顶面宽（　）一段长度内，尖轨与基本轨等高，完全承受车轮压力。

A. 35 mm　　B. 50 mm　　C. 70 mm　　D. 40 mm

633. 尖轨动程规定在（　）测量。

A. 尖端处　　B. 距尖端 380 mm 处

C. 距尖端 100 mm　　D. 距尖端 130 mm

634. 导曲线一般为圆曲线型，可根据需要设置（　）超高，并在导曲线范围内按不大于 2‰顺坡。

A. 5 mm　　B. 6 mm　　C. 10 mm　　D. 15 mm

635. 从辙叉咽喉到心轨的实际尖端的这段距离叫作（　）。

A. 辙叉前长　　B. 辙叉后长　　C. 实际空间　　D. 有害空间

636. 辙叉号数 N 等于辙叉角的（　）值。

A. 正弦　　B. 余弦　　C. 余切　　D. 正切

637. 普通线路道岔尖轨跟端直向轨距加宽向辙叉方向递减，距离为（　）。

A. 1.5 m　　B. 6 m　　C. 3 m　　D. 4 m

638. 普通线路道岔导曲线中部轨距加宽，直尖轨时向两端递减至尖轨跟端为（　），距辙叉前端为 4 m。

A. 1.5 m　　B. 6 m　　C. 3 m　　D. 4 m

639. 道岔前端与另一道岔后端相连时，容许速度不大于 120 km/h 的线路，尖轨尖端轨距递减率如不能按 6‰递减时，可将前面道岔的辙叉轨距加大为（　）。

A. 1 445 mm　　B. 1 439 mm　　C. 1 450 mm　　D. 1 441 mm

640. 单开道岔在转辙器部分和连接部分的木岔枕，应（　）直股方向。

A. 垂直于　　B. 平行于　　C. 倾斜于　　D. 扇面布置于

641. 单开道岔辙叉部分的木岔枕，应（　）直线方向。

A. 垂直于　　B. 平行于　　C. 倾斜于　　D. 扇面布置于

642. 道岔导曲线支距是指道岔（　）之间的距离。

A. 直股钢轨工作边按垂直方向量到导曲线上股钢轨工作边

B. 直股钢轨工作边按垂直方向量到导曲线上股钢轨非工作边

C. 直股钢轨非工作边按垂直方向量到导曲线上股钢轨工作边

D. 直股钢轨非工作边按垂直方向量到导曲线上股钢轨非工作边

643. 设置道岔导曲线和检查导曲线圆顺时，是以直股基本轨为基准方向，用（　）来进行的。

A. 长弦法　　B. 支距法　　C. 一弦法　　D. 设偏角法

644. 当道岔后两股轨道平行，且两平行股道的直线间距不大于（　）时，道岔曲股岔尾后的曲线称为道岔连接曲线。

A. 5.0 m　　B. 5.1 m　　C. 5.2 m　　D. 5.5 m

645. 道岔连接曲线半径不得小于连接道岔的导曲线半径，但也不宜大于导曲线半径的(　　)。

A. 1.0 倍　　B. 1.5 倍　　C. 2.0 倍　　D. 3 倍

646. 铁路土工膜包括 HDPE 膜（　　）厚、HDPE 膜厚 1 mm

A. 1 mm　　B. 2 mm　　C. 3 mm　　D. 4 mm

647. 提速道岔顶铁、限位器采用（　　）。

A. 普通螺母　　B. 10.9 级螺母　　C. 8.8 级螺母　　D. 防松螺母

648. 提速道岔岔枕一律按垂直于直股钢轨布置，岔枕间距为（　　）。

A. 550 mm　　B. 574 mm　　C. 600 mm　　D. 640 mm

649. 提速道岔扣件采用（　　）弹条分开式可调扣件。

A. Ⅰ型　　B. Ⅱ型　　C. Ⅲ型　　D. Ⅳ型

650. 提速道岔轨距块设计安装：钢轨工作边一侧为 11 号，非工作边一侧为 13 号；辙叉一侧为（　　）号，另一侧为 11 号。

A. 13　　B. 11　　C. 9　　D. 15

651. 提速道岔长心轨尖端热加工锻出一段转换凸缘，直接与外锁闭装置接头铁拉板连接，实现可动心轨的（　　）。

A. 定位　　B. 转换　　C. 联动　　D. 摆动

652. 做好道岔前后（　　）线路的整体维修，经常保持轨面平、方向顺，是预防整治道岔方向不良的措施之一。

A. 100 m　　B. 50 m　　C. 60 m　　D. 20 m

653. 普通单开道岔线路上，破坏道床坚实性是引起辙叉垂直磨耗和压溃的（　　）。

A. 重要原因　　B. 次要因素　　C. 一般原因　　D. 主要原因

654. 理论上讲无缝线路的轨条长度可以（　　）。

A. 100 m 为宜　　B. 200 m 左右　　C. 无限长　　D. 500 m 左右

655. 自动放散式无缝线路，允许长轨条（　　）。

A. 自由伸缩　　B. 限制伸缩　　C. 充分固定　　D. 锁定状态

656. 无缝线路钢轨（　　）与钢轨截面积、轨温变化幅度及钢轨长度有关。

A. 温度应力　　B. 温度力　　C. 道床阻力　　D. 扣件阻力

657. 无缝线路钢轨（　　）与钢轨长度、截面面积无关。

A. 温度应力　　B. 温度力　　C. 道床阻力　　D. 扣件阻力

658. 钢轨温度采用最高轨温等于当地最高气温加（　　），最低轨温等于最低气温。

A. 5 °C　　B. 10 °C　　C. 15 °C　　D. 20 °C

659. 在铺设无缝线路中，将长轨条始终端落槽就位时的平均轨温称为（　　），又称零应力状态的轨温。

A. 铺设轨温　　B. 设计轨温　　C. 施工锁定轨温　　D. 中和轨温

660. 钢轨两端接头处由钢轨夹板通过螺栓拧紧，产生阻止钢轨纵向位移的阻力，称(　　)。

A. 接头阻力　　B. 扣件阻力　　C. 钢轨阻力　　D. 框架刚度

661. 线路养护维修作业后，道床纵向阻力值会（　　）。

A. 增强　　B. 降低　　C. 无变化　　D. 不确定

662. 由于线路维修作业会扰动道床，致使道床（　　）降低，只有采取限制作业轨温的方法来保证无缝线路的正常工作状态。

A. 纵向阻力　　B. 扣件阻力　　C. 接头阻力　　D. 温度力

663. 道床抵抗轨道框架（　　）位移阻力称道床横向阻力。

A. 横向　　B. 纵向　　C. 竖向　　D. 前后

664. 道床（　　）是防止无缝线路胀轨跑道，保证线路稳定的主要因素。

A. 横向阻力　　B. 竖向阻力　　C. 纵向阻力　　D. 扣件阻力

665. 无缝线路丧失稳定情况大多是由于（　　），降低了道床横向阻力而发生。

A. 轨温过高　　B. 轨温过低　　C. 道床缺砟　　D. 维修作业不当

666. 无缝线路长轨节中部承受大小相等的温度力，钢轨不能伸缩，称为（　　）。

A. 缓冲区　　B. 伸缩区　　C. 固定区　　D. 过渡区

667. 无缝线路长轨节两端，温度力是变化的，在克服道床纵向阻力阶段，钢轨有少量的伸缩，称为（　　）。

A. 缓冲区　　B. 伸缩区　　C. 固定区　　D. 过渡区

668. 低温铺设无缝线路时，为提高（　　），采用钢轨张拉锁定。

A. 中和轨温　　B. 锁定轨温　　C. 铺设轨温　　D. 设计轨温

669. 无缝线路温度力峰现象是由道床阻力（　　）决定的，其量值及位置均取决于接头阻力及道床阻力梯度的大小。

A. 挠度性质　　B. 延展性质　　C. 弹性性质　　D. 塑性性质

670. 设计桥上无缝线路时必须充分考虑无缝线路与桥梁的相互作用，严格控制轨道与桥梁相互作用的（　　）。

A. 叠加力　　B. 粘着力　　C. 反弹力　　D. 附加力

671 无缝道岔应力放散时，要求道岔的中心和辙叉咽喉的位置（　　）。

A. 超前　　B. 保持不变　　C. 滞后　　D. 居中

672. 直线及 $R \geqslant 2\,000$ m 地段，拨道量不超过 20 mm，混凝土枕（含混凝土宽枕）无缝线路维修作业轨温条件为（　　）。

A. −10 ~ +10 °C　　B. −20 ~ +20 °C　　C. −20 ~ +15 °C　　D. −5 ~ +5 °C

673. 25 m 钢轨地段，更换钢轨或调整轨缝时的轨温限制范围为（　　）。

A. （t_z+10 °C）~（t_z − 10 °C）　　B. （t_z+15 °C）~（t_z − 15 °C）

C. （t_z+30 °C）~（t_z − 30 °C）　　D. （t_z+20 °C）~（t_z − 20 °C）

674. 个别接头错差，可用（　　）的方法进行调整。

A. 拆开接头　　B. 不拆开接头　　C. 倒轨　　D. 以上均可

675. 打磨列车进行打磨前应（　　）。

A. 拨正线路方向　　B. 矫直钢轨硬弯

C. 改正轨距　　D. 全面拨正线路方向，改正轨距，矫直钢轨硬弯

676. 螺栓孔倒棱的倒角为（　　）。

A. 0.5 mm×45° ~ 1.5 mm×45°　　B. 0.8 mm×45° ~ 1.0 mm×45°

C. 0.8 mm×45° ~ 1.5 mm×45°　　D. 0.5 mm×45° ~ 1.0 mm×45°

677. 选定钢轨（　　）的主要因素是运量和行车速度、最大轴重、合理的大修换轨周期和

养护维修工作量。

A. 长度　　B. 类型　　C. 重量　　D. 刚度

678. 为铁路线路通过小溪、渠道、干沟、人行小路修建的完全埋在路基下面的建筑物称为（　）。

A. 排水槽　　B. 渗沟　　C. 排水沟　　D. 涵洞

679. 桥上无缝线路应定期测量轨条的位移量，并做好记录。固定区位移量超过（　）时，应分析原因，及时整治。

A. 40 mm　　B. 20 mm　　C. 15 mm　　D. 10 mm

680. 为提高轨道结构的（　），应积极发展无缝线路、新型轨下基础及弹性扣件。

A. 储备能力　　B. 运输能力　　C. 平顺性　　D. 承载能力

681. 减速地点标，设在需要减速地点的（　）处。减速地点标的正面表示列车应按规定限速通过地段的始点，背面表示列车应按规定限速通过地段的终点。

A. 两端各 20 m　　B. 10 m

C. 50 m　　D. 800 m

682. 曲线标，设在（　）处，标明曲线中心里程、半径大小、曲线和缓和曲线长度以及曲线超高和加宽值。

A. 曲线起点　　B. 曲线中点　　C. 曲线终点　　D. 曲线任意

683. 铁路线路正线是指（　）的线路。

A. 连接区间并贯穿或直股伸入车站　　B. 连接车站并贯穿或侧股伸入车站

C. 连接车站并贯穿或直股伸入区间　　D. 连接车站并贯穿或直股伸入车站

684. 营业线施工系指影响营业线设备稳定、使用和（　）的各种施工，分为施工作业和维修作业。

A. 设备安全　　B. 侵入限界　　C. 人身安全　　D. 行车安全

685. 施工作业必须纳入月度施工计划，应利用（　）进行。

A. 临时天窗　　B. 垂直天窗　　C. 施工天窗　　D. 维修天窗

686. 线路大中修，路基、桥隧大修及大型养路机械施工作业，接触网大修作业，属于（　）项目。

A. 施工天窗作业　　B. 维修天窗作业

C. 临时天窗　　D. 故障天窗

687. 清筛道床、边坡，属于工务（　）项目。

A. 施工天窗作业　　B. 维修天窗作业

C. 临时天窗　　D. 故障天窗

688. 线路故障处理后的放行列车条件由工务段（　）决定。

A. 调度　　B. 车间主任

C. 现场负责人　　D. 现场防护员

689. 站内线路、道岔发生故障时，应立即通知车站值班员（　），防止机车、车辆通往该故障地点，同时按《铁路工务安全规则》规定设置停车信号防护。

A. 封锁线路　　B. 限速运行　　C. 扣车　　D. 采取措施

690. 沿线工务人员发现线路设备故障危及行车安全时，除立即连续发出（　）和以停车手信号防护外，应采取紧急措施设法修复，并迅速通知就近车站和工务工区。

A. 警惕信号　　B. 注意信号　　C. 警报信号　　D. 停车信号

691. 电气化铁路接触网导线距轨面必须保持一定的距离，接触线最大弛度时距轨面的最低高度：一般中间站和区间站为（　）mm。

A. 6 200　　B. 5 700　　C. 5 500　　D. 6 500

692. 电气化铁路线路上，钢轨底部与道床之间应保持（　）的间隙，以防漏电。

A. 20 ~ 30 mm　　B. 20 ~ 40 mm　　C. 10 ~ 20 mm　　D. 20 ~ 50 mm

693. 在自动闭塞的电气化区段上更换钢轨时，如需拆开回流线时，必须有（　）在场紧密配合并负责监护。

A. 车务人员　　B. 工务人员　　C. 电务人员　　D. 供电人员

694. 在电气化区段上，如需要在同一地点将两股钢轨同时拆下时必须对该供电区段实行（　），不准电力机车行驶。

A. 供电管制　　B. 线路封闭　　C. 越区供电　　D. 停电措施

695. 更换钢轨、道岔及其连接零部件时，可根据具体情况，确定是否须事先通知（　）采取安全措施后，方准开始作业。

A. 行车调度　　B. 电务部门　　C. 供电部门　　D. 车务部门

696. 在接触网支柱及接触网带电部分（　）范围以内的金属结构均须接地，与接触网相连的支柱及金属结构上，若未装设接地线或接地线已损坏时，禁止人员与之接触。

A. 2 m　　B. 3 m　　C. 5 m　　D. 10 m

697. 员工在任职、提职改职前，必须经过（　）以上单位教育培训，考试合格。

A. 工区　　B. 车间　　C. 段　　D. 路局

698. 新工人、临时工必须提前进行安全技术教育，并经考试合格，未经（　）或经教育但考试不合格者，不得上道作业。

A. 安全技术教育　　B. 职业道德教育

C. 岗位技能培训　　D. 段规段法教育

699. 区间及站内两相邻线路（　）间的距离为线间距。

A. 外侧钢轨　　B. 内侧钢轨　　C. 工作边　　D. 中心线

700. 在线路上焊接钢轨，封锁施工，放行列车（　），特殊情况下由施工负责人决定。

A. 限速 15 km/h　　B. 限速 25 km/h

C. 限速 45 km/h　　D. 不限速

701. 线路速度 $v_{max} \leqslant 60$ km/h 时，作业人员下道避车时，本线来车距离不小于（　）时，下道完毕。

A. 800 m　　B. 500 m　　C. 1 000 m　　D. 1 400 m

702. 为了保证操作人员的安全，（　）对电器设备采用保护接地或保护接零措施。

A. 应该　　B. 可以　　C. 必须　　D. 不需

703.（　）指的是轨道上左右两股钢轨顶面的高差。

A. 轨距　　B. 水平　　C. 轨向　　D. 高低

704. 相对轨距来说，（　）往往是控制性的。只要方向偏差保持在容许范围内，轨距变化对车辆的影响就不会很大。

A. 轨距大小　B. 轨距变化率　C. 轨距标准　D. 轨道方向

705. 轨距的大小是由机车车辆的（　）宽度确定的。

A. 两股钢轨轨头　B. 两钢轨轨底　C. 两轨中心线　D. 轮对

706. 通常水平差即使超过允许误差标准，也只是引起车辆的摇晃和两股钢轨的不均匀受力及磨耗。但如果在（　）的距离内，有超过允许偏差的三角坑管理值，则危害较大，易造成脱轨事故。

A. 6.25 m　B. 18 m　C. 6 m　D. 12.5 m

707. 线路中心线在水平面上的投影，叫作铁路线路（　）。

A. 纵断面图　B. 横断面图　C. 主视图　D. 平面图

708. 在站内如必须走行道心时，应在其前后设（　）。

A. 移动停车信号　B. 专人防护　C. 停车手信号　D. 减速信号

709. 线路纵断面图坡度栏中竖线为（　）的位置，两竖线间向上或向下的斜线分别表示上坡或下坡，平线表示平坡。

A. 分界点　B. 坡度长度　C. 变坡点　D. 坡率

710. 裂纹贯通整个轨头截面为（　）钢轨。

A. 轻伤　B. 轻伤发展　C. 重伤　D. 折断

711. 裂纹贯通整个轨底截面为（　）钢轨。

A. 轻伤　B. 轻伤发展　C. 重伤　D. 折断

712. 线路允许速度 v_{max}≤120 km/h 正线及到发线，60 kg/m 钢轨头部垂直磨耗量超过（　）时为轻伤钢轨。

A. 8 mm　B. 9 mm　C. 10 mm　D. 11 mm

713. 线路允许速度 160 km/h≥v_{max}＞120 km/h 的正线，60 kg/m 钢轨头部垂直磨耗量超过（　）时为轻伤钢轨。

A. 8 mm　B. 9 mm　C. 10 mm　D. 11 mm

714. 线路允许速度 200 km/h≥v_{max}＞160 km/h 的正线，60 kg/m 钢轨头部侧面磨耗量超过（　）时为轻伤钢轨。

A. 10 mm　B. 11 mm　C. 12 mm　D. 14 mm

715. 钢轨的总磨耗量等于垂直磨耗加（　）侧面磨耗。

A. 1/2　B. 1/3　C. 1/4　D. 1/6

716. 钢轨的垂直磨耗在钢轨顶面距工作边（　）处测量。

A. 1/2　B. 1/3　C. 1/4　D. 1/6

717. 钢轨的侧面磨耗在钢轨踏面（按标准断面）下（　）处测量。

A. 10 mm　B. 12 mm　C. 14 mm　D. 16 mm

718. 允许速度不大于 160 km/h 区段钢轨顶面上有长度大于 50 mm 且深大于 10 mm 的掉块时为（　）钢轨。

A. 轻伤　B. 轻伤发展　C. 重伤　D. 折断

719. 线路允许速度 200 km/h≥v_{max}>120 km/h，钢轨工作边或轨端肥边大于（　）时，应及时处理。

A. 0.5 mm　B. 1.5 mm　C. 1 mm　D. 2 mm

720. 线路允许速度 v_{max}≤120 km/h，钢轨工作边或轨端肥边大于（　）时，应及时处理。

A. 0.5 mm　B. 1.5 mm　C. 1 mm　D. 2 mm

721. 线路允许速度 200 km/h≥v_{max}>120 km/h，焊缝凹陷大于（　）时，应及时处理。

A. 0.5 mm　B. 1.5 mm　C. 1 mm　D. 0.3 mm

722. 线路允许速度 v_{max}≤120 km/h，焊缝凹陷大于（　）时，应及时处理。

A. 0.8 mm　B. 1.5 mm　C. 1 mm　D. 0.3 mm

723. 钢轨焊接接头不平顺是由于钢轨焊接后焊缝处轨顶面金属的强度、硬度的差异及接头原始不平顺引起的过大的轨道（　），所产生的磨耗、变形。

A. 纵向力　B. 附加动荷载　C. 横向力　D. 竖向力

724. 60 kg/m 钢轨接头夹板圆孔直径为（　）。

A. 22 mm　B. 26 mm　C. 24 mm　D. 31 mm

725. 线路上个别插入短轨，在正线上不得短于（　）。

A. 10 m　B. 10 m　C. 7.5 m　D. 6 m

726. 个别插入短轨线路的允许速度不得大于（　）。

A. 100 km/h　B. 120 km/h　C. 140 km/h　D. 160 km/h

727. 高强绝缘螺栓扭矩不小于（　）。

A. 600 N·m　B. 700 N·m　C. 1 100 N·m　D. 1 400 N·m

728. 钢轨接头阻止钢轨端部自由伸缩的阻力称为（　）。

A. 扣件阻力　B. 摩擦阻力　C. 道床阻力　D. 接头阻力

729. 直线地段相对式接头在每节轨上相差量一般应不大于（　），并应前后、左右抵消，在两股钢轨上累计相差量最大不得大于 15 mm。

A. 3 mm　B. 15 mm　C. 20 mm　D. 40 mm

730. 10 级防松螺母接头防松紧固件的扭矩标准（　）。

A. 500 ~ 1 000 N·m　B. 400 ~ 800 N·m

C. 600 ~ 1 000 N·m　D. 900 ~ 1 100 N·m

731. 12 级防松螺母接头防松紧固件的拧紧力矩标准（　）。

A. 500 ~ 1 000 N·m　B. 400 ~ 800 N·m

C. 600 ~ 1 000 N·m　D. 900 ~ 1 100 N·m

732. 普通线路接头螺栓扭矩应达到规定值，并应保持均匀。拧紧力矩不足时，不得低于规定值（　）以上。

A. 16 N·m　B. 100 N·m　C. 400 N·m　D. 600 N·m

733. 普通线路接头螺栓折断，严重锈蚀，丝扣损坏或杆径磨耗超过（　）不能保持规定的扭力矩，应及时更换。

A. 1 mm　B. 1.5 mm　C. 2 mm　D. 3 mm

734. 重型轨道无缝线路应采用（　）级接头螺栓和高强度平垫圈。

A. 8.8　B. 10.9　C. 10　D. 12

735. 钢轨内部有裂纹时为（　）钢轨。

A. 轻伤　B. 轻伤发展　C. 折断　D. 重伤

736. 钢轨有变形时为（　）钢轨。

A. 轻伤　　B. 轻伤发展　　C. 折断　　D. 重伤

737. 钢轨表面有裂纹时为（　）钢轨。

A. 轻伤　　B. 轻伤发展　　C. 折断　　D. 重伤

738. 曲线缩短轨长度有比 12.5 m 标准轨短（　）的三种。

A. 40、80、160 mm　　B. 40、80、120 mm

C. 40、80、100 mm　　D. 40、100、160 mm

739. 曲线缩短轨长度有比 25.0 m 标准轨短（　）的三种。

A. 40、80、160 mm　　B. 40、80、120 mm

C. 40、80、100 mm　　D. 40、100、160 mm

740. 相错式钢轨接头是指两股钢轨接头左、右错开，但相错不能小于（　）。

A. 6 m　　B. 4.5 m　　C. 3 m　　D. 7.5 m

741. 正线钢轨（　）接头必须使用异型钢轨。

A. 绝缘　　B. 异型　　C. 胶接　　D. 尖轨

742. 正线、到发线接头夹板中央有裂纹（中间两螺栓孔范围内），应（　）。

A. 注意观察　　B. 及时更换　　C. 有计划更换　　D. 不需更换

743. 钢轨低接头（或打塌）病害一般均发生在捣固不良地段，尤以（　）比较多见。

A. 曲线上股　　B. 曲线下股　　C. 直线地段　　D. 道岔

744. 使用钢轨打磨机对（　）进行打磨，是消灭接头不平顺的有效办法。

A. 绝缘接头　　B. 胶接接头　　C. 低扣接头　　D. 鞍形接头

745. Ⅰ型弹条扣件有 6、10、14、20 四种不同号码的轨距挡板和（　）两种挡板座。

A. 0-10、2-4　　B. 6-14、2-4　　C. 14-20、2-4　　D. 0-6、2-4

746. 混凝土枕横裂裂缝长度为枕高的（　）时为严重伤损标准。

A. 1/3 ~ 2/3　　B. 1/4 ~ 1/3　　C. 1/5 ~ 1/2　　D. 1/2 ~ 2/3

747. 混凝土枕纵向水平裂缝基本贯通（　）时为严重伤损标准。

A. 缝宽不大于 1.5 mm　　B. 缝宽不大于 0.5 mm

C. 缝宽不大于 1.0 mm　　D. 缝宽不大于 2.0 mm

748. 扣板、轨距挡板严重磨损，扣板、轨距挡板前后离缝超过（　），应有计划地修理或更换。

A. 2 mm　　B. 3 mm　　C. 1 mm　　D. 1.5 mm

749. 允许速度大于（　）的普通线路应铺设Ⅲ型混凝土枕。

A. 120 km/h　　B. 100 km/h　　C. 140 km/h　　D. 80 km/h

750. 每根钢轨长度为 25 m，每千米铺设轨枕标准为 1 840 根，则每节钢轨的轨枕配置根数为（　）根。

A. 23　　B. 44　　C. 46　　D. 22

751. 普速线路轨底处道床顶面应低于轨枕顶面（　）。

A. 10 ~ 20 mm　　B. 15 ~ 20 mm　　C. 20 ~ 30 mm　　D. 20 ~ 40 mm

752. 普速线路曲线地段，实设最大超高，在单线上不得大于（　）。

A. 150 mm　　B. 75 mm　　C. 50 mm　　D. 125 mm

753. 普速线路曲线地段，实设最大超高，在双线上不得大于（　）。

A. 150 mm　B. 75 mm　C. 50 mm　D. 125 mm

754. 计算曲线外轨超高值时，一般采用（　）的整倍数。

A. 10 mm　B. 5 mm　C. 2.5 mm　D. 2 mm

755. 线路速度 160 km/h，采用反向曲线变更线间距可不设缓和曲线的最小圆曲线半径为（　）。

A. 4 000 m　B. 5 000 m　C. 10 000 m　D. 12 800 m

756. 线路速度 120 km/h，采用反向曲线变更线间距可不设缓和曲线的最小圆曲线半径为（　）。

A. 4 000 m　B. 5 000 m　C. 10 000 m　D. 12 800 m

757. 线路速度 100 km/h，采用反向曲线变更线间距可不设缓和曲线的最小圆曲线半径为（　）。

A. 4 000 m　B. 5 000 m　C. 10 000 m　D. 12 800 m

758. 列车由直线进入曲线时，所产生的离心力的大小，取决于（　）。

A. 列车的速度和曲线半径　B. 列车的速度的曲线超高

C. 列车的速度和曲线长度　D. 曲线长度和半径

759. 经计算曲线超高顺坡坡度小于 2‰时，不得采用（　），大于 2‰时则按 2‰设置。

A. 2‰　B. 2.5‰　C. 3‰　D. 1.5‰

760. 曲线半径 350 m＞R≥300 m，曲线轨道轨距标准加宽（　）。

A. 10 mm　B. 15 mm　C. 0　D. 5 mm

761. 曲线半径 R≥350 m，曲线轨道轨距标准加宽（　）。

A. 10 mm　B. 15 mm　C. 0　D. 5 mm

762. 曲线半径 R＜300 m，曲线轨道轨距标准加宽（　）。

A. 10 mm　B. 15 mm　C. 2 mm　D. 5 mm

763. 曲线轨道实设最大轨距为（　）。

A. 1 435 mm　B. 1 445 mm　C. 1 450 mm　D. 1 456 mm

764. 复曲线应在（　）范围内，从较大轨距加宽向较小轨距加宽均匀递减。

A. 正矢递减　B. 缓和曲线　C. 直线段　D. 圆曲线

765. 曲线上两点连一条直线叫弦，弦上（　）到曲线上的垂直距离叫作正矢。

A. 任一点　B. 半弦点　C. 1/4 弦点　D. 1/3 弦点

766. 已知曲线半径 500 m，弦长为 20 m，曲线正矢为（　）。

A. 25 mm　B. 50 mm　C. 125 mm　D. 100 mm

767. 已知曲线半径 1 000 m，弦长为 10 m，曲线正矢为（　）。

A. 12.5 mm　B. 50 mm　C. 125 mm　D. 100 mm

768. 某曲线，测点正好在缓和曲线始终点上，缓和曲线正矢递增率 30 mm，则曲线始点正矢为（　）。

A. 6 mm　B. 5 mm　C. 3 mm　D. 15 mm

769. 曲线上任意点的拨动，对相邻点正矢的影响量为拨动点拨动量的（　），其方向相反。

A. 1/6　B. 1/4　C. 一倍　D. 1/2

770. 曲线上各点正矢差之代数和为零，即曲线终点的（　）等于零。

A. 计划正矢　　B. 现场正矢　　C. 拨量　　D. 正矢合计

771. 使用缩短轨要做到曲线里股与相对外股的钢轨接头相错的距离，不超过所使用缩短轨（　）。

A. 缩短量的一半　　B. 缩短量加 40 mm

C. 缩短量　　D. 缩短量加 60 mm

772. 曲线上成段更换钢轨时，若将长轨条布置在道心，则距旧轨不小于（　）。

A. 150 mm　　B. 200 mm　　C. 250 mm　　D. 300 mm

773. 曲线上成段更换钢轨时，若将长轨条布置在枕木头上，则距旧轨不小于（　）。

A. 150 mm　　B. 200 mm　　C. 250 mm　　D. 300 mm

774. 在无缝线路上，测量曲线正矢时的轨温和拨道时轨温要尽量相同，一般以不超过（　）为宜，最好在锁定轨温时测量正矢和进行拨道。

A. ±10 °C　　B. ±5 °C　　C. 5 °C　　D. 10 °C

775. 曲线拨道方法不当，凭经验拨道，用眼睛看着估拨，经常采用（　），会造成误差积累或曲线头尾出现方向不良。

A. 流水拨道法　　B. 简易拨道法　　C. 绳正法　　D. 支距法

776. 160 km/h＜允许速度≤200 km/h 的线路坡度代数差大于等于（　），应设置圆曲线型竖曲线。

A. 2.5‰　　B. 2‰　　C. 1.5‰　　D. 1‰

777. 60 kg/m 及以上钢轨，在容许速度大于 120 km/h 的正线上基本轨垂直磨耗超过（　）时，应及时修理或更换。

A. 5 mm　　B. 6 mm　　C. 8 mm　　D. 10 mm

778. 两翼轨作用边间的最窄距离称为辙叉（　）。

A. 咽喉　　B. 有害空间　　C. 轮缘槽　　D. 开口

779. 混凝土枕横裂（或斜裂）接近环状裂纹（残余裂缝宽度超过 0.5 mm 或长度超过（　）枕高）时为失效标准。

A. 1/3　　B. 1/4　　C. 2/3　　D. 1/2

780. 混凝土枕挡肩破损，接近失去支承能力，破损长度超过挡肩长度的（　）时为失效标准。

A. 1/3　　B. 1/4　　C. 2/3　　D. 1/2

781. 使用扣板式扣件时，正线（　）及以下的曲线地段，钢轨外侧应使用加宽铁座。

A. 250 m　　B. 350 m　　C. 450 m　　D. 800 m

782. 使用扣板式扣件时，站线（　）及以下的曲线地段，钢轨外侧应使用加宽铁座。

A. 250 m　　B. 350 m　　C. 450 m　　D. 800m

783. 混凝土宽枕线路的道床，由面砟带和底层组成，均应用（　）道砟。

A. 特级　　B. 花岗岩　　C. 一级　　D. 石灰岩

784. 线路大、中修后，无垫层的碎石道床，枕下清砟厚度不得小于（　）。

A. 250 mm　　B. 300 mm　　C. 350 mm　　D. 400 mm

785. 在进行（　）设计时，相邻两坡段的交点叫变坡点。

A. 横断面　　B. 纵断面　　C. 平面　　D. 剖面

786. 最小坡段长度不宜连续使用（　）个以上。

A. 1　B. 2　C. 3　D. 4

787. 在电气化线路上（　）时，隧道、桁架桥梁内不得超过限界尺寸线。

A. 起道　B. 改道　C. 捣固　D. 换轨

788. 钢轨接头“支嘴”是指曲线上的钢轨接头离开应有的圆弧位置，向曲线（　）突出。

A. 内侧　B. 外侧　C. 上凸　D. 下凹

789. 曲基本轨的弯折点位置或弯折尺寸不符合要求，造成轨距不符合规定，应（　）修理或更换。

A. 有计划的　B. 及时　C. 简单　D. 不需

790. 基本轨除承受车轮的垂直压力外，还与尖轨共同承受车轮的（　）水平推力。

A. 纵向　B. 竖向　C. 横向　D. 斜向

791. 曲线应保持圆顺，用 20 m 弦线在钢轨踏面下（　）处测量正矢。

A. 10 mm　B. 12 mm　C. 14 mm　D. 16 mm

792. 两线路中心距离在 5 m 以下的曲线地段，内侧曲线的超高不得小于（　），否则，必须根据计算加宽两线的中心距离。

A. 外侧曲线超高　B. 外侧曲线超高的一半

C. 外侧曲线超高的 1/3　D. 外侧曲线超高的 1/4

793. 高温季节可安排（　）、钢轨打磨、焊补等作业。

A. 道床清筛　B. 抬道整修　C. 线路拨道　D. 矫直钢轨硬弯

794. 道岔连接曲线可以设置超高，但超高值不应大于 15 mm，且向两端外的顺坡率不大于（　）。

A. 1‰　B. 2‰　C. 1.5‰　D. 2.5‰

795. 进行无缝线路维修作业，应根据（　）条件进行作业，严格执行“维修作业半日一清，临时补修作业一撬一清”。

A. 锁定轨温　B. 中间轨温　C. 实际轨温　D. 作业轨温

796. 在跨区间无缝线路上的无缝道岔尖轨及其前方 25 m 范围内综合维修，作业轨温范围为实际锁定轨温（　）。

A. ±5 °C　B. ±10 °C　C. ±15 °C　D. ±0 °C

797. 无缝线路应力调整，宜采用（　）法。

A. 滚筒配合撞轨　B. 拉伸　C. 滚筒结合拉伸　D. 列车碾压

798. 应力放散时，应每隔（　）设一位移观测点观测钢轨位移量。

A. 25 ~ 50 m　B. 50 ~ 100 m　C. 30 ~ 50 m　D. 50 ~ 75 m

799. 道口标志应设在通向道口，距道口最外股钢轨不少于（　）处的道路右侧。

A. 10 m　B. 20 m　C. 25 m　D. 50 m

800. 道口栏杆（门）以对道路开放为定位，特殊情况下需要以对道路关闭为定位时，须经（　）批准。

A. 工务段　B. 铁路局　C. 铁道部　D. 当地政府

801. 道口护轨两端做成喇叭口，距护轨端（　）处弯向线路中心。

A. 90 mm　B. 100 mm　C. 150 mm　D. 300 mm

802. 笨重、巨大的物件和可能破坏铁路设备、干扰行车的物体通过道口时，应采取安全和防护措施，并经（　）的许可。

A. 道口工　B. 道口交警　C. 线路（道口）工长　D. 值班员

803. 在电气化铁路上，装载高度超过（　）的货物上严禁坐人。

A. 1 m　B. 2 m　C. 5 m　D. 6 m

804. 轨向偏差和高低偏差为（　）弦测量的最大矢度值。

A. 5 m　B. 10 m　C. 20 m　D. 30 m

805. 临时补修是为保持轨道具有一定的（　），而进行的临时性修理。

A. 强度　B. 储备能力　C. 承载能力　D. 平顺性和整体性

806. 线路设备（　）工作的基本任务是经常保持线路设备完整和质量均衡，使列车能以规定速度安全、平稳和不间断地运行，并尽量延长设备使用寿命。

A. 维修　B. 中修　C. 大修　D. 状态修

807. 线路设备维修应实行（　）制度，并实行检修分开的管理体制。

A. 集中修　B. 临时补修　C. 天窗修　D. 状态修

808. 铁路线路设备（　）的基本任务，是根据运输需要及线路设备损耗规律，有计划、按周期地对损耗部分进行更新和修理，恢复和提高线路设备强度，增强轨道承载能力。

A. 维修　B. 中修　C. 大修　D. 状态修

809. 曲线正矢，（　）至少应结合线路检查全面检查 1 次，并填写记录。

A. 每月　B. 每季　C. 每旬　D. 每周

810. 线路设备（　）是养路工作“检查、计划、作业、验收”四个环节中最基本、最重要的环节，它是制定线路维修计划和研究分析病害的依据。

A. 检查　B. 计划　C. 作业　D. 验收

811. 临时补修管理值为应及时进行轨道整修的（　）标准。

A. 质量控制　B. 设备检修　C. 轨道控制　D. 几何控制

812. 线路设备大、中修验收，主要项目一次达到标准，可评为“（　）”。

A. 合格　B. 良好　C. 优质　D. 优良

813. 三角坑偏差不含曲线超高顺坡造成的扭曲量，检查三角坑时基长为（　）。

A. 6.25 m　B. 12.5 m　C. 18 m　D. 42 m

814. 线路设备大、中修完毕后，新钢轨接头相错：直线不得超过（　）。

A. 20 mm　B. 30 mm　C. 40 mm　D. 50 mm

815. 线路设备大、中修完毕后，新钢轨接头相错：曲线不得超过（　）加缩短轨缩短量的一半。

A. 20 mm　B. 30 mm　C. 40 mm　D. 50 mm

816. 更换新道岔验收时，基本轨、导轨钢轨无硬弯，钢轨接头轨面及内侧错牙不得超过（　）。

A. 1 mm　B. 1.5 mm　C. 2 mm　D. 3 mm

817.《铁路线路修理规则》规定，道岔尖轨尖处轨距作业验收容许偏差管理值为（　）。

A. ±2 mm　B. ±1 mm　C. ±1.5 mm　D. ±2.5 mm

818. 正线线路和道岔，每月应检查（　）次（当月有轨检车检查线路可减少 1 次）。

A. 1 B. 2 C. 3 D. 4

819. 塌方落石侵入限界时，立即（ ）。

A. 限速 15 km/h B. 限速 25 km/h

C. 限速 45 km/h D. 办理封锁线路手续，拦停来车

820. 三角坑指一定间距（2.5 m 基长）的（ ）水平差。

A. 两组 B. 一组 C. 三组 D. 四组

821. 轨距是钢轨头部踏面（ ）下两股钢轨工作边之间的最小距离。

A. 14 mm 范围内 B. 14 mm 处 C. 16 mm 处 D. 16 mm 范围内

822. 在直线段出现（ ），该处一定存在碎弯、小方向或轨距递减不好。

A. 垂直加速度 B. 曲率 C. 横向加速度 D. 轨距变化率

823. 直线段上的水平加速度就是水平方向上（ ）和时间的比值。

A. 轨向的变化 B. 轨面的变化 C. 速度的变化 D. 高低的变化

824.（ ）偏差本身不是重点，而由其造成的小轨向不良才是重点。

A. 轨距变化率 B. 曲率 C. 横加变化率 D. 水平

825. 混凝土枕中部（ ）长度范围内，严禁捣固或串实。

A. 100 ~ 200 mm B. 200 ~ 400 mm

C. 500 ~ 600 mm D. 300 ~ 500 mm

826. 在混凝土枕地段起道时，打塞（砸撬）应将起道机（ ）轨枕底道砟串实。

A. 前方 B. 后方 C. 两侧 D. 一侧

827. 提速道岔可动心轨第一拉杆中心处（ ）的若不足，直、曲股轨距偏小时，应检查辙叉咽喉宽度是否满足设计要求，若超过允许范围应先进行调整，确保动程和轨距良好。

A. 动程 B. 开程 C. 开口 D. 框架

828. 曲线反弯是指直缓点或缓直点及其 20 m 内的直线段有（ ）的正矢，曲线段正矢有负值。

A. ≤-1 mm B. ≤-2 mm C. ≤-3 mm D. ≤-4 mm

829. 普通混凝土枕螺纹道钉中心距离为（ ），误差不大于±1 mm。

A. 210 mm B. 220 mm C. 200 mm D. 214 mm

830. 弹条扣件的弹条中部前端下颚应靠贴轨距挡板或拧紧力矩达到（ ）。

A. 80 ~ 140 N·m B. 80 ~ 150 N·m

C. 80 ~ 160 N·m D. 70 ~ 120 N·m

831. 固定型辙叉接头冻结应采用高强螺栓，拧紧力矩应保持（ ）。

A. 300 ~ 500 N·m B. 600 ~ 800 N·m

C. 700 ~ 900 N·m D. 1 100 ~ 1 400 N·m

832. 线路允许速度大于 160 km/h 的地段，路肩宽度不得小于（ ）。

A. 0.4 m B. 0.6 m C. 0.8 m D. 1.0 m

833. 线路允许速度不大于 160 km/h 的路堤地段，路肩宽度不得小于 0.8 m，路堑地段不得小于（ ）。

A. 0.4 m B. 0.6 m C. 0.8m D. 1.0 m

834. 电缆沿路堑顶部埋设时，应在堑顶天沟边（ ）以外。

A. 1 m　　B. 3 m　　C. 2 m　　D. 5 m

835. 混凝土枕与木枕、混凝土枕与混凝土宽枕的分界处，距钢轨接头不得少于（　）轨枕。

A. 1 根　　B. 2 根　　C. 3 根　　D. 5 根

836. v_{max}≤120 km/h 时，道岔直向两端过渡枕均不得少于（　）根。

A. 5 根　　B. 25 根　　C. 50 根　　D. 75 根

837. 允许速度大于 120 km/h 的线路应采用（　）及以上钢轨，小半径曲线地段及重载线路应铺设全长淬火轨。

A. 43 kg/m　　B. 50 kg/m　　C. 60 kg/m　　D. 75 kg/m

838. 轨缝应设置均匀。每千米线路轨缝总误差，25 m 钢轨地段不得超过（　）。

A. 40 mm　　B. 60 mm　　C. 80 mm　　D. 160 mm

839. 使用扣板扣件时，正线半径在 800 m 及以下和站线半径在（　）及以下的曲线地段，钢轨外侧应使用加宽铁座。

A. 400 m　　B. 450 m　　C. 500 m　　D. 550 m

840. 接头防松坚固件分为（　）。

A. 8、10、12 级　　B. 8.8、10.9、12 级

C. 8.8、10、12 级　　D. 10、10.9、12 级

841. 其他站线平直及异型夹板中间两螺栓孔范围内裂纹超过（　）应及时更换。

A. 5 mm　　B. 10 mm　　C. 15 mm　　D. 20 mm

842. 曲线轨距加宽应在整个缓和曲线内递减。如无缓和曲线，则在直线上递减，递减率不得大于（　）。

A. 1‰　　B. 2‰　　C. 3‰　　D. 4‰

843. 特殊条件下轨距加宽递减，铁路局可根据具体情况规定，但不得大于（　）。

A. 1‰　　B. 2‰　　C. 3‰　　D. 4‰

844. 两线路中心距不大于 5m 时，其轨面标高应设计为同一水平，困难地段高度差可不大于（　）。

A. 100 mm　　B. 200 mm　　C. 300 mm　　D. 500 mm

845. 对口道岔尖轨尖端轨距递减：两尖轨尖端距离小于（　），两尖端处轨距相等时不作递减。

A. 20 m　　B. 10 mm　　C. 6. 25 m　　D. 6 m

846. 站线道岔与曲线或道岔与其连接曲线之间的直线段长度不应小于（　）。

A. 20 m　　B. 10 mm　　C. 7.5 m　　D. 6 m

847. 无缝道岔导轨、辙叉、心轨、翼轨的扣件拧紧力矩应保持（　）。

A. 60 ~ 80 N · m　　B. 120 ~ 150 N · m

C. 80 ~ 150 N · m　　D. 80 ~ 140 N · m

848. 无缝道岔尖轨及其前后各 25 m 范围内的基本轨扣件拧紧力矩应保持在（　）。

A. 60 ~ 80 N · m　　B. 120 ~ 150 N · m

C. 80 ~ 150 N · m　　D. 80 ~ 140 N · m

849. 无缝线路在桥梁两端路基上每端锁定长度均不应小于（　）。

A. 50 m　　B. 100 m　　C. 200 m　　D. 300 m

850. 跨区间和全区间无缝线路的两相邻单元轨条的同一区间内单元轨条的最低、最高锁定轨温相差超过（　）。

A. 5 °C　B. 10 °C　C. 15 °C　D. 20 °C

851. 道床一般清筛枕盒清筛深度为枕底向下（　），并做好排水坡。

A. 50 ~ 100 mm　B. 50 ~ 150 mm

C. 100 ~ 150 mm　D. 150 ~ 200 mm

852. 可动心轨辙叉道岔的垫板作业，可采用调换不同厚度轨下垫板的方法进行。垫板数量不应超过 1 块，厚度不应超过（　）。

A. 5 mm　B. 6 mm　C. 8 mm　D. 10 mm

853. 线路保养质量评定标准中，轨距、水平、三角坑应连续检测（　）。

A. 50 m　B. 100 m　C. 200 m　D. 300 m

854. 道岔保养质量评定标准中，道钉浮离、扣件拧紧力矩（扣压力）不符合规定或弹条扣件中部前端下颚离缝大于 1 mm 者、轨距挡板前、后离缝大于 2 mm，不良者超过 12%应各连接检测（ ）。

A. 50 个　B. 20 个　C. 40 个　D. 30 个

855. 巡道工在当班巡道时，应以（　）左右的速度全面查看线路。

A. ）5 km/h　B. 4 km/h　C. 3 km/h　D. 2 km/h

856. 施工地段放行列车时，列车限速 v_{max}≤45 km/h 时，轨枕盒内及轨枕头部道砟不少于（　）。

A. 1/2　B. 1/4　C. 1/5　D. 1/3

857. 线路大、中修，在封锁施工前，v_{max}≤45 km/h 的慢行时间内，允许每隔（　）根轨枕（板结地段 4 根）挖开 1 根轨枕底的道砟，但必须保持两侧轨枕底的道砟不松动。

A. 6　B. 5　C. 4　D. 3

858.《铁路工务安全规则》规定：限速时间大于（　）以上的固定限速地段不设置减速标志。

A. 3 个月　B. 4 个月　C. 5 个月　D. 6 个月

859. 在区间线路上进行不影响行车安全的作业，不需要以停车信号或移动减速信号防护时，应在作业地段两端处列车运行方向左侧（双线在线路外侧）（　）的路肩上设置作业标。

A. 20 m　B. 50 m　C. 800 m　D. 500 ~ 1 000 m

860. 有人看守的道口应装设遮断信号机，遮断信号机距防护地点不得小于（　）。

A. 20 m　B. 50 m　C. 100 m　D. 500 m

861. 凡上道进行设备检查时，必须设现场防护员，驻站联络员，及时通报列车运行情况，并保持每（　）联系一次。

A. 1 min　B. 2 min　C. 3 min　D. 5 min

862. 下列（　）不属于客运专线铁路正线应设置的标志。

A. 线路标志　B. 用地界标　C. 行政区界标　D. 信号标

863. 车站无接触网支柱地段，线路标志的相关内容应标志在（　）。

A. 站台侧面　B. 站台上面　C. 轨腰上　D. 轨枕上

864. “运统-46”封面上应注明使用起止时间，定置存放，保存期限为（　）。

A. 半年　B. 一年　C. 一年半　D. 二年

865. “运统-46”（施工）簿填记的内容中不包含（　）。

A. 请求施工（慢行及封锁）登记　B. 调度员

C. 施工后开通检查确认、销记　D. 承认施工及施工开通

866. 凡未办理验交的线路、桥隧等设备，由（　）负责巡查养护，保证行车安全。

A. 设备管理单位

B. 施工单位

C. 设备管理单位和施工单位共同负责

D. 施工完成后 24 h 自行交由设备管理单位

867. 施工地段放行列车时，轨道静态几何尺寸偏差不得超过（　）（允许速度 v_{max} = 120 km/h）容许偏差管理值。

A. 临时补修　B. 经常保养　C. 作业验收　D. TOI 评定

868. 施工地段放行列车限速 v_{max}≤45 km/h 时，半径小于或等于 800 m 曲线地段，混凝土轨枕可每隔（　），木枕可每隔 1 根钉紧 6 根。

A. 1 根拧紧 6 根　B. 1 根拧紧 3 根

C. 1 根拧紧 1 根　D. 2 根拧紧 1 根

869. 施工地段放行列车限速 v_{max}≤45 km/h 时，半径大于 800 m 曲线及直线地段，混凝土轨枕可每隔（　），木枕可每隔 1 根钉紧 1 根。

A. 1 根拧紧 6 根　B. 1 根拧紧 3 根　C. 1 根拧紧 1 根　D. 2 根拧紧 1 根

870. 双线区段线桥工区应配备的停车信号牌、减速信号牌、减速地点标、“T”字减速信号的数量为（　）。

A. 2 个　B. 4 个　C. 6 个　D. 8 个

871. 单线区段线桥工区应配备的停车信号牌、减速信号牌、减速地点标的数量为（　）。

A. 2 个　B. 4 个　C. 6 个　D. 8 个

872. 双线区段线桥工区、巡道巡守小组应配备的响墩数量为（　）。

A. 6 个　B. 9 个　C. 12 个　D. 18 个

873. 双线自动闭塞区段线桥工区应配备的短路铜线数量为（　）。

A. 2 条　B. 4 条　C. 8 条　D. 12 条

874. 单线区段线桥工区应配备的红色信号旗数量为（　）。

A. 2 面　B. 4 面　C. 6 面　D. 9 面

875. 双线区段线桥工区应配备的红色信号旗数量为（　）。

A. 2 面　B. 4 面　C. 9 面　D. 16

876. 在电气化铁路线路上作业的起道或拨道量超出有关规定时，必须先通知（　）予以配合。

A. 工务工区　B. 电务工区　C. 接触网工区　D. 车站

877. 电气化区段，120 km/h＜线路允许速度 v_{max}≤200 km/h 时，线路中心与桥梁中心的偏差，钢梁、圬工梁不得大于（　）。

A. 50 mm　B. 60 mm　C. 70 mm　D. 90 mm

878. 在线路上使用小型养路机械作业时，应由（　）担任施工负责人。

A. 线路班长　B. 线路工长　C. 车间主任　D. 段级领导

879. 小型养路机械上道作业时，（　）应确认设置好防护。

A. 施工负责人　B. 驻站联络员　C. 车站值班员　D. 现场防护员

880. 小型养路机械上道作业时，应设置（　）防护；防护设备应采用自动报警器或无线通信等装置。

A. 移动停车信号　B. 移动减速信号　C. 行车故障　D. 作业标

881. 使用小型机械作业时，其下道架应有专人负责，并随主机移动，距离不得大于（　）。

A. 50 m　B. 30 m　C. 20 m　D. 15 m

882. 小型养路机械、机具、防护电话和自动报警器等如在作业中发生故障，应（　）。

A. 设置移动停车信号防护　B. 当即派专人检修

C. 设置故障防护　D. 停机下道进行检修

883. 靠近线路堆放道砟、片石、砂子等线桥用料，料堆的坡度不得陡于（　）。

A. 1∶1　B. 1∶1.25　C. 1∶1.5　D. 1∶1.75

884. 靠近线路堆放道砟、片石、砂子等线桥用料，钢轨顶面外侧到坡角的水平距离不得少于（　）。

A. 500 mm　B. 800 mm　C. 810 mm　D. 860 mm

885. 无缝线路成段更换钢轨时，准备换入的长轨应放在（　）。

A. 路肩上　B. 道床肩上　C. 道心里　D. 枕木头上

886. 距梁中心 2. 45 m 以内道砟桥面人行道上的竖向静活载，在任何情况下不得超过（　）。

A. 2 kPa　B. 4 kPa　C. 8 kPa　D. 10 kPa

887. 距梁中心 2. 45 m 以外道砟桥面人行道上的竖向静活载，在任何情况下不得超过（　）。

A. 2 kPa　B. 4 kPa　C. 8 kPa　D. 10 kPa

888. 明桥面在任何情况下，人行道上的竖向静活载不得超过（　）。

A. 2 kPa　B. 4 kPa　C. 8 kPa　D. 10 kPa

889. 在两线间堆放道砟、片石、砂子等线桥用料，料堆的高度不得高于钢轨顶面（　）。

A. 100 mm　B. 200 mm　C. 300 mm　D. 500 mm

890. 当 120 km/h＜允许速度 v_{max}≤160 km/h 时，作业人员下道避车时距钢轨头部外侧距离不小于（　）。

A. 2 m　B. 2.5 m　C. 3.0 m　D. 3.5 m

891. 当允许速度 v_{max}≤120 km/h 时，作业人员下道避车时距钢轨头部外侧距离不小于（　）。

A. 2 m　B. 2.5 m　C. 3.0 m　D. 3.5 m

892. 线上作业和上道检查，遇有降雾、暴风雨（雪）、扬沙等恶劣天气影响瞭望时，（　）。

A. 应停止作业，必须作业时，应采取特殊安全措施，保证来车之前按规定的距离及时下道

B. 必须停止作业

C. 只要设置防护可照常作业

D. 只能上道检查，不能线上作业

893. 作业前，施工作业负责人和（　）应对机具进行检查，机具状态不良或安全附件失

效的机具严禁上线使用。

A. 工长　B. 班长　C. 防护员　D. 机具使用人员

894. 在地面（　）以上的高处及陡坡上作业，必须戴好安全帽、系好安全带或安全绳，不准穿带钉或易溜滑的鞋。

A. 2 m　B. 2.5 m　C. 3 m　D. 5 m

895. 安全带、安全绳每次使用前，使用人必须详细检查，段每（　）对安全带、安全绳做一次鉴定。

A. 三个月　B. 半年　C. 一年　D. 三年

896. 用滑行钢轨装卸钢梁及其他重型机械设备时，滑行钢轨应支撑牢固，坡度适当，滑行前方（　）。

A. 必须有人防护　B. 应有保险绳索

C. 严禁站人　D. 应设置安全桩

897. 用锯轨机切割钢轨时，其他人员应远离锯轨机（　），防止锯片破碎伤人。

A. 左侧　B. 前方　C. 两侧和前方　D. 左侧和前方

898. 钢轨打磨时，其他人员应远离打磨（　）。

A. 左侧　B. 前方　C. 两侧和前方　D. 左侧和前方

899. 乙炔瓶与明火的距离不得小于（　）。

A. 3 m　B. 5 m　C. 10 m　D. 15 m

900. 乙炔瓶与氧气瓶间的距离不得小于（　）。

A. 5 m　B. 10 m　C. 12 m　D. 15 m

901. 风动工具试风或放出残余冷风时，工具头必须（　）。

A. 向前　B. 向后　C. 向右上方　D. 向下

902. 采用乙炔切割或烧孔的钢轨，必须在（　）内更换。

A. 8 h　B. 12 h　C. 4 h　D. 3 d

903.（　）不属于视觉信号基本颜色。

A. 红色　B. 白色　C. 黄色　D. 绿色

904. 视觉信号的红色表示（　）。

A. 停车　B. 注意或减低速度

C. 按规定速度运行　D. 不起任何作用

905. 视觉信号的黄色表示（　）。

A. 停车　B. 注意或减低速度

C. 按规定速度运行　D. 不起任何作用

906. 视觉信号的绿色表示（　）。

A. 停车　B. 注意或减低速度

C. 按规定速度运行　D. 不起任何作用

907. 在昼间遇降雾、暴风雨雪及其他情况，停车信号显示距离不足（　），应使用夜间信号。

A. 200 m　B. 400 m　C. 800 m　D. 1 000 m

908. 在昼间遇降雾、暴风雨雪及其他情况，注意或减速信号显示距离不足（　），应使用夜间信号。

A. 200 m　　B. 400 m　　C. 800 m　　D. 1 000 m

909. 线路设备修理分为线路设备（　）。

A. 综合维修和临时补修　　B. 维修和保养

C. 大修和维修　　D. 经常保养和紧急抢修

910. 线路设备大修的基本任务是根据运输需要及线路设备损耗规律，有计划、按周期地对线路设备进行更新和修理，恢复和提高线路设备强度，增强（　）。

A. 轨道框架阻力　　B. 轨道承载能力

C. 线路运营能力　　D. 轨道防爬能力

911. 线路设备维修的基本任务是保持线路设备完整和质量均衡，使列车能以规定速度安全、平稳和不间断地运行，并尽量延长线路设备（　）。

A. 使用时间　　B. 超期运载时间

C. 使用寿命　　D. 运输能力

912. 线路设备大修应贯彻“运营条件匹配，轨道结构等强，（　），线路质量均衡”的原则，坚持全面规划、适度超前、区段配套的方针，并应采用无缝线路。

A. 养修季节合理　　B. 修理周期延长

C. 修理周期缩短　　D. 修理周期合理

913. 线路设备维修应贯彻“预防为主，防治结合，（　）”的原则。

A. 以修为主　　B. 修养并重

C. 维修、大修并重　　D. 只修不养

914. 线路设备大修应由大修设计和施工专业队伍承担，采用必要的（　）和运输车辆，并安排与施工项目相适应的施工天窗。

A. 施工工具　　B. 养路机械

C. 测量仪器　　D. 施工机械

915. 线路设备维修应实行天窗修制度，并实行（　）的管理体制。

A. 检修分开　　B. 养修分开

C. 检修一体化　　D. 修养并重

916. 线路设备修理应采用新技术、新设备、新材料、新工艺和先进的（　）方法，优化劳动组织，提高劳动生产率和施工作业质量，降低成本。

A. 养护维修　　B. 大修施工

C. 施工作业　　D. 科学管理

917.《铁路线路修理规则》适用于 1 435 mm 标准轨距和线路允许速度为（　）及以下的线路。

A. 200 km/h　　B. 160 km/h　　C. 120 km/h　　D. 80 km/h

918. 因线路设备大修引起其他设备变动时，应由（　）在相应的大修计划中统一安排。

A. 运输局　　B. 工程局　　C. 工务段　　D. 铁路局

919. 综合维修是指根据线路变化规律和特点，以全面改善轨道弹性、调整轨道几何尺寸和更换、整修失效零部件为重点，以（　　）为主要作业手段，按周期、有计划地对线路进行的综合性维修。

A. 传统养路机具　　B. 养路机械
C. 小型养路机械　　D. 大型养路机械

920. 经常养护是指根据线路变化情况，以养路机械为主要作业手段，对全线进行有计划、有重点的经常性养护，以保持线路质量处于（　　）。

A. 优质状态　　B. 良好状态
C. 均衡状态　　D. 衡定状态

921. 线路设备大修施工应由（　　）承担，并有固定的生产人员作为基本队伍。

A. 维修工区　　B. 小施工队
C. 专业队伍　　D. 建筑公司

922. 铁路局应根据近、远期规划，统筹安排，修建必要的大修基地。大修基地应有足够的（　　），具备必要的生产和生活设施，交通便利。

A. 施工机械和库房　　B. 交通运输工具和油料
C. 配线和场地　　D. 专用线和机车

923. 线路设备大修施工单位应依据（　　）进行现场调查和施工测量，研究制定施工方案；按工程件名及批准的施工计划编制施工组织设计。

A. 设计文件　B. 设计图纸　C. 上级命令　D. 年度计划

924. 线路设备大修施工必须认真贯彻执行（　　）的方针，严格执行各项施工作业标准，科学组织施工，确保施工安全、质量和进度。

A. 安全第一、预防为主　　B. 安全第一、质量为本
C. 安全为主、保证进度　　D. 安全生产、统筹兼顾

925. 工务段应对线路设备大修施工进行全过程监督，发现施工安全隐患及质量问题时应责令施工单位立即纠正，危及行车安全时有权（　　）。

A. 建议其停止施工　　B. 责令其停止施工
C. 责令其施工慢行　　D. 责令天窗点内施工

926. 施工单位应建立健全各种施工、运输和装卸机械的管理制度，加强设备台账和技术档案的管理，实行（　　），严格执行设备检修保养制度，保证配件储备，提高设备完好率。

A. 岗位责任制　　B. 领导负责制
C. 专人负责制　　D. 集体责任制

927. 施工单位应建立健全（　　），不得使用质量、规格不符合标准或出厂证件不符合要求的材料。

A. 材料管理制度　　B. 材料采购制度
C. 专款专用制度　　D. 材料使用制度

928. 检修分开的基本原则是实行专业检查和机械化集中修理，实现（　　）的异体监督。

A. 养护与维修　　B. 检查与整治
C. 检测与保养　　D. 检查与维修

929. 线路工区主要负责（　　）、临时补修、故障处理。

A. 线路设备巡查　　B. 线路设备整修

C. 设备检查　　　　　　　　　　D. 线路设备动态观测

930. 防爬器与轨枕之间应设承力板，防爬支撑断面不应小于（　），防爬支撑应与轨枕密贴。

A. 80 cm^2　　B. 100 cm^2　　C. 120 cm^2　　D. 140 cm^2

931. 凡影响行车的线路施工、维修作业均应在天窗内进行，用于线路大、中修及大型养路机械作业的施工天窗不少于（　）。

A. 120 min　　B. 140 min　　C. 160 min　　D. 180 min

932. 封锁线路或限制行车速度的施工、长轨列车和工程列车运行、道砟运输等，均应纳入（　）的运输方案。

A. 工务段　　B. 铁路局　　C. 运输局　　D. 工务机械段

933. 在线路设备（　）中，应根据线路设备条件和状态。结合季节特点，合理安排综合维修、经常保养和重点工作。

A. 维修计划　　B. 养修计划　　C. 维修安排　　D. 保养计划

934. 允许速度 v_{max}＜160 km/h 的线路个别插入短轨，在正线上不得短于 6 m，在站线上不得短于 4.5 m，并不得连续插入（　）及以上。

A. 1 根　　B. 2 根　　C. 3 根　　D. 4 根

935. 防爬支撑宜安装在钢轨底下，也可安装在与轨底边净距不小于（　）的道心内。

A. 100 mm　　B. 250 mm　　C. 300 mm　　D. 350 mm

936. 线路大、中修经过道口时，应更换失效及不符合要求的道口铺面板和护轨，整修两侧平台及（　）。

A. 排水设备　　　　　　　　B. 两侧线路外观

C. 道口标志　　　　　　　　D. 道口轮缘槽

937. 警冲标应设在会合线路两线间距为（　）的起点处中间，有曲线时按限界加宽办法加宽。

A. 1 m　　B. 2　　C. 3 m　　D. 4 m

938. 当轨下调高垫板厚度达到 10 mm，或连续 3 根及以上轨枕调高垫板厚度达到 8 ~ 10 mm，使用调高扣件时调高垫板厚度达到（　），应进行垫砟起道作业。

A. 25 mm　　B. 30 mm　　C. 40 mm　　D. 45 mm

939. 垫砟起道时，一次垫入的厚度不得超过 20 mm，抬起高度不得超过（　），两台起道机应同起同落。

A. 30 mm　　B. 50 mm　　C. 65 mm　　D. 80 mm

940. 垫砟作业每撬长度不得超过（　）轨枕，并随垫随填，夯实道床。

A. 3 根　　B. 5 根　　C. 6 根　　D. 8 根

941. 改道时，木枕地段应使铁垫板外肩靠贴轨底边，混凝土枕地段应调整不同号码扣板、轨距挡板、挡板座，并可用厚度不超过（　）的垫片调整尺寸。

A. 1 mm　　B. 2 mm　　C. 2.5 mm　　D. 3 mm

942. 线路上的钢轨硬弯，应在轨温较高季节矫直，矫直时轨温应高于（　）。

A. 15 °C　　B. 21 °C　　C. 25 °C　　D. 28 °C

943. 发现胀轨跑道且无降温条件或降温无效时，应立即截断钢轨（普通线路应拆开钢轨接头）放散应力，整正线路，夯拍道床，首列放行列车速度不得超过（　），并派专人看守、整修线路，逐步提高行车速度。

A. 5 km/h　B. 10 km/h　C. 15 km/h　D. 20 km/h

944. 正线、到发线道岔的综合维修周期可与线路同步，但不宜超过（　）。

A. 1 年　B. 2 年　C. 3 年　D. 4 年

945. 防洪工作实行全面规划、统筹兼顾、（　）、综合治理、局部利益服从全局利益的原则。

A. 全员防洪　B. 科学防洪　C. 预防为主　D. 安全第一

946. 任何单位和个人都有（　）防洪工程设施和依法参加防汛抗洪的义务。

A. 维修　B. 保护　C. 看管　D. 巡视

947. 防洪规划是（　）、湖泊治理和防洪工程设施建设的基本依据。

A. 江河　B. 海河　C. 河流　D. 水库

948. 城市、（　）和其他居民点以及工厂、矿山、铁路和公路干线的布局，应当避开山洪威胁；已经建在受山洪威胁的地方的，应当采取防御措施。

A. 农村　B. 乡村　C. 乡镇　D. 村镇

949. 正线及车站用地界标（桩）应埋设在铁路地界线上和地界拐点处，埋设间距直线宜为（　）m，曲线宜为 40 m。

A. 50　B. 100　C. 150　D. 200

950. 无砟轨道主体结构应不少于（　）年设计使用年限的要求。

A. 30　B. 50　C. 60　D. 100

951. 防灾安全监控系统规定 7 级风速（　）。

A. 限速 300 km/h　B. 限速 200 km/h

C. 限速 120 km/h　D. 禁止列车进入风区

952. 防灾安全监控系统规定 8 ~ 9 级（　）。

A. 限速 300 km/h　B. 限速 200 km/h

C. 限速 120 km/h　D. 禁止列车进入风区

953. 防灾安全监控系统规定 10 级（　）。

A. 限速 300 km/h　B. 限速 200 km/h

C. 限速 120 km/h　D. 禁止列车进入风区

954. 防灾安全监控系统规定 11 级及以上（　）。

A. 限速 300 km/h　B. 限速 200 km/h

C. 限速 120 km/h　D. 禁止列车进入风区

955. 高速铁路检查抢修人员进入本线限界内进行检查时，本线实施封锁，邻线限速（　）km/h 及以下。

A. 80　B. 100　C. 120　D. 160

956. 各机械车按规定排列顺序解体作业时，必须保持不小于（　）的安全间距。

A. 2 m　B. 5 m　C. 10 m　D. 20 m

957. 捣固车在圬工桥面作业时，必须事先拆除护轨，测定轨枕底下道砟厚度，如厚度不足（　）时，严禁进行捣固。

A. 150 mm　B. 200 mm　C. 250 mm　D. 300 mm

958. 根据事故造成的人员伤亡、直接经济损失、列车脱轨辆数、中断铁路行车时间等情形，事故等级分为特别重大事故、重大事故、(　　) 和一般事故。

A. 大事故　　B. 险性事故　　C. 较大事故　　D. 中等事故

959. 铁路运输企业及其职工违反法律、行政法规的规定，造成事故的，由国务院铁路主管部门或者（　　）依法追究行政责任。

A. 铁路管理机构　　B. 单位

C. 上级主管部门　　D. 人民法院

960. 铁路一般交通事故分为（　　)。

A. 2 类　　B. 3 类　　C. 4 类　　D. 5 类

二、判断题（239道）

1.（　　）我国铁路正线轨道类型划分为特重型、重型、次重型、中型和轻型。

2.（　　）铁路线路是由轨道、路基等组成的总称。

3.（　　）我国铁路线路共分为三个等级，即Ⅰ级、Ⅱ级、Ⅲ级。

4.（　　）铁路线路按用途可分为正线、站线、段管线、岔线及特别用途线。

5.（　　）站线是为办理列车到达或出发的线路。

6.（　　）段管线是指机务、车辆、工务、电务、供电等段专用并由其管理的线路。

7.（　　）铁路轨道是线路的上部建筑，包括钢轨、轨枕、联结零件、道床、防爬设备。

8.（　　）轨道的作用是引导列车行驶方向，支承其载重及其冲击力，并将其传递至路基或桥隧等建筑物。

9.（　　）按铁路等级划分的轨道类型，同一等级的铁路，可以采用不同类型的轨道。

10.（　　）我国铁路正线轨道类型划分为特重型、重型、中型和轻型。

11.（　　）桥面是桥梁上部铺设通过机车车辆的轨道和供人行走部分。

12.（　　）涵洞是埋置于地层内的一种地下建筑物。

13.（　　）路基横断面依其所处的地形条件不同，分为路堤、路堑两种基本形式。

14.（　　）路基由路基本体（如路堤、路堑）、路基排水设备、防护和加固设备等三部分组成。

15.（　　）路基基床分为表层、中层和底层。

16.（　　）路基面是指路基顶面，包括铺设轨道的部分。

17.（　　）曲线地段路基内侧应按要求加宽，加宽值要在缓和曲线范围内递减。

18.（　　）侧沟为路基面两侧的排水沟，用以排除路堑边坡和路基地下水。

19.（　　）埋设警冲标时应注意油漆白色的半边背向道岔辙叉方向，油漆红、白相间的半边朝向道岔辙叉方向。

20.（　　）地形图中，等高线上各点标高不一定相等。

21.（　　）线路公里标一般以线路起点车站的旅客站房中心处为零公里算起。在整公里处注明里程。

22.（　　）线路纵断面图路肩设计标高栏中，在各变坡点，百米标和加标处注明路肩设计标高，单位为千米。

23.（　　）线路横断面图，也就是垂直于线路中线的横剖面图。水平方向表示高程，竖直方向表示距离。

24.（　　）车站平面图一般应绘有线路、信号、站台等设备，不包含道口。

25.（　　）客运专线铁路区间正线或站内正线，列车行车速度 200 km/h，线间最小距离为 4 200 mm。

26.（　　）客运专线铁路区间正线或站内正线，列车行车速度 250 km/h＜v≤300 km/h，线间最小距离为 4 600 mm。

27.（　　）铁路基本限界可分为建筑限界和机车车辆限界两种。

28.（　　）《技规》规定：机车、车辆无论空重状态，均不得超出机车车辆限界。

29.（　　）营业线施工等级分为Ⅰ、Ⅱ、Ⅲ、Ⅳ四级。

30.（　　）电气化单线维修天窗不应少于 70 min。

31.（　　）非电气化双线维修天窗不应少于 60 min。

32.（　　）施工作业地段线路开通后，列车限速应按速度阶梯逐步提高。

33.（　　）施工作业开通后的限速地段，为逐步提高行车速度，可使用能随时撤出线路的轻便小型机具进 行线路整修。

34.（　　）现场防护员对封锁施工要根据施工质量，最终确认满足线路放行列车条件后，方可开通线路。

35.（　　）无缝线路放散，封锁施工，放行列车条件：快速地段第一列 60 km/h，第二列 80 km/h，第三列 120 km/h，其后正常。

36.（　　）成段换轨不超过 500 m，封锁施工，放行列车不限速，特殊情况下由施工负责人决定。

37.（　　）凡影响行车安全的施工及发生线路故障地点，均应设置移动停车信号防护。

38.（　　）当线路发生异常情况时可直接通报车站值班员或列车司机。

39.（　　）在区间或站内线路、道岔上封锁施工作业时，车站行车室设驻站联络员，施工地点设现场防护员。

40.（　　）驻站联络员要随时与现场防护员保持联系，如联系中断，现场防护员应立即通知施工负责人停止作业，必要时将线路恢复到准许放行列车的状态。

41.（　　）在非自动闭塞的电气化区段上更换钢轨时，换轨前应在被换钢轨两端的左右轨节间各安设一 条横向连接电线（即轨道电路短路线）。

42.（　　）在自动闭塞的电气化区段上更换钢轨时，换轨前要在被换钢轨两端轨节间安设一条纵向连接电线。

43.（　　）检查建筑接近限界时，接触网不必停电。

44.（　　）本线不封锁，邻线（线间距小于 6.5 m）来车，速度 v_{max}≤60 km/h 时，本线必须下道。

45.（　　）本线不封锁，邻线（线间距小于 6.5 m）来车，60 km/h<邻线速度 v_{max}≤120 km/h 时，本线可不下道，但本线必须停止作业。

46.（　　）本线封锁，邻线（线间距小于 6.5 m）来车，速度 v_{max}≤120 km/h 时，本线可不下道。

47.（　　）人员下道避车时应背向列车认真瞭望，防止列车上的抛落、坠落物或绳索伤人。

48.（　　）人员下道避车的同时，必须将作业机具、材料移出线路，放置、堆码牢固，不得侵入限界，两线间不得停留人员和放置机具、材料。

49.（　　）线路允许速度 v_{max}＞120 km/h 的区段，巡道、巡守人员在砟肩上行走，注意察看线路状态。

50.（　　）使用齿条式起道机维修作业时，要做好防护。

51.（　　）多人在一起作业时应统一指挥，相互间应保持一定的安全距离，防止工具碰撞伤人。

52.（　　）开挖建筑物基坑时，在同一坡面的垂直线上，不得上下同时开工，不得在上层挖土时下层运土。

53.（　　）单轨小车可以搭乘人员。

54.（　　）判断电线或用电设备是否带电，可以用试电器，或用手背去触摸。

55.（　　）发现电线或电器设备起火，应迅速切断电源，在带电状态下，决不能用水或泡沫灭火器灭火。

56.（　　）雷雨天尽量不外出，遇雨时不要在大树下躲雨或站在高处，而应就地蹲在凹处，并且两脚张开。

57.（　　）钢轨水平误差一般是指在较短的距离内，一股钢轨顶面高于另一股。

58.（　　）轨向是指钢轨头部外侧面沿钢轨方向的横向凹凸不平顺，即直线上轨道是否直，曲线上轨道是否圆顺。

59.（　　）高低是指钢轨顶面沿钢轨方向的竖向凹凸不平顺。

60.（　　）钢轨中心线与水平面之间的夹角称为轨底坡。

61.（　　）混凝土轨枕槽事先就按轨底坡的规定做成斜面，不须另设垫板。

62.（　　）三角坑（扭曲）是指在一段长的距离内，钢轨顶面出现交叉出现正负不同的水平差。

63.（　　）如果光带偏向内侧，说明轨底坡过大；如果光带偏向外侧，则说明轨底坡不足；如果光带居中，则说明轨底坡合适。

64.（　　）钢轨的功用在于引导机车车辆的车轮前进，直接承受来自车轮和其他方面的各种力，且传递给轨下基础，并为车轮的滚动提供连续平顺和阻力最小的表面。

65.（　　）在电气化铁路或自动闭塞区段，钢轨还可兼供轨道电路之用。

66.（　　）钢轨类型习惯上用每米大致质量的 kg 整数（kg/m）表示。

67.（　　）我国铁路标准钢轨类型有 75 kg/m、60 kg/m、50 kg/m、43 kg/m、38 kg/m 等。

68.（　　）在直线地段，钢轨的受力主要是水平力，其结果是使钢轨弯曲。

69.（　　）当钢轨顶面轮轨接触处出现鱼鳞裂纹或波浪形磨耗达到轻伤时，应安排修理性打磨。

70.（　　）波浪形磨耗中波纹多发生于曲线线路上。

71.（　　）轨头肥边处的细裂纹，如不及时处理，可扩展为纵向裂纹而断轨。

72.（　　）钢轨表面伤损剥离裂纹的尖端极有可能成为疲劳源，扩展成轨头核伤。

73. (　　) 大型钢轨打磨列车适用于钢轨波浪形磨耗、鱼鳞裂纹等的打磨。

74. (　　) 曲线地段相对式接头少量相错量，应利用钢轨长度误差量在曲线内（有困难时可在直线上）调整。

75. (　　) 明桥面小桥的中间不得有钢轨接头。

76. (　　) 设有温度调节器的钢梁的温度跨度范围内，不得有钢轨接头。

77. (　　) 我国钢轨接头采用斜坡支承双头对称型夹板（简称双头式夹板）。

78. (　　) 接头螺栓按抗拉强度划分为 10.9 级、10 级和 8.8 级三种。

79. (　　) 接头阻力是由夹板与螺栓之间的剪力产生的。

80. (　　) 25 m 钢轨地段，更换钢轨或调整轨缝时的轨温限制范围为（t_z+10 °C）~（t_z−10 °C）。

81.(　　)在轨温限制范围以外更换的 12.5 m 钢轨必须在轨温限制范围以内时调整轨缝。

82. (　　) 轨缝过大，轨温升高时，有可能把夹板螺栓拉弯或剪断。

83. (　　) 轨缝过小，轨温降低时，就会形成瞎缝。

84. (　　) 不拆开接头调整轨缝，只松动接头螺栓，放行列车时，必须拧紧接头全部螺栓。

85. (　　) 大轨缝是造成接头病害的重要原因。

86. (　　) 普通线路上拨道作业中，对支嘴接头只能挑，不能压。

87. (　　) 轨枕的功用是承受来自钢轨上的各种力，且传递至道床，同时轨枕还起着保持钢轨方向轨距和位置等作用。

88. (　　) 木枕根据其在线路上使用部位的不同，分为普通木枕、道岔木枕（岔枕）、桥梁木枕（桥枕）和隧道木枕四种。

89. (　　) 道岔木枕长度 260 ~ 485 cm（每 15 cm 进级）。

90. (　　) 扣件的作用是把钢轨与轨枕或其他类型轨下基础联结在一起，保证钢轨在轨枕上位置稳定，阻止横向位移并防止爬行。同时还应起到缓冲和减震作用。

91. (　　) 木枕轨道上扣件主要有不分开式和分开式两种。

92. (　　) 分开式扣件先用四个螺纹道钉将垫板固紧在木枕上，再用轨卡及轨卡螺栓将轨底扣紧在垫板上。

93. (　　) 混凝土枕从制造工艺分：普通混凝土枕、预应力钢筋混凝土枕、桥梁混凝土枕和隧道混凝土枕四类。

94. (　　) Ⅱ型混凝土轨枕适用于特重型、重型轨道。

95. (　　) 木枕质量轻，在搬运、装卸和铺设时要使用适当工具，尽量避免砸、摔、撞、碰。

96. (　　) 混凝土枕截面为矩形，不便安装防爬器，要注意拧紧扣件，增加钢轨与轨枕的联结强度，防止钢轨爬行。

97. (　　) 混凝土岔枕长度为 2.6 ~ 4.8 m，级差为 0.1 m。

98. (　　) 道钉钉头脱落、严重锈蚀或下颏磨耗达 3 mm 及以上时，应及时更换。

99. (　　) 新木枕应使用直径为 12.5 mm 的木钻钻孔，孔深有铁垫板时为 130 mm，无铁垫板时为 110 mm。

100. (　　) 弹条Ⅱ型扣件适用于标准轨距直线及半径 $R \geqslant 350$ m 曲线上铺设 60 kg/m 钢轨的预应力混凝土枕轨道。

101.（　　）弹条Ⅱ型扣件，接头和中间通用。

102.（　　）Ⅲ型弹条扣件是一种无螺栓无挡肩的弹条扣件。

103.（　　）扣件应经常保持设备齐全，位置正确，作用良好，缺少时应有计划地补充。

104.（　　）混凝土枕的扣件要合理使用，无缝线路和 60 kg/m 及以上钢轨，可以采用弹条扣件和扣板式扣件。

105.（　　）混凝土轨枕线路地段，应保持正线及到发线接头轨枕无失效，其他处所无连续失效（含岔枕）。

106.（　　）混凝土枕挡肩破损长度为挡肩长度的 1/3 ~ 1/2 时为严重伤损标准。

107.（　　）混凝土枕钢筋（或钢丝）外露（钢筋未锈蚀，长度超过 50 mm）时为严重伤损标准。

108.（　　）混凝土枕斜裂长度为枕高的 1/2 ~ 2/3 时为严重伤损标准。

109.（　　）扣板号码是以螺纹道钉中心至轨底边的距离 L 不同来划分的。

110.（　　）用调整扣板整治轨距过大时，可加大钢轨内侧的扣板号码，相应减少外侧扣板的号码。

111.（　　）用调整扣板整治轨距过小时，则应减小内侧扣板号码，相应地增大外侧扣板的号码。

112.（　　）路基必须稳定，如有翻浆冒泥、不均匀下沉及冻害，要彻底整治后方可铺设混凝土宽枕。

113.（　　）轨枕轨下部分由于橡胶垫板损坏或伸出，使钢轨直接作用于承轨槽，引起轨下部分混凝土压溃。

114.（　　）轨枕中间上部出现裂缝，是由于轨枕中部产生较大的正弯矩所致。

115.（　　）在轨枕两侧进行对角捣固，过车时容易使轨枕中间部分产生斜裂或扭伤。

116.（　　）旧轨枕分类中，一类为再用轨枕，是指经过修理才能再用的轨枕。

117.（　　）道床是轨道的重要组成部分，它承受轨枕传来的压力，并把这个力均匀传布于较大的路基面上。

118.（　　）道床厚度是指直线地段钢轨中心处轨枕底面至路基面的高度值或曲线地段外轨中心处轨枕底面至路基面的高度值。

119.（　　）道床顶面宽度等于轨枕长度与两端道床肩宽之和。

120.（　　）道床顶面宽度等于轨枕长度与两端道床肩宽之和。

121.（　　）Ⅱ型和Ⅲ型混凝土枕中部道床可不掏空，但应保持疏松。

122.（　　）Ⅲ型轨枕中部道床顶面应低于轨枕顶面。

123.（　　）有砟桥上无缝线路应根据情况确定是否设置挡砟板。

124.（　　）垫砟起道用的道砟，采用火成岩材料，粒径为 25 ~ 40 mm。

125.（　　）道砟的片状和针状都会减小道床颗粒间的咬合力，从而减小道床的弹性和道床阻力。

126.（　　）对因路拱破坏而引起的基床排水不畅、翻浆、积水等病害，应采取在路基一侧或两侧设纵 向的渗沟。

127.（　　）《铁路线路修理规则》规定的实设最大超高，包括水平误差在内。

128. (　　) 曲线上超高不足部分称为欠超高，超高剩余部分称为过超高。

129. (　　) 列车由直线进入曲线时，速度越高半径越大，则离心力就越大，作用在外轨的力也越大。

130. (　　) 将曲线外轨抬高（即设置超高），使车体内倾产生一个向心力，平衡离心力作用。

131. (　　) 允许速度大于 120 km/h 的线路，曲线超高必须在整个缓和曲线内完成。

132. (　　) 曲线半径 330 m，曲线轨道轨距标准加宽 5 mm。

133. (　　) 曲线上某一点拨道时，其相邻测点在长度上随之移动。

134. (　　) 曲线两端直线轨向不良，一般应事先拨正，两曲线间直线段较短时，可与两曲线同时计 算、拨正。

135. (　　) 现场正矢应在轨距线处量，有飞边应在飞边处量，飞边大于 1 mm 时应铲除之。

136. (　　) 现场正矢测量，读数时，视线、弦线、量尺三者应保持垂直，要读弦线靠钢轨一侧的数。

137. (　　) 如果曲线方向很差，应先粗拨一次，经列车滚压后，再量取现场正矢。

138. (　　) 在复心曲线的大小半径连接处，正矢与计算正矢的容许差，按小半径曲线的缓和曲线规定办理。

139. (　　) 无缝线路曲线拨道时，如果拨量的正数负数相差太大，不易调整时，应结合应力放散一道进行整正。

140. (　　) 曲线里股钢轨缩短量与曲线半径和缓和曲线、圆曲线长度有关。

141. (　　) 线路上两股钢轨的接头应当对齐，如曲线内外股铺设同样长度的钢轨，里股接头必然比外股钢轨接头错前。

142. (　　) 当新轨组布置在道心时，靠近外股的新轨组间有一空头，靠近里股的新轨组间应有一搭头。

143. (　　) 当新轨组布置在枕木头上时，在外股外的新轨组间应有搭头，在里股外的新轨组间应有一空头。

144. (　　) 两变坡点之间的斜坡距离叫坡段长度。

145. (　　) 大修地段与非大修地段的连接顺坡，应设在大修地段以内。

146. (　　) 曲线拨道前不匀轨缝，拨后没有及时回填道床，捣固不均匀等易造成曲线方向不良。

147. (　　) 曲线拨道时要适当预留回弹量，下压时少留，上挑时多留，拨量大的多留，拨量小的少留。

148. (　　) 在拨道作业中，一般可从曲线中间向两端赶。

149. (　　) 在无缝线路上拨道时，起拨道器可以安放在铝热焊缝处。

150. (　　) 曲线有“鹅头”，方向不圆顺，致使钢轨磨耗，行车摇晃，破坏线路质量，影响行车安全。

151. (　　) 曲线拨道时，经常盲目进行局部正矢小调整，把正矢赶到一起易产生“鹅头”。

152. (　　) 在无缝线路上拨道时，拨道量的上挑与下压要均等，避免出现附加拉应力和压应力，影响无缝线路的稳定。

153.（　　）一组普通单开道岔（简称单开道岔），由转辙器、辙叉及护轨、连接部分组成。

154.（　　）普通道岔基本轨由特种钢轨断面的钢轨制成。

155.（　　）辙叉一般分为钢轨组合式辙叉、高锰钢整铸辙叉、可动心轨辙叉三类。

156.（　　）直线型尖轨指的是尖轨工作边为直线，这种尖轨制造简单，左右开道岔尖轨可以通用。

157.（　　）曲线型指的是尖轨工作边为曲线，制造麻烦，左右开道岔尖轨不能通用。

158.（　　）辙叉有轻伤时，应注意检查观测，达到重伤标准时应及时更换。

159.（　　）曲线型尖轨冲击角小，侧向通过速度高，一般小号道岔采用。

160.（　　）高型特种断面尖轨是用比基本轨高的特种断面钢轨制作的尖轨。

161.（　　）普通道岔尖轨是用普通钢轨将轨底刨切一部分，叠盖在基本轨的轨底上，称为爬坡式尖轨。

162.（　　）道岔转辙部分的轨撑是防止基本轨的倾覆、扭转和纵向移动的支撑件，安装在基本轨外侧。

163.（　　）尖轨尖端轨距加宽，容许速度大于 120 km/h 的线路按不大于 6‰的递减率递减至基本轨接头。

164.（　　）正线上两对向单开道岔有正规列车同时通过两侧线时，18 号单开道岔间插入钢轨长度不应 小于 12.5 m。

165.（　　）提速道岔混凝土岔枕采用预埋塑料套管与螺栓，不采用硫黄锚固。

166.（　　）提速道岔心轨一动和二动拴板及其与心轨的联结螺栓、钢岔枕与钢轨间的联结螺栓由电务部门负责，但心轨一、二动拉板安装外锁闭块的方孔由工务部门维修。

167.（　　）基本轨工作边及尖轨非工作边有“肥边”易造成尖轨与基本轨假密贴。

168.（　　）铺设温度应力式无缝线路允许轨温差为 85 °C。

169.（　　）温度应力式无缝线路，适用于年轨温差较大的地区。

170.（　　）施工锁定轨温一定等于设计锁定轨温。

171.（　　）无缝线路上，阻止钢轨及轨道框架移动的阻力有纵向阻力、横向阻力和竖向阻力。

172.（　　）接头阻力由钢轨夹板间的摩阻力提供。

173.（　　）为了防止钢轨爬行，线路上一般要求道床纵向阻力必须大于扣件阻力。

174.（　　）在列车动力或人工作业等干扰下，轨道弯曲变形有时会突然增大，丧失稳定，这一现象常称为胀轨。

175.（　　）无缝线路温度压力峰的大小与锁定轨温有关，温度压力峰的位置相当于中间轨温锁定时的伸缩区终点。

176.（　　）如取锁定轨温等于或小于中间轨温，则不会在伸缩区出现温度拉力峰，而是出现温度压力峰。

177.（　　）设计桥上无缝线路时，为减少桥梁墩台承受无缝线路纵向力作用，通常禁止设置调节器。

178.（　　）钢轨折断不插入短轨原位焊复时，无缝线路锁定轨温将发生改变。

179.（　　）在气温较高的季节，应安排薄弱地段进行综合维修。

180.（　　）每年春、秋季应在允许作业轨温范围内逐段整修扣件及接头螺栓，整修不良绝缘接头，对接头螺栓及扣件进行除垢涂油，并复紧至规定标准。

181.（　　）无缝线路应力调整可根据具体条件采用滚筒配合撞轨法，或滚筒结合拉伸配合撞轨法。

182.（　　）无缝线路探伤检查发现钢轨重伤时，应有计划切除重伤部分，实施焊复。

183.（　　）无缝线路探伤检查发现钢轨焊缝重伤时，应及时组织加固处理或实施焊复。

184.（　　）无缝线路钢轨折断断缝不大于 50 mm 时，应立即进行临时处理。

185.（　　）无缝线路钢轨折损严重或断缝大于 50 mm 时，应进行紧急处理。

186.（　　）用铝热焊时，插入短轨长度等于切除钢轨长度加上 2 倍预留焊缝值。

187.（　　）使用轻型车辆时，必须取得车站值班员对使用时间的承认，并填发轻型车辆使用书。

188.（　　）轻型车辆及小车应放置在固定的安全地点不需要加锁，使用前应进行检查，确认状态良好 时方可上道。

189.（　　）在有轨道电路的线路或道岔上运行轻型车辆及小车时，应设置绝缘车轴或绝缘垫。

190.（　　）使用小车，应有专人随车显示停车手信号，并注意瞭望。

191.（　　）在双线地段，单轨小车应背对来车方向在外股钢轨上推行。

192（　　）单轨小车应在靠站台一侧的钢轨上推行。

193.（　　）材料、工具装载应稳固，不得偏载、超载和超限；装载危险物品时，应有可靠的安全措施。

194.（　　）材料装卸作业时，对笨重材料（如条石、片石、钢轨、混凝土枕等）可以边走边卸。

195.（　　）道岔及道岔咽喉区，严禁卸车。

196.（　　）无砟桥上，卸车时应注意安全。

197.（　　）道口地段，严禁卸车。

198.（　　）站台处靠站台一侧，严禁卸车。

199.（　　）邻线来车时，靠邻线的一侧卸车，必须指定专人防护。

200.（　　）道砟、片石、砂子等线桥用料，困难情况下，可少量侵入建筑接近限界。

201.（　　）普通线路混凝土枕地段，钢轨组应放在道床肩上，不得放在道心里。

202.（　　）线路上换出的钢轨一般应放在道床肩上或路肩上，木枕地段允许临时放在道心。

203.（　　）燃料混合、加油时，不必关闭机械，但不得吸烟或携带火种，不得溅撒到尚热的机器上，如果溅撒应擦拭干净。

204.（　　）XYD-2 型液压捣固机，适用于线路维修养护的捣固和起道作业。

205.（　　）XYD-2 型液压捣固机，捣固按下插—张开—夹实—提升—转移的顺序进行作业。

206.（　　）DG-150 型高频软插电动捣固机，不必封锁线路即可利用列车间隔时间作业。

207.（　　）威克内燃捣固机（BH23 型），注油时，应做到二稳：机械放稳，人要站稳。

208.（　　）威克内燃捣固机（BH23 型），操作时，操作者应用力向下按压机械。

209.（　　）威克内燃捣固机（BH23 型），作业时必须做到两稳：人要站稳，机械要拿稳。

210.（　　）ND-4.5 型内燃捣固镐，特别适合道岔捣固作业。

211.（　　）大型养路机械施工作业，在线路水平严重不良地段应加强进行稳定作业。

212.（　　）使用大型养路机械进行线路维修作业是时，应组织捣固车、动力稳定车、配砟整形车联合施工。

213.（　　）大型养路机械作业前，工务段应补充道砟、更换伤损胶垫和撤除作业地段的调高垫板、道口铺面、有砟桥上护轨等工作。

214.（　　）成组更换新道岔和新岔枕属于普通线路换轨大修主要内容。

215.（　　）道德具有特殊行为规范性、独特的多层次性和更大的普遍性的特点。

216.（　　）所谓职业道德，就是同人们的职业活动紧密联系的符合职业特点所要求的道德准则，道德情操与道德品质的总和。

217.（　　）职业道德的作用，它一方面具有社会道德的一般作用，另一方面它又具有行业的特殊作用。

218.（　　）铁路职业道德既包含有服务性行业的要求，又包含有工业企业所特有的要求。

219.（　　）铁路职业道德是和谐铁路建设的重要保证。

220.（　　）铁路职业道德基本规范，是全部职工在职业活动中必须共同遵守的职业行为准则。

221.（　　）遵章守纪，指的是铁路职工在从事各自的职业活动中，始终按照明文规定的各种行为规则，一丝不苟地完成生产作业的行为。

222.（　　）团结协作、顾全大局是铁路运输生产的特点决定的，是坚持集体主义的具体体现。

223.（　　）对铁路职工来说，爱护铁路一切设施，不仅包含要爱护公共财物的含义，而且是自身的一种职业责任行为。

224.（　　）铁路工务部门基本的职业道德规范是：热爱本职、勤奋敬业、遵章守纪、尽职尽责、精心养路、提高质量。

225.（　　）职业道德修养的两个显著特点：是一种自觉开展的思想斗争；是一个长期、曲折、渐进的过程。

226.（　　）职业道德修养的内容主要有：职业理想、职业态度、职业技能、职业责任、职业纪律、职业荣誉六个方面。

227.（　　）职业道德评价的基本形式主要有社会舆论和内心信念两种。

228.（　　）铁路线路设备大修应贯彻“运营条件匹配，轨道结构等强，修理周期合理，线路质量均衡”的原则。

229.（　　）校正、改善线路纵断面和平面不属于普通线路换轨大修主要内容。

230.（　　）综合维修是在临时补修以外进行的日常养护。

231.（　　）轨道静态几何尺寸容许偏差管理值，划分为大于 160 km/h 正线、小于等于 160 ~ 120 km/h 正线、小于等于 120 km/h 正线及到发线三级。

232.（　　）轨距偏差不含曲线上按规定设置的轨距加宽值，但最大轨距（含加宽值和偏差）不得超过 1 450 mm。

233.（　　）允许速度 200 km/h≥v_{max}＞120 km/h 线路，轨距变化率不得大于 2‰（不含规定的递减率）。

234.（　　）线路设备大、中修验收，主要项目不符合标准，次要项目漏项或不合格，经整修后复验达到标准，评为“优良”或“合格”。

235.（　　）线路设备大、中修完毕后，木枕垫板歪斜及不密贴者不得超过 8%（连续检查 100 头）。

236.（　　）作业验收管理值为综合维修验收，也是经常保养和临时补修作业质量的检查标准。

237.（　　）经常保养管理值为轨道应经常保持的质量管理标准。

238.（　　）线路综合维修验收单位，站线为一股道。

239.（　　）道岔综合维修验收单位为一组道岔及两端直线。